Do projecto ao edifício, do habitat ao espaço envolvente, do campo à cidade, do funcional à vanguarda, do pitoresco ao estético, da utopia à realidade — o campo de análise é imenso. A razão de ser desta colecção reside na abordagem, sob os ângulos mais diversos, das questões fundamentais da arquitectura e do urbanismo. Mas isso não implica, naturalmente, a exclusão de estudos referentes a outras épocas, sobretudo quando contribuem para melhor compreendermos a nossa.

ARQUITECTURA E URBANISMO

1. *Paisagem Urbana*, Gordon Cullen

2. *Architectura in Nuce (Uma Definição de Arquitectura)*, Bruno Zevi

3. *Movimentos Modernos em Arquitectura*, Charles Jencks

4. *A Paisagem Urbana Moderna*, Edward Relph

5. *A Boa Forma da Cidade*, Kevin Lynch

6. *Linguagem Moderna da Arquitectura*, Bruno Zevi

7. *A Imagem da Cidade*, Kevin Lynch

8. *Arquitectura & Design*, Victor Papanek

9. *O Último Capítulo da Arquitectura Moderna*, Leonardo Benevolo

10. *Da Teoria de Arquitectura: Doze Ensaios*, Georges Teyssot

11. *Estética da Arquitectura*, Roger Scruton

Estética da Arquitectura

Título original:*The Aesthetics of Architecture*
Copyright © Roger Scruton, 1979
Copyright da tradução: © 1983, Edições 70

Tradução: Maria Amélia Belo
Revisão: Alda Rodrigues

Capa de FBA
Na capa: Palazzo Valmanara, de Andrea Palladio (in *I Quatro Libri*)

Depósito Legal nº 309763/10

Biblioteca Nacional de Portugal - Catalogação na Publicação

SCRUTON, Roger, 1944-

Estética da arquitectura. – (Aquitectura & urbanismo)
ISBN 978-972-44-1607-6

CDU 72.01

Paginação, impressão e acabamento: Papelmunde
para
EDIÇÕES 70, LDA.
Abril de 2010

ISBN da 1ª edição: 972-44-0246-0

Direitos reservados para Portugal
por Edições 70

EDIÇÕES 70, Lda.
Rua Luciano Cordeiro, 123 – 1º Esqº - 1069-157 Lisboa / Portugal
Tel.: 213190240 – Fax: 213190249
e-mail: geral@edicoes70.pt

Esta obra está protegida pela lei. Não pode ser reproduzida,
no todo ou em parte, qualquer que seja o modo utilizado,
incluindo fotocópia e xerocópia, sem prévia autorização do Editor.
Qualquer transgressão à lei dos Direitos de Autor será passível
de procedimento judicial.

Estética da Arquitectura

Roger Scruton

Prefácio

O que é arquitectura? Porque é que a arquitectura é importante? Como se deve construir? Estas questões nunca foram tão urgentes, mas os arquitectos e teóricos parecem agora hesitantes em responder a elas de forma séria e sistemática. Como escreveu Hans Sedlmayr em Verlust der Mitte, *«o novo tipo de arquitecto tornou-se desesperadamente inseguro. Olha com desdém o engenheiro, imagina-se no papel de inventor e mesmo no de reformador das vidas humanas, mas esqueceu-se de ser arquitecto.» Nesta obra abordo o assunto* ab initio, *fazendo o mínimo de suposições que posso. Embora o livro seja, em primeiro lugar, uma aplicação da estética filosófica, a confusão da teoria da arquitectura parece-me tão grande que nenhuma investigação filosófica se pode abster de se ocupar dos argumentos dela. Espero mostrar que as questões urgentes que o arquitecto enfrenta são, na verdade, questões filosóficas que podem ser clarificadas e, por vezes, mesmo resolvidas.*

O livro tem um tema e uma tese. Está projectado, primeiro, para apresentar o assunto da estética aos que tenham interesse na arquitectura e, segundo, para explicar a natureza e o valor do gosto estético. Tomando exemplos exclusivamente do pensamento e da prática arquitectural, espero lançar luz tanto sobre a natureza da arquitectura como sobre a natureza do juízo estético. A discussão será benéfica não só porque a estética tem necessidade de uma aplicação sistemática, mas também porque a tese que pretendo apresentar – uma tese que relaciona o juízo estético com a compreensão prática – é ilustrada de forma muito nítida pelas actividades colectivamente conhecidas como artes «úteis» e «decorativas», de que a arquitectura é a mais importante.

A tese é mais evasiva do que o tema e exigirá que eu percorra um caminho médio entre duas disciplinas separadas, de tal modo que, por vezes, se pode mostrar ofensivo aos praticantes de ambas. As minhas ideias podem parecer insuficientemente abstractas ao filósofo e insuficientemente concretas ao crítico e ao historiador de arquitectura. Mas a minha esperança é de que o tipo de aplicação sistemática da estética que imagino seja válido não só como clarificação de teorias críticas e não só como introdução inteligível à estética, mas também como forma de especulação filosófica. De modo que o tema fosse o mais claro possível, tentei fornecer ilustrações em todo o lado onde elas são apropriadas. Os críticos e historiadores da arquitectura podem discordar de algumas das minhas interpretações, mas isso não deve importar. O meu propósito até ao fim é ilustrar a aplicação de certos conceitos à discussão de edifícios e daí extrair uma concepção geral com natureza e valor de argumento crítico. Levar-me-ia muito longe seguir uma qualquer interpretação particular até à conclusão.

De novo no interesse da clareza, retirei do texto quase todas as referências a tecnicismos da filosofia moderna, não por serem irrelevantes para a estética, mas porque me pareceu importante tentar transmitir um sentido do assunto sem ajuda deles. No entanto, os argumentos específicos são desenvolvidos ou referidos em notas e o leitor interessado dispõe de material na Bibliografia para aprofundar as discussões filosóficas que ocorrem no texto. Apesar de todos estes ornamentos de erudição, espero que o livro possa ser lido com prazer por alguém que prefira ignorá-los. As notas nada contêm, em particular, que seja essencial à continuidade do argumento e por isso as coloquei todas no fim do livro, para não desencorajar aqueles para quem as notas são uma perda de tempo. Forneci também um sumário e os desabituados do estilo circunspecto da filosofia moderna podem preferir começar por ele; mas espero que a discussão dos capítulos iniciais avance facilmente, de tal modo que os habilite a dispensá-lo.

Beneficiei muito de discussões com amigos e colegas e os primeiros esboços desta obra foram melhorados e criticados por muitos deles. Devo muito a todos os que se seguem: Miss Ruby Meager, Dr. John Casey, Miss Moira Archer, Dr. David Watkin, Miss Victoria Rothschild e o falecido Dr. David Pole. Muitas das ilustrações foram fornecidas por amigos e estou particularmente grato a Mr. Bernard Brown e Mr. Antony Jones pelo trabalho fotográfico. Estou também em dívida com Maria-Teresa Brown pelo encorajamento entusiástico, com Howard Burns pelo cepticismo original e com Sir Denys Lasdun por chamar a minha atenção para assuntos que tinha preferido ignorar.

Introdução

1. O problema da arquitectura

O assunto da estética é tão antigo como a filosofia; no entanto, toma a sua forma moderna com Kant, que foi o primeiro filósofo a sugerir que o sentido da beleza é um uso distinto e autónomo do pensamento humano comparável à compreensão moral e científica. A divisão das faculdades mentais de Kant em teóricas, práticas e estéticas (ou, como ele disse, compreensão, razão prática e apreciação ([1]), forneceu o ponto de partida para todas as investigações posteriores e deu à estética a posição central que ocupou na filosofia durante grande parte do século XIX e ainda agora ocuparia se não fosse o eruditismo estabelecido. O que digo neste livro mostrará a influência de Kant; mas tentarei demonstrar que a divisão entre razão prática e compreensão estética é, de facto, insustentável e que, até que a relação entre as duas se restabeleça, têm ambas de continuar empobrecidas.

A primeira ocupação da estética deve ser a correcta compreensão de certas capacidades mentais – capacidades para a experiência e para a apreciação. Estarei, portanto, a discutir questões dentro da filosofia do pensamento e a minha preocupação será compreender a natureza e o valor do nosso interesse pela arquitectura. Ora é necessário distinguir a filosofia do pensamento da psicologia empírica. A primeira preocupação de um filósofo é com *a natureza* do nosso interesse na arquitectura e se por vezes fala, como o faria um psicólogo, das causas deste, é só porque pensa que essas causas lançam luz sobre a experiência estética.

Para o filósofo, a questão não é o que nos leva a preferir a Catedral de Lincoln ao Mosteiro de York, mas antes o que é preferência estética – o que é preferir uma catedral a outra? E que significado tem para nós essa preferência? O filósofo pretende descrever a experiência estética nos termos mais gerais, para descobrir a precisa localização dela no pensamento humano, a relação, por exemplo, com a sensação, a emoção e a apreciação. E considera essa tarefa um preliminar necessário à discussão do significado e valor da arte. Suponhamos, por exemplo, que se demonstrava que as pessoas preferem a pedra lisa à rugosa, as linhas direitas aos arrebiques, as formas simétricas às irregularidades. Isto são observações psicológicas sem relevância para a estética. Nem as explicações dessas preferências são relevantes para a nossa investigação. Não importa que a preferência pelo liso contra o rugoso possa ser «explicada» em termos de psicologia kleiniana ([2]), ou a preferência por formas simétricas através da organização dos nervos ópticos. Esses factos têm, sem dúvida, algum interesse em si mesmos; mas pressupõem, para a sua correcta compreensão, o tipo de estudo de que me vou ocupar. Se refiro hipóteses psicológicas nos capítulos seguintes, será, portanto, apenas porque algumas foram consideradas particularmente relevantes para a natureza e validade da discussão estética.

Mas agora, dir-se-á, também a psicologia se preocupa com a natureza da experiência e não apenas com as causas dela. Como se pode então distingui-la da «filosofia do pensamento» de que me vou ocupar? Uma resposta simples é esta: a psicologia investiga factos, enquanto a filosofia estuda conceitos. Contudo, como recentemente o demonstraram alguns filósofos ([3]), esta resposta é demasiado simples. A filosofia não *descreve* meramente os conceitos da vulgar compreensão, nem trata apenas de conceitos, se isso implica que as conclusões sejam isentas de questões factuais. Na verdade, não há questão mais penosa para a filosofia do que a questão da sua própria natureza e o leitor tem de ficar necessariamente satisfeito com uma resposta parcial. A filosofia, como se exemplifica nestas páginas, tenta fazer a descrição mais geral possível dos fenómenos a que é aplicada. Essa descrição diz-nos, muito simplesmente, de que estamos a falar quando nos referimos a qualquer coisa. Se não soubermos de que estamos a falar, não faz sentido qualquer investigação científica. Habitualmente, o conhecimento do que estamos a falar é tácito e inarticulado; a tarefa da filosofia é torná-lo explícito. E não é uma tarefa simples. Como veremos, muitos autores que abordaram o tópico da arquitectura não conseguiram torná-lo explícito ou não conseguiram mesmo possuir um conhecimento da coisa que alegam estar a discutir.

Além disso, a filosofia não está interessada no «conceito» de arquitectura de qualquer pessoa em especial, ou na estética ou seja o que for. Está interessada apenas no conceito a que possa atribuir um significado geral, pois também visa a descoberta do valor. A única explicação filosófica interessante da experiência estética é a que mostra a sua importância e é essa explicação que pretendo apresentar.

Vou ocupar-me de questões como as que se seguem: o que é gostar de um edifício? Que tipo de experiência se obtém da contemplação da arquitectura? O que é o gosto? Existem regras que governem o exercício do gosto? E por aí adiante. Embora estas questões digam respeito a fenómenos mentais – compreensão, experiência, gosto –, elas também lhes atribuem um certo tipo característico de objecto. Ora é impossível descrever ou compreender um estado mental isolando-o do seu objecto: pode dizer-se que o objecto, ou pelo menos uma certa concepção do objecto, tem a essência de um estado mental ([4]). Considere-se, por exemplo, a emoção dos ciúmes. Seria impossível descrever a natureza dos ciúmes sem explorar a natureza do objecto característico deles. Um homem não sente ciúmes como sentiria uma sensação fugaz no dedo do pé; se é ciumento, é ciumento *em relação a* ou *por causa de* qualquer coisa – os ciúmes são «dirigidos», têm um objecto e não apenas uma causa. Os ciúmes envolvem, portanto, alguma concepção característica do objecto e descrever os ciúmes é descrever essa concepção (a concepção, como se pode dizer, de um *rival*). Do mesmo modo, uma teoria de apreciação arquitectural não pode parar logo que chegar a uma teoria do seu próprio objecto. Seremos por isso levados, em qualquer conjuntura, a uma investigação da natureza e do significado da arquitectura.

À luz disso, não surpreende que as teorias de apreciação arquitectural tenham tendido a concentrar-se não tanto na forma como no objecto delas. Tentam dizer o que é a apreciação arquitectural, descrevendo a que é que reagimos nos edifícios. O funcionalismo, numa das suas muitas formas, afirma que apreciamos a adequação da forma à função. Outras teorias argumentam que apreciamos a simetria e a harmonia, o ornamento e a execução ou a massa. Há também o ponto de vista popular, associado às obras de Frankl e seguidores, em que o objecto de apreciação é o espaço ou o jogo dos espaços interligados. Ora, na verdade, se pensarmos que a análise do objecto do interesse arquitectural lança luz sobre a natureza da apreciação, temos de considerar o objecto apenas na descrição mais ampla possível. Tal como mostrarei, nenhuma das teorias em causa fornece uma descrição satisfatória, visto que todas elas ignoram um traço da arquitectura que tanto é de significado intencional como do maior significado arquitectural. A pretensão de estabelecer, *a priori*, fundamentos para a apreciação crítica é, portanto, inadequada. Em lugar dessas teorias, tentarei abordar a questão de modo mais formal, concentrando-me na apreciação em si mesma, abstraindo do objecto dela. Tentarei depois dizer como deve ser esse objecto, se a apreciação deve ter o significado que lhe exigimos ([5]).

É essencial distinguir a estética arquitectural, como a concebo, de outra coisa qualquer que tem por vezes o mesmo nome, mas a que se pode chamar, por amor à clareza, teoria arquitectural. A teoria arquitectural consiste na tentativa de formular as máximas, as regras e os preceitos que governam, ou deviam governar, a prática do construtor. Por exemplo, a clássica teoria das Ordens, como se encontra nos grandes tratados de Vitruvius, Alberti, Serlio e Vognola, que prescreve regras para a combinação e ornamentação sistemática das partes de um edifício, pertence à teoria arquitectural; e também a maioria dos preceitos contidos em *The Stones of Venice* e *Seven Lamps* de Ruskin. Esses preceitos assumem que já sabemos o que procuramos alcançar: a *natureza* do êxito arquitectural não está em questão; a questão é antes qual é a melhor forma de o alcançar. Uma teoria de arquitectura esbarra na estética apenas se alegar uma validade *universal*, pois tem então de visar a apreensão da essência, e não os acidentes, da beleza arquitectural. Mas essa teoria é implicitamente filosófica e deve ser julgada de acordo com isso; vamos querer saber se consegue estabelecer as pretensões *a priori*, considerando os fenómenos na sua aparência mais abstracta e universal. De facto, tem sido característico de teóricos da arquitectura, de Vitruvius a Le Corbusier, alegar essa validade universal das suas leis. E nenhuma estética arquitectural pode deixar essas alegações intocáveis. Vitruvius, Alberti, Ruskin e Le Corbusier não podem estar todos certos na crença de que a forma de arquitectura por eles favorecida é a única autorizada pela compreensão racional. Como veremos, todos estão errados.

Pode ainda pensar-se que não há um assunto real de estética *arquitectural*, em constraste com a estética geral. Se a filosofia tem de ser tão abstracta como alego que deve ser, não deveria considerar a experiência estética na sua generalidade global, isolando-a dos constrangimentos acidentais impostos por formas particulares de arte e por concepções particulares de êxito? Porque é que há uma necessidade especial da filosofia da arquitectura, senão a puramente efémera de a arquitectura ser mal compreendida por tantos dos actuais praticantes? Não se emprega apenas um e o mesmo conceito de beleza na discussão de poesia, música, pintura e edifícios, e não há uma única faculdade envolvida na apreciação de todas essas artes? Uma vez que fizemos a distinção entre estética arquitectural e teoria arquitectural, pode parecer que pouco fica a anterior, a não ser a delineação de abstracções que não têm uma especial aplicação para a prática do arquitecto. E é certamente verdade que os filósofos abordaram o assunto da estética como se pudesse encontrar expressão apenas nessas abstracções abrangentes e só pudesse fazer referências passageiras e não essenciais às formas individuais de arte ([6]).

Ora, de facto, a arquitectura apresenta um problema imediato para qualquer teoria filosófica geral de interesse estético. Pelas qualidades impessoais e, ao mesmo tempo, funcionais, a arquitectura está à parte das outras artes, parecendo requerer atitudes muito particulares, não só pela criação, mas também pelo prazer que se tem com ela. Teorias generalizadas de interesse estético, como as de Kant e Schopenhauer ([7]), tendem a produzir as mais estranhas narrativas de arquitectura e os filósofos que trataram seriamente o problema – entre os quais talvez Hegel seja o mais importante ([8]) –, descreveram muitas vezes a apreciação da arquitectura em termos inapropriados a outras formas de arte. Para Hegel, por exemplo, a arquitectura era um meio só semiarticulado, incapaz de permitir uma expressão completa da Ideia devendo, portanto, ser relegada para o nível do puro simbolismo, de onde teria de ser redimida pela estatuária e pelo ornamento.

Não é difícil perceber porque Hegel tinha de ter pensado assim. É natural supor que as artes representativas, como a pintura, o teatro, a poesia e a escultura, dêem origem a um interesse diferente daquele despertado pelas artes abstractas, como a música e a arquitectura. Mas também é natural supor que a música tem poderes expressivos, sensuais e dramáticos em comum com as artes representativas. Só a arquitectura parece estar completamente à parte delas, distinguindo-se das outras artes por certos traços que não podem deixar de determinar a nossa atitude para com ela. Começarei por discutir esses traços, visto que um punhado deles será essencial para a compreensão de posteriores argumentos, e visto que mostrarão que coisa frágil e fragmentária é o conceito de «arte» que herdámos.

O primeiro desses traços distintivos é a utilidade ou função. Os edifícios são lugares onde os seres humanos vivem, trabalham e prestam culto, e desde o início é imposta uma certa forma pelas necessidades e desejos que um edifício se destina a satisfazer. Embora não seja possível compor uma peça de música sem ter intenção de que seja ouvida e, portanto, apreciada, é certamente possível desenhar um edifício sem tencionar que seja olhado – isto é, sem tencionar criar um objecto de interesse estético. Mesmo quando há tentativa de aplicar padrões «estéticos» na arquitectura, encontramos uma forte assimetria com outras formas de arte. Nenhuma obra de música ou literatura pode ter traços de que possamos dizer que, por causa da função da música ou por causa da função da literatura, eram inevitáveis. Claro que uma obra de música ou literatura pode ter uma função, como as valsas, as marchas e as odes pindáricas. Mas essas funções não se opõem à essência da arte literária ou musical. Uma ode pindárica é poesia *aplicada* a um uso; e a poesia em si mesma só acidentalmente é conectada com esses usos.

O «funcionalismo» tem muitas formas. A forma mais popular é a teoria estética de que a verdadeira beleza na arquitectura consiste na adaptação da forma à função. A título exemplificativo, contudo, podíamos imaginar uma teoria funcionalista de rudeza exemplar que argumenta que, visto ser a arquitectura essencialmente um meio para um fim, apreciamos os edifícios como *meios*. Portanto, o valor de um edifício deve ser avaliado na medida em que cumpre a função, e não por quaisquer considerações puramente «estéticas». Esta teoria podia parecer, naturalmente, ter a consequência de a apreciação da arquitectura ser completamente diferente da apreciação de outras formas de arte, sendo estas valorizadas não como meios, mas por razão delas mesmas, como fins. Todavia, pôr as coisas nesses termos é arriscar a obscuridade – pois qual é a distinção entre valorizar alguma coisa como um meio ou como um fim? Mesmo que nos sintamos confiantes em relação a um termo dessa distinção (acerca do que é valorizar qualquer coisa como meio), devemos sentir certamente uma dúvida considerável sobre o termo com que é contrastado. O que é valorizar qualquer coisa como fim? Consideremos uma célebre tentativa para clarificar o conceito – a do filósofo inglês R. G. Collingwood (⁹). Collingwood começou a exploração da arte e da estética com uma distinção entre arte e ofício. Inicialmente, parece bastante razoável distinguir a atitude do artífice – que pretende um determinado resultado e faz o que pode para o conseguir – da do artista, que só sabe o que está a fazer, por assim dizer, quando está feito. Mas é precisamente o caso da arquitectura que lança dúvidas nessa distinção. Pois, seja ela o que for, a arquitectura é certamente um ofício no sentido de Collingwood. A utilidade de um edifício não é uma propriedade acidental; ela define o esforço do arquitecto. Manter esta distinção subtil entre arte e ofício é simplesmente ignorar a realidade da arquitectura – não porque a arquitectura seja uma *mistura* de arte e ofício (pois, como reconheceu Collingwood, isso é verdade para toda a actividade estética), mas porque a arquitectura representa uma *síntese* quase indescritível dos dois. As qualidades funcionais de um edifício são a essência dele e condicionam todas as tarefas a que o arquitecto se dedique. É impossível compreender o elemento da arte e o elemento do ofício de forma independente e, à luz dessa dificuldade, os dois conceitos parecem subitamente possuir uma disformidade que a sua aplicação às «belas» artes geralmente obscurece.

Além disso, a tentativa de tratar a arquitectura como uma forma de «arte» no sentido de Collingwood implica dar um passo para o expressionismo, para se ver a arquitectura do mesmo modo como se pode ver a escultura ou a pintura, como uma actividade expressiva, derivando a natureza e o valor dela de um objecto simplesmente artístico. Para Collingwood, a «expressão» seria o primeiro objectivo da arte precisamente porque não pode haver um *ofício* de expressão. No caso da expressão, não pode haver uma regra ou forma de proceder que possam ser seguidas por um artífice com um claro fim em vista e um claro meio de execução; foi, portanto, através do conceito de «expressão» que tentou clarificar a distinção entre arte e ofício. Collingwood pôs a questão do seguinte modo: na expressão não interessa tanto encontrar o símbolo de um sentimento subjectivo, como conseguir saber, através do acto da expressão, exactamente que sentimento é. A expressão é uma parte da realização da vida interior, é tornar inteligível o que, de outro modo, é inefável e confuso. Um artista que identificasse o sentimento que procurava exprimir poderia, na verdade, abordar a obra com o espírito de um artífice, aplicando um conjunto qualquer de técnicas que lhe dissessem o que fazer para exprimir esse sentimento em especial. Mas então não precisaria dessas técnicas, pois se pode identificar o sentimento é porque já o expressou. A expressão, portanto, não é uma actividade cujo fim se possa definir antes da realização; não é uma actividade que se possa descrever em termos de fim e meios. Assim, se a arte é expressão, *não pode* ser um ofício (embora a realização dela possa também envolver o domínio de muitos ofícios subsidiários).

Estes pensamentos são complexos e vamos ter um motivo para voltar a eles. Mas, é claro, seria uma rude distorção assumir que a arquitectura é um meio «expressivo» exactamente do mesmo modo que a escultura o pode ser, ou que a distinção entre arte e ofício se aplica à arquitectura com a nitidez que esse ponto de vista supõe.

Apesar dos absurdos do nosso rude funcionalismo (uma teoria que, como uma vez salientou Théophile Gautier, tem a consequência de a perfeição do autoclismo ser a perfeição a que aspira toda a arquitectura), é errado ver a arquitectura desse modo. O valor de um edifício não pode simplesmente ser compreendido independentemente da sua utilidade. Claro que é *possível* ter um ponto de vista meramente «escultórico» da arquitectura, mas isso é tratar os edifícios como formas cuja natureza estética se combina apenas acidentalmente com uma certa função. Textura, superfície, forma, representação e expressão começam agora a ter precedência sobre os objectivos estéticos que normalmente consideraríamos serem especificamente arquitecturais. O aspecto «decorativo» da arquitectura assume uma insólita autonomia e, ao mesmo tempo, torna-se qualquer coisa de mais pessoal do que seria qualquer acto de mera decoração. Considere-se, por exemplo, a Capela da Colónia Güell, Santa Coloma de Cervelló, de Gaudí (figura 1). Esse edifício tenta representar-se a si mesmo como algo que não é arquitectura, mais como uma forma do crescimento duma árvore do que como engenharia equilibrada. A estranheza, aí, vem da tentativa de traduzir uma tradição decorativa num princípio estrutural. Na janela portuguesa do século XVI de

FIGURA 1: A. Gaudí: Santa Coloma de Cervelló, Capela da Colónia Güell

J. de Castilho (figura 2) a natureza dessa tradição é evidente. Estrutural e arquitectonicamente, a janela *não* é um crescimento orgânico; o encanto dela reside na forma como está decorada. Em Gaudí, contudo, o acidental tornou-se o essencial e o que significa ser arquitectura já não pode ser entendido como tal, mas apenas como uma peça de escultura expressionista complexa, vista por dentro. É, talvez, o mesmo ponto de vista escultórico da arquitectura que encontra um significado arquitectónico na elegante geometria de uma pirâmide egípcia. Era, na verdade, a pirâmide que Hegel olhava como o paradigma da arquitectura, já que a qualidade monumental, a solidez e o que ele tomava como total inutilidade lhe permitiam ver a única função dela como simbólica, desligada de qualquer utilização efectiva ou possível.

FIGURA 2: João de Castilho: Janela do Convento de Cristo, Tomar

Ora houve outras tentativas, para além da espectacular de Gaudí, de quebrar a distinção entre arquitectura e escultura. André Bloc, por exemplo, construiu certas «esculturas habitáveis», projectadas para responder aos usos tradicionais, obedecendo apenas a princípios «escultóricos» de organização. Mas essa actividade é marcada por uma singular confusão de ideias. Se se deve realmente entender o edifício como uma escultura, então a perfeição e a beleza devem depender de factores como o equilíbrio e a expressividade das formas usadas. O êxito não pode trazer uma relação significativa – nem para a realidade da escultura como local de habitação, nem para os sentimentos que são uma consequência natural de viver, comer e trabalhar nele – que não seja passear por ela como num museu privado. Por outras palavras, o padrão do êxito não será, de modo algum, arquitectural e o facto de a estrutura ser habitável será curioso, mas irrelevante, como o facto de a coluna de Nelson fornecer um poleiro cómodo para os pássaros. Em alternativa, podemos julgar a «escultura» bem-sucedida apenas, ou principalmente, por referência aos sentimentos que surgem de a habitar, ou de pensar nela como um local de habitação. Se assim é, então a nossa reacção à «escultura» será indubitavelmente muito diferente da reacção às obras de arte que normalmente têm esse nome, e esperamos uma obediência às restrições estéticas, que não podem ser reduzidas aos cânones de beleza escultórica. Provavelmente ficamos insatisfeitos, por exemplo, com as paredes rugosas e onduladas do *habitáculo* de Bloc, tal como com a estranha semelhança da capela de Gaudí com uma raiz. O ponto de vista escultórico da arquitectura envolve a ideia errónea de que se pode, de algum modo, julgar a beleza de uma coisa *in abstracto*, sem saber que *espécie* de coisa é; como se eu pudesse apresentar-lhe um objecto, que pode ser uma pedra, uma escultura, uma caixa, um fruto ou mesmo um animal, e esperar que me diga se é bonito antes de saber o que é. Em geral, podemos dizer – em oposição parcial a uma certa tradição na estética (a tradição que encontra expressão no empirismo do século XVIII, e, mais enfaticamente, em Kant ([10])), – que o nosso sentido da beleza de um objecto depende sempre de uma concepção desse objecto, tal como o nosso sentido da beleza de uma figura humana depende de uma concepção dessa figura. Os traços que consideraríamos belos num cavalo – ancas desenvolvidas, dorso curvo, etc. – seriam feios num homem e essa apreciação estética seria determinada pela nossa concepção do que são os homens, de como se movem e do que realizam pelos movimentos. De forma semelhante, o nosso sentido da beleza das formas arquitecturais não pode estar desligado da nossa concepção de edifícios e das funções que desempenham.

O funcionalismo pode ser visto, então, como parte de uma tentativa de reafirmar os valores da arquitectura contra os da escultura. Como tal, procurou expandir os poderes explicativos por pressupostos mais subtis e mais vagos. Diz-nos que, na arquitectura, a forma «segue», «expressa» ou «corporiza» a função, ideias associadas a Viollet-le-Duc, ao pragmatismo americano de Sullivan e a certos aspectos do movimento moderno ([11]). Há também o funcionalismo mais subtil de Pugin e dos medievalistas; de acordo com este ponto de vista, a referência à função é necessária como um padrão de gosto, um meio de distinguir o ornamento genuíno da vã excrescência ([12]). Nestas formas diluídas, o funcionalismo já não soa a verdade necessária. Na verdade, enquanto não soubermos um pouco mais acerca dos traços essenciais da apreciação arquitectural, não saberemos sequer como se formula a teoria do funcionalismo e muito menos como pode ser provada.

Outro traço distintivo da arquitectura é a qualidade de ser muito localizada. As obras de literatura, música e pintura podem realizar-se num número infinito de locais, por serem ou executadas ou deslocadas, ou mesmo, no caso-limite, reproduzidas. Com algumas raras excepções – os frescos, por exemplo, e a escultura monumental –, essa mudança de lugar não implica necessariamente uma mudança no carácter estético. O mesmo não é verdade para a arquitectura. Os edifícios constituem traços importantes do próprio meio ambiente, tal como o meio ambiente é um importante traço deles; não podem ser reproduzidos por se querer sem consequências absurdas e desastrosas. Os edifícios também são afectados num grau incalculável por mudanças nos seus arredores. Desse modo, *o coup de théâtre* arquitectural planeado por Bernini para *a piazza* de São Pedro foi parcialmente destruído pela abertura da *Via Della Conciliazione* ([13]), assim como o efeito da espira de St. Bride vista das pontes do Tamisa foi destruído pelos bordos serreados do Barbican. Conhecemos edifícios cujo efeito depende, em parte, do local, ou porque são soluções engenhosas para problemas de espaço – como a Igreja de San Carlo alle Quatro Fontane de Borromini –, ou porque estão construídos numa posição surpreendente ou dominante que é essencial ao seu impacto – como o Templo de Agrigento na Sicília –, ou porque envolvem uma grandeza de concepção que abarca todo um meio ambiente, à maneira de Versalhes, onde a influência do jardim de Le Nôtre é infinita em ambição. Isto não quer dizer que os edifícios não possam ser reproduzidos – há vários exemplos neoclássicos do contrário, como a complexa lembrança de Atenas conhecida como Igreja de São Pancrácio ([14]). No entanto, tem de se admitir que a questão de reproduzir edifícios não é, em geral, comparável à questão de reproduzir ou copiar pinturas e é certamente diferente da questão de executar de novo a mesma peça musical. É um exercício erudito sem papel na distribuição e apreciação naturais de uma obra de arte. Na verdade, sentimos muitas vezes uma certa hostilidade em relação à tentativa de transferir edifícios desta forma, de uma parte do mundo para outra. Espera-se de um arquitecto que construa de acordo com o sentido do lugar e não que projecte um edifício – como muitos edifícios modernos são projectados – de forma a poder ser colocado em qualquer parte. É verdade que o instinto arquitectural pode expressar-se mesmo nas habitações das tribos nómadas, mas o impulso a que devemos a maior parte da boa arquitectura que herdámos é um impulso encontrado no sentido do lugar – o desejo de assinalar um sítio ou lugar sagrado de martírio, de construir um monumento, igreja ou marco para reivindicar a posse e o domínio do país. Este impulso encontra-se em toda a arquitectura séria, desde o templo antigo e santuários de martírio, à Capela de Ronchamp e à Sydney Opera House, e é um impulso que nos leva a só separar a arquitectura da natureza com uma certa e ponderada relutância.

Este sentido do lugar e a consequente impressão de inamovibilidade da arquitectura restringem a obra do construtor de várias formas. A arquitectura torna-se uma arte do conjunto. É intrínseco da arquitectura ser infinitamente vulnerável a mudanças nos arredores. É uma característica que a arquitectura partilha com profissões como decoração de interiores, o traje e as muitas actividades quase morais, quase estéticas que dependem da noção de gosto. O interesse em *conjuntos* é, em parte, responsável pela atenção prestada na teoria arquitectural ao estilo e à forma repetível. Toda a arquitectura séria visa um efeito de unidade e está, na verdade, a tentar pensar, com Schopenhauer ([15]), que essa unidade nada mais é do que um efeito de estilo, pois a noção particular de harmonia que dá forma ao nosso interesse pelos edifícios não pode ser entendida independentemente do nosso sentido de estilo. Por outro lado, é nitidamente falso sugerir que a harmonia só significa unidade estilística. Se assim fosse, a harmonia da Praça de São Marcos seria inexplicável, tal como o seria a singular unidade estrutural de St. Eustache, em Paris, com uma espantosa combinação de partes clássicas e góticas (veja-se a figura 3) ([16]). Mas vemos pelo menos um outro meio de a arquitectura ser constrangida por influências externas. As coisas têm de

FIGURA 3: Igreja de St. Eustache, Paris

se ajustar e muitas vezes a ambição do arquitecto reside não na individualidade da forma, mas antes na preservação duma ordem que existe antes da sua própria actividade. Na verdade, não me parece que devêssemos falar de arquitectura como se fosse uma forma de arte independente, desligada de um planeamento, jardins, decoração e mobiliário da cidade. Mais uma vez, parece termos descoberto um factor que nos afasta do modo como estamos normalmente habituados a apreciar a arte, impondo limites à nossa atitude em relação aos edifícios.

Outro traço da arquitectura devia ser aqui mencionado – a técnica. O que é possível na arquitectura é determinado pelos limites da competência humana. Na arquitectura há mudanças iniciadas de forma totalmente independente de qualquer mudança na consciência artística; a evolução natural dos estilos é posta de parte, interrompida ou transformada subitamente por descobertas que não têm origem estética, nem um desígnio estético. Considere-se, por exemplo, a descoberta do cimento armado e o uso que dele faz Maillart nas bem conhecidas pontes que se torcem pelo ar através de ravinas onde nenhum caminho direito seria indicado ou possível ([17]).

As consequências estéticas dessa descoberta técnica foram enormes e ninguém as podia ter imaginado e ainda menos planeado adiantadamente. Na música, literatura e pintura, a evolução seguiu mais de perto uma *atitude* de mudança para com a arte e, portanto, um espírito versátil de criação artística. E embora seja verdade que também aí pode haver descobertas técnicas, como a do piano, que interrompem realmente a corrente da consciência estética (bem como outras, como as do violino, do clarinete, do saxofone e da tuba de Wagner, que são vistas mais naturalmente como *consequência* de uma mudança de gosto), e embora haja também realizações de engenharia (como a da catedral de Brunelleschi) que resultam da aspiração estética, essas semelhanças passageiras só sublinham a verdadeira distinção entre a arquitectura e as outras artes. Tem de se acolher, portanto, com um certo cepticismo os críticos ([18]) que saúdam o movimento moderno como criação de formas arquitecturais que se mantêm mais a par do «espírito da época», como se a mudança nessas formas fosse unicamente um produto de realização artística e não de perícia de engenharia.

Um traço distintivo mais importante da arquitectura é dado pelo seu carácter de objecto público. Uma obra de arquitectura impõe-se, aconteça o que acontecer, e suprime de cada membro do público a livre escolha de saber se deve observá-la ou ignorá-la. Portanto, não há um verdadeiro sentido em que o arquitecto crie o seu público; o caso é completamente diferente dos da música, literatura e pintura, que são, ou se tornaram, objectos de livre escolha crítica. A poesia e a música, por exemplo, tornaram-se conscientemente «modernas» precisamente porque foram capazes de criar públicos afinados com a inovação e activos na procura dela. É claro que o arquitecto pode mudar o gosto do público, mas só o pode fazer dirigindo-se a todo o público e não apenas a uma parte educada ou meio-educada dele. O «modernismo» na arquitectura levanta, portanto, um problema especial que não é levantado pelo modernismo nas outras formas de arte.

É pertinente voltar, nesta altura, à ideia evasiva, mas fundamental, de «expressão» como objectivo característico, ou mesmo principal, da arte. Seja o que for que signifique esse termo (e vou tentar, mais tarde, dizer mais precisamente o que significa), nas artes públicas como a arquitectura expressão não pode ter o significado que tem nas artes privadas da poesia, pintura e música. As artes privadas adquirem muito do seu carácter expressivo pela maneira «pessoal» como nos relacionamos com elas, pela capacidade dessas artes para se dirigirem a um público específico e talvez altamente especializado. Suponhamos que se disse que «Lycidas» exprime um suave desgosto, ou a abertura de *O Navio Fantasma* expressa uma ânsia demoníaca; a referência aqui é a actos de *comunicação*. Claro que não atribuímos necessariamente essas emoções a Milton ou a Wagner; no entanto, ouvimos essas obras como se fossem a expressão directa do sentimento pessoal, como podemos ouvir uma peça de poesia dramática. Os traços expressivos da arquitectura não são, e não podem ser, privados. Consistem antes na representação objectiva do estilo e modo de ser, em significações impessoais e não específicas, que nos falam como se fosse de muito longe e com uma voz pública. É a agitação do átrio da Biblioteca Laurenciana que notamos, não o sentimento pessoal que imaginamos subjacente à sua concepção. E se também somos tocados pela relação do edifício com algum estado de espírito, pensamos num estado geral, impessoal, como o «espírito da época», que tanto influenciou a crítica contemporânea das artes decorativas.

Como disse, o modernismo na arquitectura levanta questões que não se levantam nas formas de arte «privadas» porque o modernismo nessas outras artes dependeu de uma certa subjectividade de perspectiva. Com isto quero dizer que o modernismo foi tão consciente de si na procura de um público como determinadamente individualista nos objectivos expressivos. Considere-se a notável arte de Schönberg, que argumentava que tinha fornecido cânones de forma e estrutura que eram, do ponto de vista auditivo, equivalentes aos da tradição clássica [19]. Para um ouvido educado, o tema schönberguiano devia ser tão inteligível e tão imbuído de implicações musicais como uma melodia de Mozart. Claro que se pode duvidar que mesmo o tema mais melodioso de Schönberg (por exemplo, o tema de abertura do concerto de piano) consiga a inteligibilidade imediata de Mozart, e pode até duvidar-se que se *tenha* de ouvir um tema schönberguiano como modulado à maneira de uma melodia clássica (quer dizer, como *progredindo* para uma conclusão). Seja como for, certamente que não se pode duvidar de que a transformação da experiência musical que Schönberg imaginava era algo autoconsciente, de uma forma que a experiência da arquitectura não pode normalmente ser. A música, para Schönberg, estabelece uma continuidade com a sua própria tradição – a tradição contra a qual o estilo moderno se define e sem a qual nenhum «modernismo» podia ser realmente significativo – por uma transformação consciente dos processos tradicionais. Isto continua a ser verdade mesmo que não se pressuponha no ouvinte uma compreensão *intelectual* das regras do sistema de doze notas. De certo modo, o ouvinte tem não só de imergir na música, mas também, ao mesmo tempo, de reconstruir imaginativamente a tradição que a fundamenta. A tradição era para Schönberg o mesmo que para T. S. Eliot, um ideal a ser redescoberto pela consciência moderna e não um dado disponível para toda a gente, qualquer que fosse o estado da sua compreensão imaginativa [20]. Além disso, duvido que a ideia singular de Schönberg de música genuinamente «moderna» possa ser inteiramente entendida sem o recurso à noção subjectiva de expressão. Pois imagine-se como se pode formular o pensamento – vital à própria concepção de música moderna – de que o estilo clássico já não está *disponível* para a consciência moderna, que já não *é possível* compor como Beethoven ou como Brahms (apesar dos nobres esforços de Sir Donald Tovey nesse sentido). Certamente que esse pensamento implica considerar as formas e os métodos musicais existentes como de certo modo exaustos. Estas formas e métodos caíram em desuso não porque estejamos enfastiados deles (pois nunca estaremos enfastiados de Mozart), mas porque não permitem ao compositor moderno exprimir o que deseja. Não estão adaptados à enorme complexidade da consciência moderna e não se prestam a exprimir os verdadeiros sentimentos do homem moderno. É porque a música, a poesia e a pintura são vistas, pelo menos em parte, deste modo expressionista, que a reconstrução autoconsciente delas se torna inteligível. A capacidade do artista para criar um público, para exigir dele um sentido permanente da sua própria modernidade, é um pré-requisito necessário não só ao êxito dessa realização, mas também à tentativa. É deste modo que a música, a pintura e a literatura continuam a sobreviver mesmo num estado de caos cultural, pela invenção do que a princípio (antes da adopção bem-sucedida de um estilo) são escolhas e restrições arbitrárias.

Ora duvido que na arquitectura pudéssemos adoptar livremente uma atitude como a que esbocei. Porque duvido que pudéssemos, consistentemente, ver a arquitectura como uma forma de expressão pessoal ou como um gesto autoconsciente projectado apenas para a «consciência moderna». A arquitectura é pública; impõe-se sejam quais forem os nossos desejos e seja qual for a nossa própria imagem. Além disso, ocupa espaço: ou destrói pura e simplesmente o que existiu antes, ou então tenta combinar e harmonizar. A arquitectura, como acentuou Ruskin ([21]), é a mais política das artes por impor uma visão do homem e dos seus objectivos independentemente de qualquer acordo pessoal por parte dos que vivem com ela. Claro, todas as artes serviram, e continuam a servir, fins políticos. Mas são apenas os amantes da literatura que estão expostos à visão das histórias de Shakespeare ou à de *Illusions Perdues,* enquanto toda a gente, sejam quais forem os seus gostos e tendências, se vê forçada a confrontar-se com os edifícios em seu redor e a absorver deles aquilo que contenham de significado político. Um edifício pode afirmar-se tanto como símbolo visível de continuidade histórica, como anúncio reforçado de novas exigências. Como vimos, a arquitectura não pode, abandonando as formas tradicionais, refugiar-se simplesmente, como a música se refugiou, numa espécie de subjectividade cúmplice. A arquitectura pode tornar-se nova, mas não pode ser «moderna» no sentido particular desse termo que foi aplicado à recente música ocidental. A arquitectura torna-se nova criando novas expectativas e, em geral, isso requer a modificação de algum estilo preexistente (como aconteceu no caso do gótico, por muito inventiva que fosse a realização do Abade Suger em St. Denis), ou então a imitação de um modo previamente bem-sucedido. É claro que é verdade que toda a forma de arte regressa, e, de certo modo, a ascensão do estilo «gótico» no século XVIII pode ser vista como parte de um único ímpeto de medievalismo romântico que assolou simultaneamente muitas das artes. Aliás, na literatura, como na arquitectura, o estilo clássico regressou periodicamente: no teatro francês, por exemplo, e na sátira augustana. Mas a propensão da arquitectura para o revivalismo corre mais profundamente do que isto. Um regresso na literatura implica uma espécie de imitação em que o pensamento, o sentimento e a dicção permanecem inteiramente modernos. Na verdade, não podemos imaginar, nem na literatura nem na música, um regresso total a qualquer estilo anterior que não o seja de algum modo irónico, à maneira do neoclassicismo de Stravinsky, ou então preciosista, à maneira do culto de Morris da Idade Média. Na arquitectura, por outro lado, encontram-se através da História revivalismos comparáveis que não só foram totais na intenção, como também mudaram inteiramente o curso da construção. De facto, esses revivalismos foram de tal modo contínuos que fizeram a palavra «revivalismo» parecer quase inadequada. Não é decerto injustificado sugerir que há, na nossa atitude para com o edifício, um carácter de respeito pelo passado que permite que esses regressos permaneçam isento de ironia. Para o arquitecto sério, o passado existe não como legado a possuir por um acto autoconsciente da vontade «moderna», mas como facto resistente, uma parte inalienável de um presente alargado. Desde Vitruvius, no Renascimento, ao revivalismo do gótico, as reacções à arquitectura têm sido ao mesmo tempo práticas e retrospectivas. Mesmo a arquitectura do futuro imaginada por Ledoux ([11]) se baseava em concepções de simbolismo arquitectural e de detalhe arquitectural profundamente classicistas nas inclinações. E a natureza histérica de recentes tentativas para quebrar a subtileza deste respeito pelo passado só o confirma.

Mas talvez o traço mais importante da arquitectura, o traço principal que lhe dá um estatuto e um significado peculiares nas nossas vidas, seja a continuidade com as artes decorativas e a correspondente multiplicidade dos objectivos. Mesmo quando os arquitectos têm uma intenção declaradamente «estética», pode não ser mais que um desejo de que a obra deles deva «parecer bem», exactamente da mesma maneira que as mesas e as cadeiras, a colocação dos lugares numa mesa, as dobras num guardanapo, uma disposição de livros, podem «parecer bem» ao observador casual. A arquitectura é, primordialmente, uma arte vernácula: existe primeiro e principalmente como um processo de arranjo em que todo o homem normal pode participar, e participa na verdade, na medida em que constrói, decora ou arranja os sítios em que vive. Não pretende ter normalmente os «significados» que lhe são atribuídos pelos praticantes da *Kunstgeschichte,* nem se apresenta a si mesma autoconscientemente como arte. É uma extensão natural das actividades humanas comuns, não obedecendo a restrições forçadas nem a qualquer obrigação de «concepção artística» de qualquer coisa que possa corresponder *à Kunstwollen* romântica, ou à «Ideia» hegeliana.

O vernáculo arquitectural está exemplificado em todo o lado e nunca ficamos surpreendidos quando encontramos uma coluna dórica numa mesa de adega, óvulos e dardos emoldurando um guarda-vestidos, um bengaleiro gótico, um guarda-louça de canto Bauhaus, ou uma caixa de chá obedecendo às regras da *Golden Section*(*). Usando o termo «vernáculo» não dou uma *explicação da* resistência destas formas populares, nem sugiro que haja um estilo vernáculo que possa ser proposto como um objectivo definitivo do construtor. (Como Sir John Summerson persuasivamente argumentou, concebido mais como objectivo do que como síntese de práticas existentes, o vernáculo é uma mera quimera ([23])). Mas o que quero sugerir é que a existência e predominância de um vernáculo arquitectural é uma consequência

---

(*) Golden Section, secção de ouro – divisão de um segmento de linha numa relação média e extrema, dividindo-o em duas partes de tal modo que o quadrado de uma das partes seja igual ao produto do segmento todo pela outra parte. *(N. do T.)*

inevitável da distância que separa a arquitectura das outras artes, da relativa ausência de qualquer autonomia artística autêntica na arte de um edifício, e do facto de que, na maior parte das vezes, um construtor tem de adaptar a obra a qualquer arranjo preexistente de formas imutáveis, sendo em todos os momentos constrangido por influências que lhe proíbem o luxo de um objectivo «artístico» autoconsciente. A arquitectura é simplesmente uma aplicação daquele sentido do que se «ajusta», que governa todos os aspectos da existência diária. Pode dizer-se que, propondo uma estética da arquitectura, o mínimo que se deve propor é uma estética da vida de todos os dias. Afastámo-nos do reino da arte superior para o da sabedoria prática comum. E aqui podemos começar a perceber exactamente como a nossa concepção pós-romântica da arte é inadequada para a descrição dos juízos estéticos normais do homem normal e como são obscuros todos os conceitos, como o conceito de expressão, que foram usados para a elucidar.

Contra o pano de fundo destas diferenças, temos de reconhecer a imensa dificuldade que existe de produzir qualquer crítica articulada da arquitectura. Ao lado das realizações da crítica literária ou mesmo musical, as obras-padrão da crítica de arquitectura parecem, na verdade, insípidas. Nas raras ocasiões em que os críticos estavam preparados para fazer discriminações, para afirmarem, por exemplo, que um certo edifício ou um certo estilo é feio ou mal-sucedido, fizeram-no, como Pugin, Ruskin e os funcionalistas, com um dogmatismo e com uma generalidade sem argumentos que contribuiu muitas vezes para desacreditar as suas conclusões. A apreciação serviu muitas vezes de máscara a um moralismo acrítico e raras vezes se fundou na compreensão individual de edifícios individuais. Esse ideal de crítica recentemente defendido muito vigorosamente por I. A. Richards e F. R. Leavis – o ideal da crítica como articulação e justificação da reacção individual, não como impulso «estético» isolado, mas como expressão de emoções que se conectam com o próprio centro da vida individual – teve poucos defensores na crítica da arquitectura. As questões de valor são muitas vezes abordadas ou extemporaneamente, através de uma particular espécie de moralismo que teremos ocasião de analisar num próximo capítulo, ou então através de noções vagas e gerais de «significado» que podem indiferentemente aplicar-se a quase todos os edifícios de um determinado estilo. E, em geral, é quase impossível a alguém sem formação especializada exprimir por palavras as belezas da arquitectura; não é habitual que termos como «proporção», «harmonia», «espaço» e «atmosfera» nos venham à cabeça porque nenhuma ideia geral clara está associada a eles. O espectador fica com aquela sensação de falta de ar registada por Sir Henry Wotton quando descreveu Santa Giustina em Pádua como sendo «na verdade um verdadeiro exemplo de boa arte em que os materiais, não sendo mais do que pedra vulgar, sem qualquer enfeite de escultura, ainda arrebatam o espectador (embora ele não saiba porquê) devido a uma harmonia secreta nas proporções» ([24]).

Descrevi estes características da arquitectura de uma forma extrema e um tanto descomprometida visto que é necessário lembrar uma dificuldade que, de outro modo, pode ser esquecida. A estética começa com as noções de arte e de interesse estético muitas vezes sem averiguar se há uma unidade significativa em qualquer das noções. As considerações que fiz necessitam, de facto, de interpretação. É claro que características análogas às que mencionei se podem encontrar, por vezes, nas outras artes. A *Tafelmusik* tem uma função dominante, tal como o verso ocasional; os frescos nem sempre se podem deslocar sem perda do carácter, nem, de uma forma mais subtil, se pode preservar a espiritualidade da música religiosa antiga num moderno salão de concertos. E a pintura, sendo contínua a tantas das artes decorativas, tem necessariamente de mostrar uma tendência para o aspecto de coisa pública que discerni na arquitectura. Além disso, será sempre possível apontar aspectos em que as diversas formas de arte diferem: mencionar simplesmente o aspecto público e utilitário da arquitectura é não provar o que é distintivo nela. Por outro lado, temos de nos lembrar que os filósofos escrevem muitas vezes como se fosse possível tratar qualquer coisa esteticamente, seja um ensaio filosófico, uma demonstração matemática, ou um *objet trouvé*. Portanto, embora possamos ter razão ao pensar que, por vezes, tratamos os edifícios como objectos estéticos, isso não quer dizer que ao apreciá-los como *edifícios* estejamos a apreciá-los esteticamente. Quando olhamos uma prova do ponto de vista estético, não a consideramos apenas como matemática e podemos compreender totalmente a validade matemática dela sem estarmos preocupados com a sua força estética. A atitude estética pode, então, estar conectada apenas perifericamente com a arte de construir; pode acontecer que os requisitos estéticos sejam uma irritação menor na prática do arquitecto e de modo algum fundamentais para o seu objectivo.

Claro que ainda não sabemos bem quais são esses requisitos «estéticos». Mas talvez possamos obter alguma compreensão negativa deles se considerarmos a questão que enunciámos de que um edifício tem de ser entendido, em primeiro lugar, em termos da sua utilidade e que as restrições estéticas, embora sejam possíveis, de modo algum são necessárias na realização do construtor.

Primeira parte

2. Arquitectura e projecto

Arquitectura, poderá dizer-se, é o mesmo que construção – um caso especial da actividade de projectar. Esse era o ponto de vista de Alberti e de outros pensadores do princípio do Renascimento avessos à ideia de que devia haver arquitectura, por um lado, conformando-se a padrões estéticos e com os mais elevados objectivos, e construção, por outro, como mera actividade de artífice sem consequências estéticas, projectada apenas para satisfazer uma função. A ideia de uma separação fundamental entre construção como arte e construção como ofício era completamente inconcebível. Por exemplo, Alberti descreve a associação de linhas e ângulos como a tarefa mais importante e difícil do arquitecto, e é claro que se refere a um problema que é, ao mesmo tempo, de construção e de estética ([1]). Não se pode compreender verdadeiramente o que ele quer dizer sem que se veja quanto os dois aspectos do problema se restringem rigorosamente um ao outro e como a verdadeira solução só será inteligível como uma síntese (e não uma mera concatenação) das suas partes componentes. Foi deixado aos praticantes do último revivalismo do gótico fazer a distinção, nítida na mente popular, entre arquitectura e construção, tendo sido Ruskin que lhe deu a expressão final no primeiro capítulo de *Seven Lamps of Architecture,* onde aplica expressamente a designação «arquitectura» a tudo o que é inútil, desnecessário ou mero revestimento ([2]). Alberti, pelo contrário, escreveu sobre uma única arte universal da construção que «consiste no projecto e na estrutura». «Toda a força e razão do projecto», continua ele, «consiste em encontrar uma maneira exacta e correcta de adaptar e unir as linhas e os ângulos que definem o aspecto do edifício. É propriedade e função do projecto indicar para o edifício e todas as suas partes um lugar apropriado, uma proporção exacta, uma disposição conveniente e uma ordem harmoniosa, de tal modo que a forma do edifício seja inteiramente implícita na concepção» ([3]). As ideias do que é «certo», «apropriado», «próprio» e «conforme às proporções» determinam, desde o princípio, a direcção do seu pensamento. Citei da primeira página do seu tratado. Na página seguinte Alberti escreve sobre a função das paredes e das aberturas, os problemas da construção de telhados, os efeitos do clima, do Sol e da chuva. Passa sem hesitar das abstracções do filósofo para as realidades do engenheiro prático. E, no entanto, as ideias sobre o que é «apropriado», «conforme às proporções» e «decorativo» nunca deixam de dominar o argumento. De acordo com Alberti, é obrigação tanto do construtor comum como do arquitecto saber o que é apropriado ([4]) e construir à luz desse saber.

Ora, é justo dizer que a noção de oposição entre considerações «estéticas» e, digamos, «funcionais» é, em grande parte, uma invenção filosófica ([5]). Não passa de um tecnicismo, criado para referir qualquer coisa que normalmente sentiríamos relutância em definir. Contudo, mesmo a nossa intuição vaga é suficiente para percebermos que Alberti, na repetida ênfase do que é apropriado, adequado, ordenado e conforme às proporções, coloca as considerações estéticas no âmago da actividade do construtor. Mais, também é evidente que, para Alberti, a procura da excelência estética não é, propriamente falando, destacável dos outros elementos de interesse arquitectural. As restrições implícitas nessas noções do apropriado e do que é conforme às proporções permeiam toda a prática do arquitecto ou engenheiro, de modo que ele não pode considerar um problema de estrutura, digamos, e depois resolver o problema de «apropriação» independentemente. Não pode fragmentar a tarefa num conjunto de «problemas» relacionados, entre os quais os requisitos da estética, pois é dentro da estrutura dada pela noção de «apropriado» que todos os problemas do arquitecto são vistos.

Um historiador da cultura pode argumentar que o sentido, implícito em todo o pensamento do Renascimento, da primazia dos valores estéticos é, de certo modo, não essencial, um mero reflexo de uma determinada ordem social, e nem mais inevitável, nem mais desejável do que a própria ordem social. Se levarmos a sério esses argumentos, podemos achar-nos tentados a rejeitar essas ideias do que é apto, apropriado e conforme às proporções, e a rejeitá-las enquanto conceitos dominantes no pensamento e na prática da arquitectura (alguns marxistas pensaram que retê-los era mera «falsa consciência»). E pode parecer que, ao fazê-lo, expulsamos as considerações estéticas do centro do pensamento da arquitectura e as banimos para a periferia. É a possibilidade desse afastamento que quero explorar.

Os arquitectos contemporâneos falam muitas vezes de «problemas de projecto» e «soluções de projecto» ([6]) e nessa noção de projecto está incluída, regra geral, precisamente a tentativa a que me referi, a tentativa ou de banir inteiramente as considerações estéticas, ou de as tratar simplesmente como um entre um conjunto de problemas a resolver, completa ou parcialmente, como um derivado de algum ideal ou projecto «óptimo». O «projecto» não é o que era para Alberti, um processo pelo qual os valores estéticos permeiam toda a concepção da tarefa arquitectural, mas antes um modo complexo, quase científico, de experiência funcional. As considerações estéticas são, na maior parte das vezes, admitidas não como uma parte do objectivo do projecto, mas como o subproduto não procurado por ele. Como escreveu um distinto arquitecto:

> A beleza é uma coisa consequente, um produto da resolução correcta de problemas. É irreal como fim. A preocupação com a estética leva a um projecto arbitrário, a edifícios que tomam uma certa forma porque o projectista gosta do aspecto que têm. Nenhuma arquitectura bem-sucedida pode ser formulada num sistema generalizado de estética ([7]).

E realmente parece arbitrário exigir da arquitectura um padrão de pensamento e raciocínio que não seria exigido no projecto de uma chaleira, de uma pá ou de um carro. Em todas estas actividades, sugeriu-se, o objectivo é conseguir um projecto «claro» ou «racional» – uma especificação ou esquema gráfico que dará a maior satisfação a todos os que usam o objecto acabado. A primeira tarefa no projecto é, portanto, compreender as necessidades de um cliente em potencial; e, por último, imaginar um mecanismo tão sensível a elas quanto possível. A beleza pode ser uma consequência dessa actividade, mas não faz parte dos seus objectivos.

De forma a tornar o ponto em discussão o mais claro possível estabeleci um opositor imaginário. Não vou, portanto, dar mais do que uma vista de olhos à história dos «métodos de projectar» e vou remeter todas as referências mais específicas para as notas. Contudo, talvez valha a pena salientar que esta equação particular da arquitectura com a resolução de problemas já está presente em muitos dos manifestos modernistas dos primeiros anos do século XX ([8]), e que alguns dos teóricos do projecto moderno afirmam (correcta ou erradamente) que os objectivos deles são realmente os dos arquitectos «construtivistas» da Rússia pós-revolucionária ([9]). Decerto que é verdade que o construtivismo pretendia descobrir um ideal de arquitectura que, exprimindo a completa economia dos meios para os fins, fosse apropriada ao espírito revolucionário em que era concebida. Esse ideal dotaria as obras de arquitectura de uma utilidade abrangente que seria não só satisfatória para o utente mas também evidente, como uma espécie de beleza abstracta, para o transeunte. Nessa procura do «razoável», os arquitectos da Revolução Russa voltavam-se para as teorias do Iluminismo francês. Mas a escola russa – pelo menos de início – tentou encontrar um ideal próprio do razoável na relação dos meios com o fim. Pelo contrário, para os arquitectos do Iluminismo francês – para Boullée e Ledoux ([10]) – a Razão era um fim em si mesmo, tornado um manifesto em arquitectura e venerado não só como uma moral e uma inspiração estética, mas também como um ideal quase religioso. Não era *a função* do bordel de Ledoux que requeria um plano de base fálico (veja-se a figura 4), mas antes uma concepção estética subjugante que procurava embelezar e tornar inteligível o racionalismo blasfemo do arquitecto. Para os primeiros construtivistas, a Razão não era tanto um ideal estético como um meio de banir todas as restrições meramente estéticas em favor de algum significado social abrangente. Claro que o rótulo de «construtivismo» significou muitas coisas e foi aplicado aos próprios arquitectos que teriam rejeitado energicamente os pontos de vista de que pareço aqui acusá-los. Não é minha intenção fazer justiça aos construtivistas e à sua prole e por isso os transfiro para uma nota ([11]). Mas prefiro o rótulo de «construtivismo» ao de «teoria do projecto», visto que não quero fazer supor que *há* uma teoria séria com esse último nome.

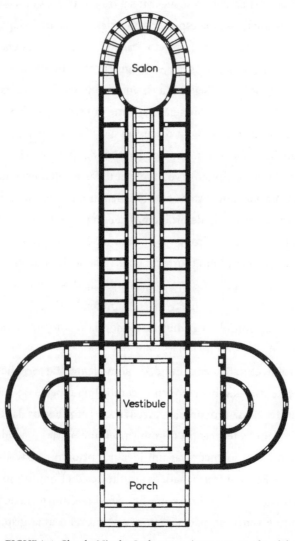

FIGURA 4: Claude-Nicolas Ledoux: projecto para um bordel

Suponhamos, então, que íamos seguir o ideal da Razão e eliminar do compêndio do arquitecto tudo o que pudesse ser descrito como incorporando um objectivo puramente «estético». Será que esta suposição define uma prática coerente e razoável, algo em que um homem racional se possa empenhar sabendo o que está a fazer? Vou argumentar que não.

A multiplicidade e a intangibilidade dos objectivos não estéticos colocam imediatamente um problema. Reconheceu-se, há algum tempo, que não é suficiente para um arquitecto tornar explícitos os seus principais objectivos e depois procurar o método que mais bem os satisfaça visto que pode haver outros objectivos, ainda não explícitos, que são inviabilizados neste processo. Um exemplo bem conhecido é o aquecimento central, um dispositivo que responde perfeitamente ao limitado objectivo de manter toda a casa quente. Não levou muito tempo a descobrir-se que o aquecimento central seca a atmosfera, faz estalar certos tipos de cal e de móveis de madeira, torna impossível guardar um instrumento musical e é, em muitos aspectos, incomodativo e pouco saudável. A solução, pensou-se, é a instalação de um sistema para controlar a humidade. Chegou-se à conclusão de que este, por sua vez, era caro, de manutenção difícil, feio e mesmo ruidoso, dando azo a muito mais irritações por manter seres humanos num «ambiente controlado» como quadros numa galeria ou animais num jardim zoológico. Assim, a necessidade de se tomar outras medidas levou ao questionamento da possibilidade de essa corrente de «melhoramentos» poder alguma vez ter fim e à noção de que talvez fosse melhor começar tudo de novo. Como um escritor sugeriu ([12]), o projecto caracteriza-se precisamente pela instabilidade do problema, que muda esquivamente durante o decorrer da tentativa de solução. É difícil saber exactamente, portanto, qual o «método» que o projectista deve procurar ou mesmo se «método» é a melhor descrição do que ele precisa.

Uma resposta a essas dificuldades é a que se tornou conhecida com Christopher Alexander ([13]), que censura a inadequação de muitas «soluções de projecto» contemporâneas pela combinação de objectivos autoconscientes com conceitos inadequados. Compara-os desfavoravelmente com os «projectos auto-inconscientes» exemplificados nas cabanas de ervas da Polinésia, na cidade italiana no alto do monte e no nosso vernáculo arquitectural. O projecto auto-inconsciente é, pode dizer-se, um produto da evolução: evoluiu em resposta a um grupo não formulado de desejos e necessidades e conseguiu uma realização não mediada pelo pensamento ou a reflexão, como as células hexagonais de cera que tão perfeitamente albergam a abelha. Os nossos processos autoconscientes, pelo contrário, existem não devido ao bom senso, mas por projecto. São o resultado do pensamento e o pensamento é confuso porque emprega conceitos que têm um contacto apenas superficial com o problema do projectista. Os conceitos que empregamos não nos dão um domínio prático, pois classificamo-los na base de objectivos e funções, sem compreender (como o arquitecto inconsciente compreende intuitivamente) a estrutura que fundamenta a relação entre eles. O estudo do projecto deve, portanto, prover-nos de melhores conceitos – conceitos que situem o verdadeiro nexo de influências no problema arquitectural.

Ora é muito interessante ver a arquitectura desse modo. À primeira vista, dificilmente se podia negar que a arquitectura envolve essencialmente um «problema» e que a primeira tarefa do arquitecto é resolver esse problema o melhor que puder. Por exemplo, pode pedir-se a um arquitecto que coloque salas, cada uma com certas dimensões mínimas, num determinado plano de base, e também que encontre o número máximo dessas salas. Mas também pode acontecer que um dado arranjo acabe por ser muito menos eficaz para fins de aquecimento, por exemplo, ou para o fim da comunicação entre partes do edifício. O projectista tem, portanto, de sintetizar os vários problemas e apresentar a solução que satisfaça cada um deles o melhor possível, permitindo a satisfação parcial do resto.

Esses problemas agregados podem admitir uma solução – mesmo uma solução matemática – desde que se façam certas suposições. É necessário assumir, por exemplo, que a relativa importância de cada componente no problema pode ser apreciada e que se podem especificar graus de satisfação para cada um deles. Claro, até se saber como é importante conseguir um grande número de quartos em comparação com uma certa facilidade de comunicação entre eles, será impossível avaliar um plano que satisfaça completamente o primeiro caso, mas só parcialmente satisfaça o segundo. Por outras palavras, os «elementos» do problema arquitectural devem ser duplamente quantificáveis – tanto internamente, no que respeita a eles próprios, como externamente, no que respeita aos competidores. Mas (mesmo supondo que estamos a ignorar as «considerações estéticas», sejam elas o que forem) surge de novo uma dificuldade. Em todas as tarefas sérias há factores que, sendo da maior importância, não são passíveis de atribuição de um valor relativo – não porque o valor deles seja absoluto, mas porque podemos não ser capazes de prever quando estaremos preparados para tolerar o facto de eles ficarem insatisfeitos. Consideremos, por exemplo, o problema da posição das janelas numa casa. A maior parte das pessoas gostaria que as janelas tivessem uma vista animada, agradável ou interessante. Mas quantos saberão, exactamente, se estariam preparados para sacrificar esse desejo a qualquer outro requisito – digamos, de calor, privacidade ou luz? (Em muitas casas do movimento Arts and Crafts – como as de Voysey – os arquitectos parecem mais estar quase a dispensar totalmente as janelas do que a afastarem-se dos objectivos estéticos.) Há realmente qualquer coisa de repugnante na ideia de um homem cujos desejos nessas matérias ilustram uma ordem abrangente, de tal modo que possa especificar os componentes do seu «problema arquitectural» independentemente de qualquer conhecimento ou experiência das circunstâncias individuais em que tem de escolher. Pelo menos dificilmente pode ser uma verdade necessária que o homem racional ou o seu arquitecto sejam assim. Como veremos, ser assim dificilmente é ser racional.

Vamos enunciar o problema na sua forma mais abstracta. Suponhamos que o ideal da escola dos «métodos de projectar» se realizava. Isto é, suponhamos que havia, para ser desenvolvida, uma teoria abrangente das formas de construir, ao mesmo tempo que uma ciência biológica, social e de engenharia de tal maneira completas que a verdadeira independência causal das funções que um edifício deve satisfazer pudesse ser delineada de forma precisa ([14]). Mesmo assim, não haveria uma resposta real para todos os «problemas» arquitecturais, pela razão de que a «solução» tem de ser entendida não como óptimo científico, mas como base para uma actividade prática. Suponhamos, por exemplo, que o nosso «plano óptimo» tinha de criar o caminho mais rápido, seguro e económico entre as salas de um hipotético bloco de escritórios. O plano-base é projectado de forma que o utente que entra no edifício possa chegar o mais rapidamente possível ao destino final. Pode acontecer que a «solução óptima», assim calculada, desafie a nossa capacidade de a imaginar. O utente é incapaz de reter um mapa visual da progressão e vagueia desorientado de um escritório não desejado para o seguinte. E se assim é, então a «solução» é totalmente ineficaz.

Esta dificuldade pode parecer trivial. Pode argumentar-se que o utente podia aprender a encontrar o caminho por um mapa, ou pela experiência. Mas essa resposta não resolve a questão. Claro que na medida em que as dificuldades como a que mencionei puderem ser dominadas, o edifício é bem-sucedido. Contudo, o critério do sucesso não está em qualquer «solução óptima», cientificamente obtida, mas na capacidade de seres racionais *compreenderem* a solução que é proposta. Uma «solução» para um problema de projecto só será satisfatória se apresentar, aos que vivem e trabalham com o produto, uma base adequada à compreensão prática deles próprios. Portanto, a procura de uma solução ideal, que satisfaça um dado conjunto de funções tão bem como as circunstâncias o permitirem, deve ter em conta uma compreensão intuitiva não só do «problema», mas também da própria «solução». Sendo restringido nos dois fins, por assim dizer, pelos limites da intuição humana, é difícil que o processo de projectar possa libertar-se da intuição, ou que deva seriamente tentar fazê-lo.

Mas é a essa compreensão prática que o arquitecto deve aspirar? Houve muitas tentativas filosóficas, de Aristóteles a Wittgenstein, para clarificar a distinção entre saber teórico e prático, entre crença racional e actividade racional, e é justo dizer que nenhuma dessas tentativas foi completamente bem-sucedida. Mas que há uma distinção entre o teórico e o prático, e que ambos os domínios expõem um raciocínio, não se pode pôr em dúvida. A minha atenção nesta obra centrar-se-á apenas numa parte da compreensão prática, a parte que é afectada e determinada pelo sentido estético. Mas vou argumentar que essa parte, longe de ser insignificante, é extremamente importante para saber o que fazer.

A compreensão prática penetra todas as esferas da vida activa e não é redutível apenas à acção racional. Um homem pode ser ignorante não só por ser inepto ou por actuar erradamente, mas também por sentir ou querer o que é inapropriado sentir ou querer. A actividade inclui todas as emoções e desejos e estes são tão susceptíveis de uma contribuição racional como qualquer acto de vontade. Se não reconhecermos esta penetração da razão prática, não poderemos, penso eu, ser capazes de compreender o sentido estético.

Há uma área, contudo, onde o teórico e o prático parecem fundir-se, a área (que até agora nos interessou neste capítulo) dos meios. Aqui o saber prático não se pode separar da compreensão teórica das realidades. Mas, considerando as questões levantadas pelo nosso hipotético «construtivismo», veremos imediatamente que nunca será suficiente pensar na arquitectura em termos da descoberta de um meio para um fim, pois temos de considerar também como consegue um arquitecto uma compreensão do *fim* da sua actividade e – como mostra o exemplo das janelas – esse fim raramente se pode reduzir a um conjunto de funções competitivas especificáveis antecipadamente. Como podemos então analisar a noção de fim de uma acção? A teoria arquitectural contemporânea apropriou-se de um conceito em cujos termos discute estas coisas, um conceito de grande significado retórico no desenvolvimento da arquitectura moderna, o conceito de «necessidade» humana. Foi este conceito que guiou Le Corbusier não só nos planos de destruição de todas as cidades civilizadas no interesse de ar puro e futebol, mas mesmo nos princípios mais básicos do seu pensamento. De acordo com Le Corbusier, o ser humano tem necessidade de ar, luz, espaços abertos, movimento, enfim, de tudo o que *não* é arquitectura; a elevada torre de vidro erigida sobre pequenos pilares num parque parecia brotar quase como uma questão de dedução dessa afirmação do «problema» humano ([16]). Isto não quer dizer que de algum modo Le Corbusier agisse influenciado pela ideologia dos nossos hipotéticos construtivistas. No entanto, o absurdo dos seus planos e a insatisfação que se seguiu ao uso da sua «solução» sugerem que esse conceito de necessidade, na prática arquitectural normal, é um conceito empobrecido e pode ser usado para reduzir a arquitectura a apenas uma espécie de «resolução de problemas», desfigurando fundamentalmente a intenção do arquitecto.

O conceito de necessidade está relacionado com o de florescimento ([17]). Uma planta necessita de água porque sem água não pode florescer. Uma necessidade pertence *à essência* de quem a tem (e já se sente uma confusão no discurso do arquitecto contemporâneo acerca de «necessidades que mudam»); x necessita de y apenas se *o ser* de x depender de k. Mas os homens podem florescer pelo menos de duas maneiras, pois têm uma natureza dualista. Podem florescer como animais ou como pessoas (como seres racionais ([18])), e aquilo de que precisam no primeiro caso – comida e abrigo – não será suficiente (e, de acordo com os estóicos, pelo menos, nem sequer necessário) no segundo caso. Evidentemente, são as necessidades do homem como ser racional que devem ser tomadas em consideração, se é que o conceito de necessidade nos leva a algum ideal de «projecto racional».

A realização de um agente racional – a que os Gregos chamavam *eudaimonia* e nós chamamos felicidade – só acontece quando o agente tem aquilo a que dá valor, que é diferente daquilo que meramente deseja. E talvez a característica mais surpreendente da «arquitectura das necessidades humanas» seja que muitas vezes parece conceber o mundo como um universo em que não há valores, mas apenas necessidades animais – ar puro, saúde, exercício, comida. Vamos então tentar separar o conceito de valor do de necessidade animal. A dificuldade superficial em fazer a distinção reside em parte no facto de ambos, necessidades e valores, se expressarem pela actividade do desejo. De facto, há a tentação, de novo manifesta entre os teóricos do projecto, de reduzir ambos, necessidades e valores, a «preferências», a questões de «escolha subjectiva» do que as pessoas, de facto, por qualquer causa ou razão, preferem ([19]). O projecto racional pode, no entanto, ser concebido como o que melhor satisfaz essas preferências. A ideia é que, se as máquinas arquitecturais dos construtivistas nos desagradam, é porque essas máquinas são *imperfeitas* – não permitem a realização das nossas muitas e variadas preferências e, portanto, temos de voltar ao estudo do que queremos, na pesquisa de um projecto mais satisfatório. Isso sugere a ideia de «construção correcta», que construa o «correcto» em resposta a um problema social ([20]). A máquina, longe de ser fonte de alienação humana, é a solução principal: a única coisa necessária para uma arquitectura humana é uma descrição integral do problema que a máquina deve resolver ([21]).

De facto, há uma diferença radical entre valores e meros desejos, uma diferença que a filosofia da construção correcta desdenha sistematicamente. Pode ser verdade que os valores são uma espécie de preferência, mas nem todas as nossas preferências são valores. Vemos algumas das nossas preferências (por exemplo, em comida e vinho) como reflexo da nossa própria personalidade ou temperamento; contentamo--nos em vê-las como *meras* preferências e não julgamos ter a obrigação (embora tenhamos o desejo) de as justificar quando desafiadas. Os valores são mais significativos, tendo uma espécie de autoridade no raciocínio prático que nenhuma mera preferência podia adquirir. Não só nos sentimos chamados a justificá-los com razões quando necessário, como aprendemos a ver e a compreender o mundo nos termos deles. Um valor, ao contrário de uma mera preferência, exprime-se em linguagem como a usada por Alberti: procura o que é certo, adequado, apropriado e justo. É o resultado do pensamento e da educação e pode ser mantido, subvertido ou modificado pela discussão racional. Não se manifesta simplesmente como preferência isolada em qualquer «situação de escolha» fictícia. Um valor caracteriza-se não pela força, mas pela profundidade, pela medida em que traz ordem à experiência. É difícil perceber como uma coisa assim poderia ser medida ou contraposta a preferências competitivas como um simples factor num qualquer «problema de projecto» misto.

Pois bem, os valores, como os descrevi, são um caso especial de fins de conduta; definem o que pretendemos não só em casos particulares, mas também em geral. E é em parte pela aquisição de valores que somos capazes de chegar, mesmo em casos particulares, à concepção de um fim. Pois considere-se o que é realmente *ter um fim em vista*. Compreender o fim da conduta de alguém não significa apenas saber, de forma teórica, o que alguém pretende: é ser capaz de imaginar o que seria *conseguir* esse objectivo. A frase «o que seria» indica uma questão que não se pode reduzir à de utilidade ou função. É uma questão não sobre a eficiência, mas sobre a qualidade de qualquer coisa, a qualidade de uma experiência. A questão é respondida quando o arquitecto pode prever o efeito total do edifício completo e compreender a relação dele com a experiência dos que o vão usar. A compreensão aqui envolvida é, portanto, parcialmente imaginativa – implica imaginar um estado de coisas não existente e fazer uma previsão eficaz das suas características. É também avaliadora, envolvendo a noção não só de intenções actuais, mas também da eficácia da acção de cada um para fins que talvez não seja ainda possível definir.

Nesta relação é importante ver que o fim particular do decurso de uma conduta pode não ser dado antes de nos empenharmos nele: pode ter de ser descoberto, por assim dizer, ao longo do percurso. Por incrível que pareça, isto é tão verdade para as actividades que têm um «objectivo em vista» confessado, como o é para as que o não têm. Pois o «objectivo» em questão – se está relacionado com as vidas das pessoas e reclama o tempo e interesse delas – será essencialmente aberto à qualificação à luz das percepções e dos valores e desejos dos que o procuram. Considere-se, por exemplo, o uso de vestuário. É natural sugerir que há intenções dominantes no uso de vestuário – as intenções de tapar o corpo e de o manter quente. Mas um projecto *determinado* por essas intenções nunca seria reconhecido como aceitável pelo raciocínio superficial. As pessoas vivem com roupas e, portanto, não vêem as roupas em termos de uma estrita função de costura, mas em termos dos objectivos e acontecimentos acidentais nas suas vidas. As roupas acabam por representá-las, no sentido de anunciarem a natureza que desejam reivindicar para elas. Considere-se, por exemplo, a «funcional» roupa de ganga tal como é vista pelos compradores mais usuais. Esta roupa proclama-se como objecto de utilidade, em desafio ao ornamento, pretensão ou estilo. Essa mesma proclamação constitui o seu estilo; mais uma vez a «Razão» se revela não como uma adaptação dos meios ao fim, mas como um fim em si mesmo, um valor pelo qual percepcionamos o mundo. O que pretende ser «funcional» atrai precisamente porque é algo mais do que isso, porque a funcionalidade é *expressa* na aparência que tem. O caso está tão longe do ideal construtivista na construção como o bordel de Ledoux. A «roupa funcional» adquire o seu carácter não por causa da utilidade (porque não é particularmente útil), nem por ser barata (porque está longe de ser barata), mas porque exprime um certo aspecto e, ao fazê-lo, antecipa a experiência do homem que o usa.

Os objectivos que podem realmente ser propostos para a compra de roupa de ganga não são a razão completa da sua aquisição. Têm de se subordinar a outra coisa, que não é tanto um objectivo em si mesmo como um sentido da adequação da roupa a todos os objectivos actuais e futuros, seja o que for que venham a ser. E esse sentido envolve a aquisição de valores. A roupa parece adequada a um certo estilo de vida e os objectivos desse estilo de vida não são dados antecipadamente (como poderiam sê-lo?), mas descobertos pelo agente quando se empenha neles. No entanto, o agente é capaz de saber – mais com uma certeza intuitiva do que com uma fórmula específica – que um determinado objecto será adequado a esses objectivos mesmo antes de ser capaz de dizer quais são. Por outras palavras, pode formar uma opinião acerca do carácter *apropriado* de uma determinada peça de roupa antes de qualquer intenção pela qual a possa usar, e essa opinião de ser apropriada pode preceder qualquer objectivo parcial ou temporário. Na verdade, do homem que aborda a compra de roupas com este sentido do que é apropriado podia dizer-se que tenta *compreender* os objectivos que o guiam – compreender, isto é, antes de qualquer apreensão do que possam importar concretamente e antes que entrem nas suas deliberações de qualquer outra forma.

Começamos aqui a ver como algo a que podemos querer chamar «valor estético» pode ser um ingrediente essencial na nossa compreensão do que estamos a fazer quanto compramos roupas, decoramos uma sala ou construímos uma casa. Todos estes actos têm consequências que estão para além da satisfação de quaisquer desejos que pudéssemos confessar imediatamente. No entanto, ainda nos sentimos obrigados a procurar as formas e os detalhes apropriados às nossas vidas. Esse sentido do apropriado requer uma espécie de compreensão imaginativa; requer que reflictamos sobre o aspecto e a sensação de qualquer coisa e que imaginemos o que seria viver com ela. Obter essa percepção «do que seria» é deixar de lado qualquer cálculo meramente funcional, pois é transcender a estrutura – a estrutura do desejo e da satisfação – dentro da qual o cálculo funcional faz sentido. É criar, por essa experiência, um sentido da adequação do objecto não só a este ou àquele desejo, mas a si mesmo, como entidade maior do que a soma dos seus desejos. O homem que age sempre em obediência a uma intenção dominante não é, portanto, necessariamente o mais racional. Quando falta esse sentido de «adequação» que os valores estéticos inculcam, pode, de facto, ser levado sempre a escolher irracionalmente – isto é, a escolher o que não o vai satisfazer, ou o que não o vai satisfazer por muito tempo. Pode ter comprado certeza à custa do saber.

Ora o mesmo se passa com a arquitectura([22]). Mesmo com construções como bombas e centrais eléctricas, que não se destinam de modo algum a albergar gente, é impossível chegar a uma descrição puramente funcional do que devem fazer, a uma descrição que ignore a questão mais ampla de como seria se essa função fosse desempenhada da maneira sugerida. (É interessante neste aspecto comparar a Central Eléctrica de Battersea com a muito apreciada bomba de água em barroco francês que está em frente dela do outro lado do Tamisa.) Menos ainda se pode ignorar esta questão no caso de um edifício em que têm de viver pessoas.

Muitos ainda podem duvidar, nesta altura da discussão, que aos valores estéticos se possa dar o tipo de lugar central na nossa experiência que somos compelidos, como seres racionais, a conceder à nossa moralidade. Pois o que são valores estéticos? O construtivista pode dizer que os valores estéticos dizem respeito «ao aspecto», enquanto para ele o importante é «o que significa realmente» ou «o que realmente faz». Mas o nosso exemplo da roupa mostra que essa concepção simples está errada. Não há uma distinção clara entre «o aspecto que tem», «o que significa» e «o que faz». Na arte da construção, o estudo do «aspecto» e a ponderada apreensão do verdadeiro fim da acção de alguém são inseparáveis. Uma das minhas afirmações controversas neste livro vai ser, portanto, que o estudo do que é certo e apropriado em questões de apreciação estética é vital para a sabedoria prática, sendo indispensável para a definição dos objectivos futuros. Pela compreensão estética, os nossos futuros objectivos tornam-se vivos perante nós antes de sermos capazes de os formular como políticas ou planos. Pelo culto do gosto, os nossos fins de conduta tornam-se «imanentes» às actividades que conduzem a eles e, assim, podem ser racionalmente reconhecidos mesmo antes de serem activamente procurados.

Voltemos de novo à distinção entre o teórico e o prático. O estudo do que é certo e apropriado não leva ao saber teórico: do facto de não haver um objectivo externo fixo segue-se que não há um conjunto de regras fixas e necessárias que descrevam os meios para isso, regras que se possa aprender como se aprende os axiomas de uma ciência natural. A compreensão estética é uma forma de raciocínio prático e implica mais formação do que aprendizagem. Na formação estética adquire-se a capacidade de notar as coisas, de fazer comparações, de ver as formas arquitecturais como acompanhamentos cheios de significado e apropriados à vida humana. Esse processo de educação tem a mesma estrutura, a mesma disciplina e a mesma recompensa, independentemente de as regras de composição nela implicadas, e as comparações especiais feitas nela, poderem ser estabelecidas como leis universais. Por meio dessa formação, o arquitecto adquire o sentido do que seria viver e trabalhar no edifício construído por ele. Por outras palavras, adquire conhecimento do fim da sua actividade e não apenas dos meios para ela. Sem esse conhecimento, não há maneira de um arquitecto poder realmente saber o que está a fazer quando começa a construir.

Se isso é verdade – e espero poder mostrar que assim é – então é fácil perceber o que está errado no nosso programa «construtivista» e na concepção de um edifício como uma espécie de máquina. Desde o princípio da Revolução Industrial houve a suspeita de que não é a incompetência da maquinaria existente que a torna inapropriada como principal pano de fundo das nossas vidas, mas antes algo da própria vida humana, algo que a razão exige e que nunca será tomado em consideração num mundo inteiramente concebido sob o aspecto da função. O homem coloca-se perante a máquina, dizem alguns, numa relação «essencialmente alienada» e a tentativa de reduzir a arquitectura a uma peça de maquinaria, mesmo a uma peça de maquinaria completamente adaptada a todas os desejos e necessidades que se possam formular imediatamente, só será bem-sucedida se se alienarem os homens do produto subsequente. Como disse um marxista melancólico:

> A tecnologia… retira dos movimentos toda a hesitação, deliberação, civilidade. Sujeita-os ao implacável, como se fosse uma exigência histórica de objectos. Assim, perdeu-se a capacidade, por exemplo, de fechar uma porta tranquila e discretamente ainda que firmemente. Tem de se bater as portas dos carros e dos frigoríficos; outras portas têm a tendência de se fecharem sozinhas com um estalo, impondo aos que entram a má educação de não olhar para trás, não protegendo a casa que os recebe. O novo tipo humano não pode ser adequadamente entendido sem se saber ao que está continuamente exposto por parte do mundo de coisas à volta dele, mesmo na intimidade mais secreta. O que significa para a pessoa que já não haja janelas de batentes para

abrir, mas apenas estruturas corrediças para empurrar, não haja trincos suaves, mas punhos para virar, não haja pátio em frente, degraus antes da rua e muros à volta do jardim?... Não menos censurável, pelo fenecer da experiência, é o facto de as coisas sob a lei do puro funcionalismo assumirem uma forma que limita o contacto com elas a uma mera operação e não tolerarem um excedente nem de liberdade de conduta nem de autonomia das coisas, que devia sobreviver como a alma da experiência, porque não é consumido no momento da acção ([23]).

Devemos, pois, procurar essa alma da experiência, esse «excedente» em que nos encontramos reflectidos não como criaturas do momento, consumidas na actividade do momento, mas como seres racionais, com um passado, um presente e um futuro. Devemos tentar recuperar o que é *central* na experiência da arquitectura. Como Alberti, Serlio e os seus seguidores, descobriremos que só o podemos fazer se reintegrarmos os valores estéticos no seio da actividade do construtor e não permitirmos que se responda à questão da função independentemente da questão da adequação de um edifício não só à função, mas também a um estilo de vida.

No entanto, ainda não disse o bastante sobre o conceito de «valor estético» para que esta sugestão seja persuasiva e é necessário, agora, colmatar essa lacuna. Foram propostas várias teorias influentes para explicar a natureza da nossa experiência de arquitectura e é a elas que nos devemos dirigir primeiro, de forma a adquirirmos uma compreensão de toda a complexidade da atitude estética na construção.

3. A arquitectura tem uma essência?

Há muitas maneiras de estudar arquitectura – do ponto de vista do engenheiro, do historiador, do crítico e do cliente – e cada perspectiva parece propor os seus próprios conceitos favoritos e chegar a uma organização do assunto que, se não está em desacordo com as outras, pelo menos não tem uma relação clara com elas. De acordo com os seus preconceitos, portanto, um estudante de arquitectura pode descrever de muitas maneiras diferentes a natureza dos edifícios, a nossa experiência deles, o seu significado e valor. Nesse sentido, em certa medida, reflecte, em geral, uma imprecisão de todas as discussões sobre qualquer coisa que aspire ao honorífico nome de «arte»: parece haver obstáculos, sobretudo no caso da arquitectura, que impedem uma clara compreensão da sua natureza estética. Neste capítulo proponho abordar algumas doutrinas populares sobre a natureza e a experiência da arquitectura, tendo em vista descobrir, pela inadequação delas, tanto a verdadeira complexidade do nosso problema, como a base da solução final.

As doutrinas que vou considerar falam, por vezes, da experiência que temos dela. No entanto, têm uma certa afinidade retórica, o que permite usá-las juntas e combiná-las naquilo que se tornou um ponto de vista crítico obrigatório. A sua própria imprecisão adaptou-as bem a esse fim e o leitor pode considerar, portanto, que as represento mal atribuindo-lhes uma precisão que não pretendem. Mas essa atribuição será necessária não porque deseje depreciar o trabalho dos que defendem essas doutrinas, mas porque desejo enunciar e analisar a base intelectual do seu pensamento. As doutrinas que vou abordar são o funcionalismo, a teoria do «espaço» e as filosofias da *Kunstgeschichte e* da proporção.

FUNCIONALISMO

Não terá escapado à atenção do leitor que a filosofia imaginária a que chamei «construtivismo» pouco corresponde ao que foi praticado pelos arquitectos modernos e que muitas das mudanças em forma e estilo que o nosso século testemunhou foram motivadas justamente por esse desejo de uma aparência apta ou apropriada que atribuí aos teóricos do Renascimento. Apesar da parcimónia estética do movimento moderno, as populares teorias «funcionalistas» que o rodearam foram usadas não para condenar, mas para articular os valores estéticos. Na forma mais influente, o funcionalismo não significa negar a prioridade dos valores estéticos na arquitectura, mas sim estipular uma teoria abrangente da natureza deles ([1]). O funcionalismo defende que, em toda a verdadeira experiência de arquitectura, a forma é inseparável da função. A experiência estética, de acordo com algumas versões da teoria, nada mais é do que uma experiência de função – não a função como ela é, mas como ela aparece. No edifício ideal, portanto, a forma deve exprimir, tornar clara, ou – para usar a palavra favorita de Sullivan – «seguir» a função.

Como vimos, há um princípio sólido por detrás dessa teoria, o princípio de que a utilidade de um edifício é a das propriedades essenciais dele, de modo que não haverá uma verdadeira compreensão de um edifício que ignore o seu lado funcional. Logo, um traço adequado ou belo numa igreja pode não o ser numa casa ou numa fábrica. É, na verdade, impossível abstrairmo-nos do nosso conhecimento da utilidade de um edifício e produzir um julgamento sobre ele num puro vazio «estético».

Posto isto, é difícil ver o que se segue destas observações. Decerto que o funcionalismo, tal como é normalmente enunciado, não se segue. Considere-se esta analogia, não muito distante: um facto essencial sobre uma canção é que consiste numa colocação de palavras na música. Não se segue que a nossa experiência da canção não seja mais do que uma experiência de palavras ditas de forma musical, ou que a canção seja perfeita ou bela se revelar ou seguir o significado verbal. Por um lado, as palavras podem ser tolas. Por outro, a música, ao segui-las, pode perder toda a vida e vigor próprio. Não há dúvida de que Wolff era um mestre a ajustar palavras e música numa relação perfeita. Mas isso não chega para o elevar ao nível de Schubert quando, apesar de todo o seu génio, lhe faltou o dom melódico, o drama, a simplicidade e a naturalidade que mereceriam esse prémio. Nem esta analogia é realmente enganadora uma vez que mostra que uma propriedade essencial pode não chegar para definir a natureza da coisa que a possui. Embora uma canção seja essencialmente uma composição musical de palavras, também é mais do que isso. Por exemplo, envolve uma melodia e pode ser apreciada pela melodia por alguém que não possa ouvir ou compreender as palavras. Dizer doutra maneira seria afirmar que não há uma relação entre a beleza da canção «A Morte e a Donzela» e a beleza do lento movimento do quarteto que tem esse nome: um ponto de vista absurdo. O mesmo é válido na arquitectura: a função não é o único traço essencial de um edifício; necessariamente, um edifício tem de ostentar uma forma ou padrão e podemos entender o padrão em contextos desligados da função dada. Considere-se, por exemplo, a fachada maravilhosamente incrustada de Alberti na igreja florentina de Santa Maria Novella (figura 5). Muitos dos padrões aí exibidos podiam ter feito parte de um tecido ornamental e ser considerados igualmente belos. Além disso, removê-los da fachada – apresentar uma face simples de crisólito ou de mármore – seria remover a maior parte do encanto, preservando tudo o que merecesse o nome de expressão ou revelação do seu uso.

Mas há uma objecção mais séria: os termos da teoria são fundamentalmente, e talvez irremediavelmente, obscuros. Por exemplo, que quer dizer o termo «função»? Estamos a referir-nos à função do edifício ou à função das partes dele? Se é apenas a estas, basta que um edifício exiba simplesmente todos os seus detalhes funcionais, como os tubos e cabos que ornamentam o Centro Pompidou? Se é esse o nosso ideal de excelência estética, então nitidamente seria melhor rejeitar de vez a estética. Mas é apenas num sentido muito superficial que esse edifício exprime ou revela a sua função, sendo a função do edifício qualquer coisa muito diferente da função das partes dele. E a função de todo o edifício – neste caso do Centro Pompidou – é indeterminada. Estando o Centro em competição com o n.º 4 de Carlton House Terrace (cujas casas são o seu equivalente moral em Londres, mas que foi, de facto, projectado para

FIGURA 5: L. B. Alberti: fachada de Santa Maria Novella, Florença

uma casa privada), quem pode dizer qual dos edifícios revela melhor o uso dado? E temos de pensar que o Round House Theatre, que provavelmente continua a «revelar» ou a «seguir» a função que teve de estação de caminho-de-ferro, tenha, por essa razão, de estar comprometido com a sua utilização actual? Estes exemplos mostram que a ideia de «função» de um edifício está longe de ser clara, assim como não é claro como uma determinada «função» deve ser traduzida numa «forma» arquitectural. O que podemos dizer – à falta de uma teoria estética mais adequada – é que os edifícios têm usos e não deviam ser entendidos como se os não tivessem.

A teoria não se torna mais plausível restringindo a nossa averiguação à função das partes arquitecturais, embora, como provarão argumentos posteriores, a teoria assim restrita contenha aspectos valiosos. Pois achamos que, longe de fornecer uma estética abrangente da arquitectura, o funcionalismo tem de se *apoiar* numa estética qualquer, se quer ser entendido. Por exemplo, podia dizer-se que a função de uma coluna é suportar o entablamento que está por cima. Mas então também se podia dizer que a função do entablamento é apoiar-se na coluna. Cada uma destas funções é interna na actividade da arquitectura – o que quer dizer que só podemos entendê-las *como* funções porque temos uma compreensão prévia da arquitectura, do porquê de as partes de um edifício terem de ser combinadas *dessa* maneira. Não é possível usar a ideia de função para lançar luz na natureza da arquitectura visto que só se soubermos o que é arquitectura podemos compreender a função. Segue-se assim que a teoria, como exposição da natureza do edifício, é simplesmente vazia.

Outra dificuldade para a teoria é dada por termos como «seguir» ou «exprimir». Como veremos, a única maneira de esse conceito de «expressão» fazer sentido é remover do funcionalismo qualquer validade universal ou a *priori*. Que há uma dificuldade posta pela noção, isso já deve ser evidente. Será que a forma do arco abatido da figura 6 segue ou exprime a função mais perfeitamente do que o faria uma extensão de andaimes? Se é assim, porquê? E como explica o funcionalista a bela crista e os quadrifólios rendados no exemplo gótico, a primeira nada acrescentando à função e os segundos indubitavelmente desacreditando-a? Provavelmente é devido à indefinição desse conceito de «expressão» que o funcionalismo tende a ser relançado em formas cada vez mais fracas. Sendo uma doutrina *fraca,* as suas pretensões não são filosóficas, mas críticas. Ou seja, não pretende captar a essência da arquitectura, mas simplesmente indicar um tipo de sucesso arquitectural. Por exemplo, há uma forma de funcionalismo sustentada por Ruskin como a «Lamp of Truth», uma forma que preza os edifícios pela honestidade estrutural da sua aparência. (Neste aspecto o Centro Pompidou não merece ser elogiado, visto que o que é revelado não é estruturalmente essencial, enquanto a catedral gótica tem muito que a recomende, mesmo numa época em que perdeu o uso principal.) Elevar este princípio a dogma teria consequências surpreendentes, por exemplo, de a Catedral de St. Paul, que esconde funcionais contrafortes por trás de revestimentos de pedra, ter menos mérito que o terminal do aeroporto de Heathrow, ou de o RAC Club em Pall Mall, que disfarça o aço e o cimento por trás de uma fachada clássica, sendo algumas das colunas meros canais ocos pelos quais são conduzidos os esgotos, ser tão aviltado que dificilmente mereceria o nome de arquitectura.

FIGURA 6: St. Mary Finedon, Northants, arco de descarga

O que distingue uma doutrina crítica de um princípio de estética é que a primeira não pode ser estabelecida *a priori*. Se reivindicar uma validade universal, então tem inevitavelmente de parecer arbitrária e facultativa, e continuar a rearfirmá-la em face destes óbvios contra-exemplos é indicativo de um fracasso em observar o que lá está. Como veremos, uma doutrina crítica deve ser estabelecida caso a caso, por uma exploração detalhada da experiência individual e do edifício individual. Será, portanto, na melhor das hipóteses, uma generalização e, na pior, uma observação irrepetível de uma única obra de arte. E mesmo que se pudesse mostrar que a revelação da estrutura constitui uma parte da nossa experiência de cada edifício, isso não teria esgotado os recursos da crítica. Mais do que uma forma pode «seguir» uma única estrutura – como os planos estruturalmente equivalentes da Werdersche Kirche de Schinkel em Berlim (ver figuras 7 e 8). Como mostra este exemplo, a questão de estilo – e, portanto, de significado – pode surgir mesmo quando a «honestidade» estrutural não está em dúvida (pois nenhum dos planos de Schinkel é mais «honesto» do que o outro). Segue-se então que uma grande parte da experiência arquitectural será simplesmente ignorada pela doutrina funcionalista, e, até termos uma compreensão independente do problema estético, nem sequer saberemos se a parte que é ignorada não é a parte que é essencial.

FIGURA 7: Karl Friedrich Schinkel: projecto para a Werdersche Kirche, Berlim

FIGURA 8: Karl Friedrich Schinkel: projecto para a Werdersche Kirche, Berlim

ESPAÇO

Desde a obra de Wölfflin e Frankl, prevaleceu a ideia de uma conexão (diversamente descrita) entre arquitectura e espaço. Mais uma vez a ênfase foi essencialista – isso é o que a arquitectura é essencialmente e, portanto, o espaço, as relações espaciais e o jogo dos vazios entrelaçados são os verdadeiros objectos da experiência arquitectural. O «espaço», como escreveu um arquitecto moderno, «é o aspecto mais difícil da arquitectura, mas é a essência e o último destino para o qual a arquitectura se tem de dirigir» ([2]). Esta doutrina representa uma tentativa de encontrar o mérito da arquitectura noutro ponto que não seja a função mas, como o funcionalismo, que se refere a casas, fábricas e estações de caminhos-de-ferro, a teoria do espaço alimentou-se de uma dieta unilateral de exemplos – neste caso, palácios, templos e igrejas que são, entre todos os edifícios, os mais emancipados de constrangimentos funcionais e os mais dados à expressão dramática.

Tomada literalmente, a teoria de que a experiência da arquitectura é uma experiência de espaço é, obviamente, indefensável. Se o espaço fosse tudo o que nos interessa, então não só uma grande parte da actividade do arquitecto deveria parecer decoração bastante inútil, mas também seria difícil perceber porque haveria ele de se incomodar a construir. Se eu estiver num campo aberto posso ter uma ampla experiência de todos os espaços separados que estão encerrados na Catedral de S. Pedro em Roma. A única diferença é que, aí, a concha que Bramante e Michelangelo construíram à volta desses espaços não existe e, assim, não interfere com a pura contemplação não-mediada dos espaços tal como são em si mesmos.

Mas é claro que a teoria não deve ser tomada tão literalmente, porque o que pretende dizer é que a essência da arquitectura não é o espaço, mas o encerramento do espaço ou o espaço encerrado. Nas palavras de Bruno Zevi:

> A essência da arquitectura... não está na limitação material colocada na liberdade espacial, mas na maneira como o espaço se estrutura numa forma significativa por esse processo de limitação... as obstruções que determinam o perímetro da visão possível, mais do que o «vazio» em que essa visão é representada ([3]).

Foi esta concepção da essência da arquitectura que pensadores como Zevi, Giedion e numerosos seguidores aplicaram com tanto entusiasmo a todo o tipo de edifício e da qual surgiu uma certa ortodoxia crítica. A primeira crítica a ser feita é de que, seja o que for que ela signifique (e não é óbvio, de facto, o que significa), não conseguirá certamente inventariar *tudo* o que apreciamos nos edifícios. A descrição de Zevi pode parecer aplicar-se sem esforço ao *foyer* da Stazione Termini em Roma, ou ao tesouro de Atreu em Micenas, onde o sentido de «espaço moldado» é primordial entre as nossas percepções, mas certamente não capta tudo o que é interessante em St. Paul, onde, apesar da grandeza «espacial», temos também efeitos deliberados e impressionantes de luz e sombra, de ornamento, textura e modelações.

Uma resposta à crítica feita à linguagem do «espaço» é referir todos os detalhes arquitecturais – luz, ornamento, formas talhadas e modeladas – que exprimem ou «articulam» as relações espaciais fundamentais, derivando o interesse e valor deles da delineação, do ênfase e da clarificação de volume, forma e espaço. Assim, pode ser-se levado a pensar numa cornija interior, que tem interesse arquitectónico (em contraste com um interesse meramente funcional) porque leva o espaço da parede a uma conclusão e define assim a geometria oculta da cavidade do telhado: como no interior de S. Pedro, que acabamos, por conseguinte, por ver como uma caixa rectangular sobre a qual assenta um longo meio-cilindro de espaço iluminado – e aqui também se pode ver as luzes como um realce dessa mesma divisão espacial (veja-se a figura 9). Pelo contrário, as vias encadeadas relativamente pouco enfáticas que dividem o espaço de parede de uma catedral gótica do Norte, servem apenas, por assim dizer, para repousar o olhar no seu movimento para cima e não dividem realmente o espaço interior, muitas vezes acabando no ponto de contacto com as flechas verticais e não produzindo um sentido da cavidade do telhado como um espaço separado do que é definido pelo movimento ascendente das paredes (veja-se a figura 10). E depois, podia dizer-se, é precisamente essa revelação de espaço que transmite a experiência característica da igreja gótica.

FIGURA 9: Catedral de S. Pedro, Roma, interior da nave

FIGURA 10: Notre Dame, Paris, interior da nave

Ora essa actividade podia ter êxito no estabelecimento da primazia do espaço (ou do «moldar» do espaço) no interesse da arquitectura apenas se pudesse mostrar como cada característica importante de um edifício pode ser vista como uma característica do espaço que o cerca, o modo como uma parede pode ser vista como o encerramento de um espaço, e uma porta como uma abertura para ele. Assim, a teoria cai por terra logo que descobrimos características que não podem ser traduzidas: considere-se, por exemplo, a natureza do material de construção. É difícil pensar que a beleza das colunatas de Santo Spirito em Florença não seria afectada se tivessem de ser reconstruídas em madeira ou granito, em vez do arenito cinzento *(a pietra serena)* dos florentinos (veja-se a figura 11). E é estranho sugerir que a beleza da Lady Chapel em Ely não foi afectada pela mutilação do santuário, só porque, de qualquer ponto que o efeito espacial do santuário (a capacidade dele, como diz a vaga frase, de «articular» o espaço que o cerca) possa ser observado, os danos se tornam invisíveis. Podia dizer-se que devíamos aceitar esta afirmação porque a estatuária não é da *essência* da arquitectura. Mas, se vamos extrair essa essência por golpes tão drásticos de eliminação, é difícil ver o que restará no fim, pois há importantes características da arquitectura que parecem não ser de destacar da maneira como a estatuária pode ser

FIGURA 11: Brunelleschi: Santo Spirito, Florença

destacável e que não podem ser reduzidas a propriedades do espaço arquitectural. Considere-se a distinção entre formas talhadas e modeladas como ela é exemplificada na construção ([4]). É claro que um pormenor ser talhado em pedra em vez de modelado em estuque ou gesso é uma característica mais imediatamente perceptível. E embora haja diminutas propriedades espaciais responsáveis pela diferença perceptível, não é em termos de uma concepção *espacial* que a diferença é vista. Considere-se, por exemplo, o flanco do Tempio Malatestiano (S. Francesco) de Alberti em Rimini (figura 12). A beleza desta composição não depende apenas do ritmo da arcada, mas também da qualidade imediatamente perceptível do trabalho manual nas linhas finamente esculpidas. Moldadas em cimento ou estuque, as mesmas formas possuiriam apenas o mínimo remanescente da sua força emocional actual. Reduzir o efeito ao espaço é certamente desfigurar toda a natureza da nossa experiência.

Ora, podia argumentar-se ainda que há alguma essência arquitectural fundamentando todos estes exemplos que se pode abstrair dos acidentes do ornamento e da execução. Mas a sugestão começa a ficar cada vez menos plausível quando reconhecemos que o efeito «espacial» pode, ele próprio, ser dependente do pormenor significante. Considere-se, por exemplo, o triunfante derramar de luz da cúpula de Sant'Ivo em

FIGURA 12: L. B. Alberti: flanco do Tempio Malatestiano, Rimini

Roma (figuras 13 e 14). Claro que é bastante razoável referir aqui um efeito espacial. Mas como podia esse efeito ser percebido se não se tivesse também presentes os desenhos finamente modelados da cornija, que não só prendem o olhar no movimento ascendente, mas também definem e redefinem a maravilhosa geometria da igreja?

FIGURA 13: Francesco Borromini: Sant'Ivo, Roma, cúpula

FIGURA 14: Francesco Borromini: Sant'Ivo, Roma, cúpula

O que se vê não é apenas um espaço dramático, mas também uma complexa harmonia de planos inter-relacionados. E essa harmonia é observável apenas devido aos pormenores finamente trabalhados que atraem a nossa atenção. Quando observamos o interior minuciosamente trabalhado de San Carlino (figura 15) do mesmo mestre, onde a audácia da organização «espacial» depende, em todos os pontos, do pormenor ainda mais audaz e ainda mais significante, cai por terra toda a concepção de significado «espacial». É claro, o advogado do «espaço» pode não se sentir derrotado por estes exemplos; pode tentar descrever todas estas experiências recalcitrantes como subtis variações da experiência central que o obceca. Mas quanto mais o fizer, mais se está inclinado a suspeitar de que, longe de usar o conceito de espaço para iluminar a compreensão da arquitectura, ele está antes a usar o de arquitectura para iluminar o que entende por uma experiência de espaço. A sua explicação da experiência arquitectural, tal como a do funcionalista, torna-se vazia e circular.

Veremos assim que o conceito de «espaço» pode ser eliminado da maioria das obras críticas que fazem uso dele sem qualquer detrimento real do seu significado. Eis o que Frankl escreveu sobre as igrejas jesuítas de Posen e Breslau e a Schlosskirche em Friedrichshafen:

> A altura relativa das galerias tem uma influência importante no efeito espacial. Se elas estão inteiramente por baixo do motivo da abóbada da nave, combinam também

com as capelas por baixo. Se se erguem *acima* do motivo de tal modo que invadem a grande abóbada como lunetas, então, quanto mais alto se erguem, mais rigorosamente o efeito espacial se aproxima de um vestíbulo ([5]).

Aqui, a referência ao «efeito espacial» é, de facto, inteiramente redundante; o sentido da passagem fica inalterado se se substituir a expressão pelo termo mais simples «forma», pois tudo o que os exemplos de Frankl mostram nitidamente é que, quanto mais alto se erguem as galerias, mais rigorosamente *a forma* da igreja se aproxima da de um vestíbulo. A referência ao «efeito espacial» é introduzida por uma prestidigitação, tal como o é, na seguinte passagem, a ideia de «experiência de espaço»:

> Alberti queria acrescentar a San Francesco em Rimini um edifício circular *maior do que a nave* e Michelozzo acrescentou um a Santa Maria Annunziata em Florença. Este espaço, semelhante ao Panteão de Roma, não está organicamente relacionado com a nave, embora realce a nossa experiência do espaço ([6]).

As razões desta apreciação são, *grosso modo* as seguintes: o coro circular da Annunziata é demasiado grande e mal iluminado e por isso não estabelece uma relação fácil com a nave; não continua uma ordem estabelecida no resto da igreja e não

FIGURA 15: Francesco Borromini: San Carlino, Roma, interior

conduz a um clímax ou resolução. Ao mesmo tempo, tem uma grandeza sombria própria e, embora tenha de ser visto como um acrescento dependente da nave, não é de modo algum desligado dela. Duvido que, continuando este comentário, fosse necessário referir uma «experiência de espaço» (que espaço?), ou que se pudesse encontrar para essa noção um uso que a tornasse um instrumento crítico indispensável. No entanto, a doutrina do espaço continua a ser influente e o fascínio que exerce ainda precisa de explicação.

Talvez se pudesse encontrar uma explicação nas obras de Giedion, o principal advogado da doutrina, que recorreu àquilo a que se pode chamar, talvez, a retórica do espaço para fabricar as ortodoxias críticas do movimento moderno e formou assim as consciências de uma geração de estudantes de arquitectura [7]. O *Space, Time and Architecture* de Giedion, talvez o tratado sistemático de arquitectura mais influente em anos recentes, padece de todas as falhas que referi, juntamente com outras que derivam da relação jornalística do autor com a física moderna. (Giedion descreve a arte e a arquitectura modernas como proporcionando o «equivalente artístico de espaço-tempo», uma concepção que se desfaz assim que é aplicada e que pressupõe – o que é falso – que a dimensão do tempo é tratada por Einstein e Minkowski de forma equivalente às três dimensões do espaço.) Mas a característica interessante do seu uso da doutrina do espaço é conseguir combiná-la com uma forma particular de análise histórica; essa combinação explica, em certa medida, a atracção da doutrina. Considere-se a seguinte passagem:

> Há três fases de desenvolvimento arquitectural. Durante a primeira fase – a primeira concepção de espaço – o espaço era apresentado como estando na interacção de volumes. Esta fase abarcou a arquitectura do Egipto, Suméria e Grécia. O espaço interior era desdenhado. A segunda concepção de espaço começou a meio do período romano... A terceira concepção de espaço estabeleceu-se no começo do século XX com a revolução óptica, que aboliu o ponto de vista único da perspectiva [8].

O que significa dizer que o «espaço» do templo grego era «apresentado como estando» na «interacção de volumes» (que volumes?), ou que os Gregos «desdenhavam o espaço interior» do edifício – que não pretenda querer dizer que eles nunca entraram ou tiveram prazer no que lá encontravam? (Ulisses, narrando o encontro com as almas dos mortos, faz, a certa altura, uma pausa para observar a série silenciosa de rostos assombrados e iluminados pelas lâmpadas no «sombrio vestíbulo»; se há realmente um «sentido de espaço interior», está certamente aí na descrição de Homero (Od. XI, 333-4).) É claro que a estranha teoria de Giedion tem outra fonte para além da doutrina do espaço e essa fonte proporciona respeito e uma nova energia. A teoria foi associada aqui ao processo de reflexão que havia de tentar dividir a história do mundo em claros períodos sucessivos e procurar a natureza e o significado da arte na relação com o período de que deriva. Esta é a próxima grande confusão que temos de analisar.

KUNSTGESCHICHTE

A filosofia de Hegel quis não só explicar a estrutura do mundo e o alcance do conhecimento humano, mas também estipular um sistema universal de sociedade humana. Procurou seguir *a priori* o que a princípio parece ser o mais arbitrário e contingente de todos os factos observáveis – o fenómeno da História. Sob o caos superficial, pretendia ver os funcionamentos de uma necessidade espiritual, uma espécie de prova permanente de um momento da História vindo do precedente, que se move da premissa para a conclusão com todo o rigor e toda a clareza abstracta (para os capazes de a entender) de um teorema matemático. O lugar desta teoria no pensamento contemporâneo é suficientemente explicado pelo seu valor consolatório, se não pela sua verdade. Mesmo hoje, a História tende a ser vista sob o aspecto da necessidade e o mero facto de dois acontecimentos serem contemporâneos é olhado muitas vezes como manifestação de alguma relação real entre eles. Burckhardt, impregnado da metafísica hegeliana, começou uma famosa análise do Renascimento italiano procurando por todo o lado os anseios dominantes e a concepção unificadora. Parecia-lhe que cada obra de arte do período devia obter a significação do mesmo espírito ou ideia fundamental. Wölfflin, aluno de Burckhardt, aplicou o método à arquitectura e Frankl, o aluno de Wölfflin, passou-o a Giedion e a Pevsner. Deste modo, tornou-se uma ortodoxia estabelecida do saber arquitectural inglês e americano, e embora a filosofia da história hegeliana tenha sido muitas vezes atacada, em particular por Popper, só muito recentemente é que as consequências dela na arte e na arquitectura foram analisadas criticamente ([9]).

Suponhamos, por razões de discussão, que a concepção hegeliana da história é verdadeira. É importante perceber que, mesmo assim, não pode transformar-se numa base da estética, nem pode levar-nos à verdadeira importância da arquitectura. É claro que é raro que os praticantes da abordagem hegeliana tenham explicitamente pretendido propor essa base, e é raro, por exemplo, encontrá-los a escrever com a audácia e o espírito de Wölfflin que:

> [Arquitectura] é uma expressão do tempo na medida em que reflecte a essência corpórea do homem e os seus hábitos particulares de conduta e movimento, indepen-

dentemente de serem leves e brincalhões, solenes e graves, ou de a atitude para com a vida ser agitada ou calma: numa palavra, a arquitectura exprime *o Lebensgefühl* de uma época ([10]).

No entanto, a teoria hegeliana foi usada como a única base para uma apreciação estética por muitos críticos recentes ([11]). As suas implicações são, por conseguinte, em grande parte assumidas como certas. Evidentemente, ninguém duvida que os homens compreenderam e apreciaram a arquitectura muito tempo antes de serem influenciados por Hegel, na verdade muito tempo antes de ter sido possível ter uma visão «histórica» da arte. Mas pode até ser que, sempre que os homens tiveram um interesse «estético» em algum edifício – sempre que viram num edifício algo mais do que um dispositivo funcional – foi porque procuraram nele o «espírito» ou o *Lebensgefühl*. E pode ser verdade que a melhor descrição desse «espírito» – e a descrição que o torna acessível a homens que não o partilham – seja uma descrição histórica, mostrando a relação com toda a forma de vida pela qual se exprimiu.

Porém, pode argumentar-se que essa teoria tem de dar uma base inadequada à estética. Pois se um edifício manifesta o espírito da época, também os outros edifícios do mesmo tempo o fazem: e, nesse caso, onde está a diferença entre os bons e os maus exemplos? Uma teoria de arquitectura que nada diga sobre o seu sucesso característico não pode ser uma teoria da sua essência; logo, temos de encontrar uma resposta para essa questão. É normal a crítica na tradição artístico-histórica concentrar-se apenas nos produtos realmente grandes e obrigatórios de um período – considerem-se, por exemplo, os escritos de Giedion e Norberg-Schulz ([12]). Este hábito reflecte uma crença encoberta (raramente tornada explícita) de que só a obra bem-sucedida verdadeiramente exprime *o Zeitgeist,* espírito ou «concepção dominante de espaço» ([13]); a obra mal-sucedida é meramente inexpressiva. Mas quando se toma emprestado este conceito de expressão fica-se vulnerável a certas objecções. Nada impede a sugestão de que uma obra pode ser bem conseguida, ocasionalmente apenas, ao exprimir algo que não seja a sua realidade histórica. Por exemplo, podia ser bem conseguida, como a Catedral de Westminster, exprimindo o espírito de um mundo a que não pertence, ou exprimindo um aspecto sem qualquer importância histórica, como a tosca simplicidade da cidade italiana no alto do monte. Na verdade, achamos que, como o funcionalismo, a tese artístico-histórica perde a pretensão de validade geral quando põe toda a ênfase no conceito desordenado de «expressão». Esse conceito mais não é do que um dispositivo crítico, um meio de associar uma obra de arquitectura a um significado, não estabelecendo um princípio geral de como se constrói o significado.

Em geral, por conseguinte, não é surpreendente descobrir que as visões do «historicismo» (como foi chamado ([14])) são fáceis de obter; aparecem juntamente com os axiomas da teoria. Quando Giedion descreve Pascal como um «mestre barroco noutro meio» (querendo dizer na Matemática), o que realmente quer dizer é que o estilo arquitectónico conhecido, por várias razões, como barroco calhou ser contemporâneo da obra de Pascal em Matemática. Não há nada a adiantar à comparação que a permita iluminar quer a natureza do célebre teorema de Pascal, quer o significado da arquitectura de Mansart. O mesmo se passa com a descrição da Villa Savoye como particularmente apropriada à idade da relatividade, sendo «muito literalmente... uma construção no espaço-tempo» ([15]). A prova disto é o facto pouco notável de que a vila pode não ser completamente compreendida de qualquer ponto de vista, característica que partilha com expressões bem conhecidas da ética da relatividade, como a Catedral de Lincoln e o Taj Mahal.

Para o defensor da *Kunstgeschichte*, a arquitectura é um entre muitos produtos culturais que têm os seus próprios meios de transmitir significado, mas não têm um significado único e particular para transmitir. Quando um edifício adquire um significado pela interpretação artístico-histórica, este é, com toda a probabilidade, externo aos objectivos e à natureza dele, um significado que podia ter pertencido a qualquer outro produto expressivo da época e que é apreendido por um acto de compreensão que não dá precedência ao que é essencialmente, mais que acidentalmente, arquitectónico. Mais uma vez pode ser verdade que, em casos particulares e por razões particulares, seja proveitoso ver um edifício deste modo. Mas como fundamento para a estética, a teoria é inútil, pois nega a si própria até a capacidade para *inquirir* o que é fundamental à nossa experiência de arquitectura – o que a transforma numa experiência de *arquitectura*. É por esta razão que o historicismo tende a apoiar-se tão pesadamente na doutrina do espaço como essa mesma doutrina se apoia na análise histórica. A doutrina do espaço inclui a descrição necessária da experiência arquitectónica; a análise histórica é depois usada na crítica dela.

Como todas as doutrinas críticas, o método pode ser usado de forma sensível ou grosseira. E vale a pena notar uma rudeza particular, resultante do determinismo simplista associado por vezes à teoria hegeliana. Pensa-se muitas vezes que, visto um edifício ser necessariamente uma expressão do espírito da época, a tentativa de construir no estilo doutra época tem de ser um exercício em «falsa consciência», uma tentativa de negar o que é necessário aceitar. Como demonstrou David Watkin ([16]), essa convicção foi um dogma acolhido por muitos críticos modernos, de Lethaby a Furneaux Jordan. Estes críticos assumiram sistematicamente que a tentativa de construir no estilo de uma outra época será necessariamente mal-sucedida e mesmo inteiramente imoral.

Esta é a mais apoiada de todas as apreciações críticas que a visão hegeliana fabricou, aparecendo na defesa de Giedion das formas do movimento moderno como as únicas adaptadas à realidade espiritual do homem moderno e no influente ataque de Pevsner ao desejo (sentido, aliás, por quase todos os arquitectos sérios desde os Gregos aos eduardianos) de construir no estilo de uma época precedente. Contudo, este determinismo espúrio perde a força logo que percebemos que o «estilo de uma época» não é um dado crítico, não é algo que se possa identificar antes das intenções individuais de arquitectos individuais. O historicismo não tem um método real pelo qual associe as obras de um dado período ao espírito nele dominante. O que pode fazer é reflectir na associação delas *depois* do acontecimento e tentar obter, de uma compreensão crítica de edifícios individuais, uma fórmula adequada que resuma o seu valor. Segue-se então que o historicismo não pode dizer nada antes da observação nem estabelecer um limite dogmático quer à escolha de estilo do arquitecto, quer ao objectivo expressivo dele. Há algo de verdadeiramente absurdo na tentativa de ordenar obediência a uma regra que só pode ser formulada quando já foi seguida. Foi, por exemplo, só com o despertar de Perret, Maillart e os Bauhaus que Giedion pôde começar a dizer o que o espírito do homem moderno exige da arquitectura. E seleccionando justamente esses arquitectos para os elogiar, estava, ao mesmo tempo, a legislar desafiando o seu próprio método crítico. Com que fundamento, por exemplo, podia ele ignorar Lutyens, esse grande classicista que se integrava tanto no seu tempo e dominara os materiais como qualquer dos arquitectos que Giedion elogiava? Podíamos legitimamente sentir-nos cépticos em relação à tentativa de descrever o estilo válido de uma época ou cultura, e cépticos também quanto à compreensão muito restrita da tradição arquitectónica que a análise determinista implica.

Fiz notar anteriormente a facilidade com que a doutrina do espaço e a da *Kunstgeschichte* podem ser combinadas. É habitual encontrar uma obra crítica, por exemplo da «concepção barroca do espaço», como se a descoberta dessa concepção fosse a principal finalidade da investigação crítica ([17]). Mais uma vez, como *crítica,* essa combinação de pontos de vista pode acabar por ser frutífera. Ela decorre sem dizer que a ênfase na crítica da arquitectura barroca é muitas vezes insípida e dominada por *clichés.* Mas isso não significa que não haja verdade em perspectivas como a de o ideal barroco ser mais dinâmico que o do Renascimento, ou de a organização espacial de uma catedral inglesa ser mais desarticulada do que a de uma francesa. E essas observações podem, por vezes, ser relacionadas, de modo brilhante com as convicções e os costumes de que surgem os edifícios em particular. É perfeitamente razoável observá-las não só no pormenor e estilo do último grande armazém do século XIX, mas também numa «concepção de espaço» com que estes são associados.

Não é absurdo, por exemplo, ver as escadas rolantes sob o telhado de vidro do Bon Marché de Paris «tomando posse» do espaço que as rodeia (figura 16) ([18]). E é uma reflexão crítica adequada relacionar este acto de posse com o espírito prevalecente de consumo de massas que o edifício corporiza e anuncia. O espaço da escadaria – sendo usado para a exposição de mercadorias – detém, a todo o momento, uma promessa de posse; e o movimento apressado, a decoração exuberante e a luz em cascata, tudo contribui para esse efeito atordoante de esplendor massificado, mas efémero, que pode ser disputado por qualquer mulher ou homem.

FIGURA 16: L. C. Boileau: Bon Marché, Paris

Mas usar doutrinas deste género como instrumentos críticos também é perigoso. A doutrina do «espaço» pode muitas vezes simplificar a descrição da experiência arquitectónica a um ponto de quase vacuidade e a da *Kunstgeschichte* presta-se ao fabrico fácil de significações. O crítico pode, por isso, usá-las para passar directamente da descrição de uma experiência para uma descrição do significado dela, sem qualquer compreensão séria do edifício que se propõe descrever. Este é, resumidamente, o método crítico de Giedion e dos seus seguidores, e se é necessário problematizá-lo desta forma, é por causa da espantosa influência dessa escola.

KUNSTWOLLEN

Há um outro conceito teutónico que deve ser mencionado nesta conjuntura – o conceito da *Kunstwollen,* da intenção artística prevalecente que se supõe que cada obra de arte ou de arquitectura tem de exibir. Os estigmas especiais do «historicismo» que considerámos são realmente mais plausíveis quando vistos como casos especiais de uma teoria mais geral, a teoria de que as obras de arte devem a sua unidade e o seu poder expressivo a alguma intenção ou ideia artística que as fundamenta, e que é o crítico que tem de descobrir essa *Kunstwollen* dominante ([20]) e expor essa emergência nas formas concretas do trabalho individual. A análise histórica não é mais do que uma parte dessa descoberta crítica, embora possa ser, por vezes, uma parte necessária, como na associação de Panofsky do estilo gótico à escolástica, ou na expressiva descrição de Ruskin do Palácio dos Doges ([21]). Este hegelianismo, mais geral e bastante vago, contém tanto de verdade e tanto do que é dúbio ou falso que fazer a sua análise será uma preocupação constante durante os últimos capítulos. Contudo, mais uma vez, não podemos considerar que dê uma explicação do que é próprio da arquitectura, ou mesmo uma explicação mais geral da actividade estética. Não porque, como alguém podia argumentar, cometa a chamada «falácia intencional» – a falácia de ver e apreciar obras de arte não como elas são em si mesmas, mas só em relação a alguma «intenção» prévia do artista – a ideia dessa falácia apoia-se num erro filosófico, o erro «cartesiano» de construir uma intenção e a principal expressão dela como duas coisas completamente separadas ([22]). É antes por a teoria ser vazia até podermos estipular uma explicação independente de interesse estético visto que a «intenção» que o crítico descobre é especificamente uma intenção *artística,* que só pode ser descrita em termos de uma teoria ou concepção de arte. Assim, precisamos de uma explicação de arte e arquitectura antes de podermos compreender essa ideia e o conceito de «expressão» utilizado nela. Como veremos, palavras como «intenção» e «ideia», com as implicações mentais, subjectivas e orientadas pelo artístico, estão longe de nos serem impostas como instrumentos necessários na descrição crítica da arquitectura.

PROPORÇÃO

Até as três doutrinas acima consideradas dominarem a discussão de arquitectura, os conceitos teóricos eram indicativos de forma muito mais próxima do que descreveríamos intuitivamente como um ponto de vista «estético». Os teóricos do Renascimento estavam, evidentemente, bem cientes da multiplicidade dos padrões arquitectónicos e desde o princípio se interessaram pela divisão de Vitruvius dos seus objectivos em *utilitas, firmitas e venustas*, que Wotton traduziu como «comodidade, firmeza e deleite» ([23]). Mas ficaram ainda mais impressionados pela expansão de Vitruvius da terceira destas categorias em seis categorias separadas – as categorias de *ordinatio, dispositio, eurythmia, symmetria, decor e distributio*, às quais continuou a subordinar muitos outros objectivos arquitecturais. O deleite consequente na multiplicação dos termos «estéticos» pode ser testemunhado em todas as obras teóricas do tempo. Alberti referiu-se a muitas virtudes estéticas, incluindo as de *dispositio, numerus, finitio, collocatio, proportio*, do *aptus, concinnatus, commodatus, proprius, decentus e decus*, todas elas registando subtis gradações de significação crítica. Mesmo o equilibrado Vasari era incapaz de escrever sobre arquitectura sem indicar, no prefácio à terceira parte do *Vidas*, cinco padrões vitruvianos separados, os padrões de *regola, ordine, misura, disegno e maniera* ([24]). Contudo, apesar desta aparente multiplicidade de objectivos estéticos, os críticos foram suficientemente obstinados na convicção de que por trás das teorias de arquitectura do Renascimento reside uma única ideia dominante – a ideia de proporção – e que toda esta multiplicidade de termos estéticos se deve entender como nada mais sendo do que uma elaboração detalhada desse conceito ([25]).

A teoria clássica da proporção consiste numa tentativa de transferir para a arquitectura a noção quase musical de «ordem harmoniosa», com regras e princípios específicos para a combinação proporcionada das partes. E podia pensar-se que, se essa tentativa fosse bem-sucedida, permitiria uma análise clara tanto da natureza do êxito arquitectural, como do valor da experiência que obtemos dela. Uma vez que as únicas regras de proporção concebíveis têm de ser geométricas, a essência da proporção (de acordo com muitos teóricos do Renascimento) tem de residir em relações matemáticas. Esta perspectiva parece ainda mais plausível quando combinada com as reflexões pitagóricas sobre a harmonia do universo, uma harmonia ilustrada na teoria matemática da consonância musical atribuída a Pitágoras, e na cosmologia matemática que os neoplatónicos refinaram e propagaram através da Idade Média ([26]). Surge assim a ambição (uma ambição que ainda está presente na obra de Le Corbusier) de usar a matemática para descrever o êxito arquitectural. Tanto da matemática como da arquitectura, obtemos como que um sentido de adequação: contemplando as relações dos números e as relações das partes arquitecturais obtemos uma satisfação semelhante e um sentido equivalente da ordem intrínseca das coisas. A analogia entre a harmonia matemática e arquitectural, por conseguinte, permite-nos usar a primeira para compreender, imaginar e manipular a última. Além disso, o nosso sentido do que é adequado reflecte uma exigência mais profunda da ordem. Podemos ver as formas arquitectónicas como «adequadas» porque a arquitectura reflecte os desejos e respostas características da nossa natureza racional. A arquitectura ajuda-nos a ver o mundo como familiar, como reflectindo a ordem e harmonia que encontramos em nós próprios: e algo de semelhante se passa, de acordo com os pensadores de uma casta de neoplatónicos e pitagóricos, com a matemática.

A minha finalidade não é expor este processo de pensamento de forma exaustiva, nem dar a conhecer ao leitor a sua impressionante história. É suficiente dizer que a cosmologia pitagórica e a visão da arquitectura que ela implica não foram, de modo nenhum, uma invenção do Renascimento. A cosmologia tinha sobrevivido como um elemento dominante no pensamento cristão, a julgar pela admiração de Santo Agostinho, Boécio e Macróbio pelos argumentos do *Timeu* e da *República,* em especial pelas versões destes que Cícero tinha transmitido. A expressão arquitectural total do neoplatonismo cristão não ocorreu no Renascimento na Itália, mas na França «medieval», em Chartres, onde coincidiu no lugar e tempo com a famosa escola de filosofia neoplatónica [27]. Procurar uma harmonia matemática secreta por detrás de cada forma de beleza arquitectónica não era uma propriedade específica do «humanismo» renascentista: pelo contrário, foi concepção de arquitectura mais popular, dos egípcios a Le Corbusier. Os construtores da catedral gótica estavam tão ansiosos por ilustrar a perfeição divina das relações matemáticas como o estavam os construtores dos templos renascentistas, e muitas vezes, parece agora, usavam sistemas de proporção que correspondem perfeitamente aos sistemas dos sucessores [28]. A surpreendente disparidade no estilo, embora pareça lançar dúvidas na validade universal da regra da proporção como essência do êxito arquitectural, confirma-a de forma mais profunda, pois somos levados a suspeitar da existência de leis da proporção mais básicas do que os acidentes estilísticos de qualquer modo particular de construir, leis que definem alguns princípios comuns da prática arquitectural que qualquer estilo bem-sucedido deve seguir. A ideia fundamental é, na verdade, bastante simples: certas combinações de formas e linhas parecem particularmente adequadas ou harmoniosas, enquanto outras parecem vagas, desproporcionadas e instáveis. Por exemplo, o círculo e o quadrado têm uma harmonia intrínseca que os torna agradáveis tanto para construir como para serem vistos, enquanto as formas imperfeitas de outras figuras, quando aparecem como decoração ou partes arquitecturais, transmitem uma impressão de inabilidade ou discórdia, como as rodas de carroça mal executadas no transepto de Santa Maria delle Grazie em Milão, que tão desfavorecidas saem da comparação com a perfeição geométrica da rosácea gótica. Ora, o arquitecto que precisa de combinar partes e secções contíguas deve, por conseguinte, tentar descobrir a partir destas figuras simples e harmoniosas a lei matemática dessa harmonia e, assim, prever todas as harmonias relacionadas que indirectamente a reflectem. A beleza dos edifícios construídos de acordo com a lei resultante será análoga à beleza da música ou da prova matemática. As relações matemáticas, portanto, podem ser usadas para prever harmonias visuais e mesmo nas formas que não têm um paradigma matemático óbvio podemos discernir as *intimações* das relações matemáticas perfeitas de que derivam. (Considere-se, por exemplo, a porta de Serlio, ilustrada na figura 17. Podíamos procurar explicar o efeito harmonioso dessa composição através da misteriosa intimação visual do quadrado perfeito envolvido na sua construção.)

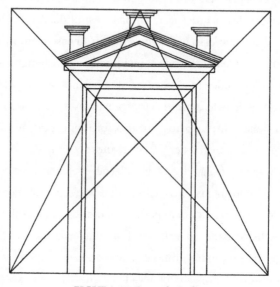

FIGURA 17: Porta de Serlio

A consequência imediata de qualquer teoria matemática de proporção é a presença de um sistema de proporção, uma regra ou um conjunto de regras para a criação e combinação das partes. O arquitecto pode então tomar algumas medidas básicas – ou módulos – das quais deduza todos os comprimentos e formas exibidos num edifício, as partes do edifício ficarão necessariamente entre si numa relação matemática directa e inteligível. Esta ideia aparece em Vitruvius, foi claramente usada pelos autores medievais, tendo sido retomada pela maioria dos teóricos do Renascimento. A teoria das Ordens, por exemplo, é habitualmente associada a um sistema completo para a medição e combinação das partes arquitecturais e pode ser considerada um expediente para a construção de relações matemáticas precisas que difundem a harmonia pela aparência visual do edifício sem nunca a declarar espalhafatosamente ([29]). Mas essa teoria não está completamente morta; pode ser encontrada na concepção de Le Corbusier do Modulor, que ambiciona criar uma harmonia abrangente a partir da compreensão dos paradigmas claramente matemáticos pelos quais um arquitecto deve começar.

Le Corbusier baseou o «módulo» de Vitruvius na secção de ouro (bem conhecida dos Gregos e a pedra angular de muitas provas euclidianas) e deduziu o «sistema» de medição da relação entre a secção de ouro e a sequência Fibonacci, um antigo e conhecido resultado da matemática. É provável que os Gregos deduzissem os sistemas de proporção de um modo semelhante e esta ênfase renovada na secção de ouro deve ser uma notável confirmação da analogia matemática ([30]). Foi notado, desde o princípio, que o rectângulo formado pela secção de ouro possui uma harmonia visual peculiar – na verdade, é o rectângulo que, para o olhar normal, mostra a mesma estabilidade visual do quadrado. Isso pode ser visto, penso, no pátio do palácio de Quetzalpapalotl, ilustrado na figura 18, em que uma entrada perfeitamente quadrada é flanqueada por duas entradas rectangulares construídas pela secção de ouro. (Na verdade, toda esta fachada parece derivar das proporções exibidas por essas entradas. Um tal uso da famosa medida grega, combinado com a versão da bem conhecida composição grega do sem-estilo em antis, numa civilização que nada conhecia da existência da Grécia ou de Roma, deve parecer uma confirmação ainda mais surpreendente da ideia de haver leis *básicas* de proporção na arquitectura, fundamentando todos os acidentes de maneira e estilo ([31]).

FIGURA 18: Pátio, Palácio de Quetzalpapalotl, México

O rectângulo da secção de ouro apresenta a razão $(1 + \sqrt{5})\div 2$ (Ø, resumido). Isto obtém-se pelo facto de $1+Ø=Ø^2$; além disso, quando se tomar do rectângulo um quadrado formado pelo lado mais curto, o fragmento que fica é um rectângulo secção de ouro. Essas propriedades conferem ao rectângulo uma misteriosa afinidade matemática com o quadrado, uma afinidade que para os pitagóricos explicava completamente a sua harmonia visual. E esses rectângulos, devido a essa propriedade matemática, podem combinar-se de várias maneiras que levam à conveniente geração de ângulos rectos e ao «abrigo» de partes correspondentes: um exemplo é o vão da Cancelleria em Roma, analisado na figura 19 ([32]). Claro que é imensamente satisfatório observar essas propriedades matemáticas e ainda mais satisfatório contemplar a harmonia visual que resulta delas. Não admira que a secção de ouro tenha inspirado tanto os construtores dos templos gregos, das catedrais góticas, dos palácios renascentistas. Não admira que Le Corbusier tenha tentado, num momento de mais do que uma vulgar megalomania, patentear a significação arquitectural dela como uma descoberta pessoal ([33]). Para inúmeros arquitectos parecia ser a única medida básica, a medida que, difundida por todo um edifício, dá harmonia e humanidade ao todo.

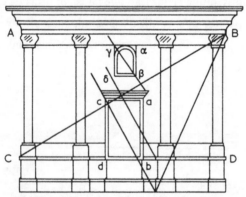

FIGURA 19: Cancelleria, Roma, vão do piso superior.
$AB\div AC = ab\div ac = \alpha\beta\div\alpha\gamma = Ø$

Contudo, apesar deste sentido quase universal de um paradigma matemático fundamental da arquitectura e da confiança muito divulgada num conceito de proporção que deriva dele, a teoria não propõe uma estética geral de construção. A primeira dificuldade nasce quando tentamos relacionar a proporcionalidade calculada abstractamente de um edifício com uma *experiência* concreta de proporção.

É verdade que essa dificuldade podia não ter preocupado os teóricos do Renascimento, muitos dos quais estavam interessados em que os seus edifícios correspondessem a uma *ideia* de excelência compreensível à mente humana mas não necessariamente ao seu olhar. Mas não nos podemos contentar com isso, pois a questão que nos interessa é uma questão sobre *o aspecto* apropriado das coisas. Uma geometria perfeita da arquitectura podia mesmo permitir-nos deduzir leis do que é «adequado», no sentido de um cânone matemático para a combinação das partes, mas que garantia há de que sintamos um edifício como a própria expressão desse cânone matemático, ou de que possamos sempre usá-lo para prever a harmonia visual do resultado? É verdade que numa fachada, que pode ser imediatamente apreendida e de um único ponto de vista, as relações geométricas se impõem com um certo imediatismo e absolutismo. Ninguém tem muita dificuldade em perceber os ocultos ritmos geométricos, por exemplo, na fachada de Santa Maria Novella (figura 5). Mas quando se considera formas tridimensionais, a dificuldade de compreensão visual pode tornar-se insuperável. Veja-se, por exemplo, um dos mais influentes de todos os edifícios «matemáticos», a Sacristia Velha de Brunelleschi em San Lorenzo, Florença (figura 20). Aí as duas figuras perfeitas do cubo e hemisfério estão combinadas de tal modo que isso é imediatamente evidente num estudo do corte ou das plantas. Mas nada na experiência do edifício tem de sugerir essa perfeição: para o observador, o quadrado pode ser só aproximado e a cúpula ser quase um hemisfério perfeito. Normalmente, a forma quadrangular de uma sala pode ser avaliada ficando no centro, para observar a equidistância das paredes; essa observação não se pode fazer na Sacristia Velha, visto que todo o centro da sala está ocupado por uma mesa de mármore maciça que ali esteve desde, pelo menos, 1433 (quatro anos depois de o edifício estar terminado). No entanto, a harmonia deste edifício é imediatamente evidente muito antes de termos a certeza da base matemática.

O verdadeiro pitagórico não se deixaria perturbar por esta objecção. Diria que a percepção de harmonia visual não é, em si mesma, um conhecimento de relações matemáticas: a matemática é inconsciente e pode ser usada para prever aquela *soave armonia* a que aspirava Palladio [34], mas não faz parte do que é conhecido do espectador. Como escreveu Francesco di Giorgio, reflectindo em Palladio: «essas harmonias habitualmente agradam muito, sem ninguém, excepto o estudante da causalidade das coisas, saber porquê *(le ragione delle cose)*» [35]. Mas aí o problema não é só por as *ragione delle cose* não poderem ser descritas em termos pitagóricos (sendo claramente falsa a cosmologia matemática dos humanistas e dos seus precursores neoplatónicos), mas também por, interpretadas no sentido de Palladio, essas «razões» serem totalmente independentes da estética. Torna-se uma mera *descoberta* de que a proporção visual reflecte um esquema matemático, uma descoberta que podia ser contestada pela primeira experiência contrária ([36]). E quando colocamos a experiência da proporção em primeiro lugar, dando-lhe precedência sobre a sua «explicação» matemática, descobrimos não só que as leis matemáticas são inadequadas

FIGURA 20: Brunelleschi: Sacristia Velha, San Lorenzo, Florença

para relatar o que vemos, mas também que o conceito de «proporção» está mais uma vez imerso nas trevas de onde a teoria pitagórica parecia erguê-lo. A crítica pelos teóricos barrocos dos seus predecessores de espírito elevado foi subindo gradualmente ([37]), sendo mais tarde retomada por Hogarth, na polémica *Analysis of Beauty* ([38]). Como notou o arquitecto barroco Guarini ([39]), o que é harmonioso num ângulo não é necessariamente noutro, enquanto na música e na matemática a harmonia é harmonia independentemente do ponto de vista. Como pode então uma teoria puramente matemática ser usada para prever uma «harmonia» que é, na essência, visual e dependente do aspecto do edifício de muitos pontos de vista no espaço? Não haja dúvida de que se trata de uma dificuldade grande. Considere-se a bela biblioteca de São Marcos, de Sansovino (figura 21). A cornija imoderadamente alta deste edifício, fora do alinhamento com as Ordens Clássicas e com a geometria estabelecida na colunata é, todavia, necessária para a harmonia visual. De facto, a extensão ascendente da cornija é requerida precisamente porque não podia haver um sentido de proporção se isso não fosse feito. O comprimento da biblioteca e a posição dela na *piazetta* acarretam que seja impossível obter uma visão frontal conveniente, isto é, uma visão frontal em que se possa apreender totalmente a colunata. A única visão completa do edifício tem de ser obtida por uma aproximação de lado; a perspectiva requer, portanto, que a cornija seja elevada, senão a colunata pareceria nada ter de substancial em que se apoiar. Aí a conseguida harmonia da aparência não é sinal de uma ordem matemática no edifício. E, na verdade, muitas vezes é precisamente a procura de uma ordem matemática que leva à desproporção – que leva, por exemplo, à extensão do cilindro de Ste. Geneviève (o Panteão) em Paris, com vista a cingir a composição dentro de um triângulo (veja-se a figura 22). O resultado não tem nada da estabilidade ou da calma proporcionalidade do modelo (St. Paul) e, apesar das muitas belezas desta igreja, é difícil ver a cúpula de longe sem uma inexplicável sensação de mal-estar.

FIGURA 21: Jacopo Sansovino: Biblioteca de São Marcos, Veneza

Estas observações dificilmente serão estranhas para os arquitectos da tradição de Serlio, a tradição que põe a perspectiva antes de qualquer coisa e que a altera e corrige muito livremente no interesse da perfeição visual (⁴⁰). Mas lançam a dúvida sobre todo o conceito de proporção. O que significa falar de uma composição «conforme às proporções», e de outra «mal proporcionada», «mal adequada» ou «desarticulada»? A teoria matemática falha precisamente porque não capta realmente *o significado* do conceito que se propõe analisar, mas, no melhor, apenas as ocultas *ragione delle cose*. Estipular um «sistema de proporção» não é, em si mesmo, dizer o que significa «proporção», ou porque a devemos valorizar a não ser que o sistema possa realmente reclamar a validade universal que lhe recusámos. O que notamos é que as regras da proporção são *a posteriori:* derivam não do significado do termo, mas de um qualquer critério descoberto para a sua aplicação. Não nos dizem o que é, essencialmente, a proporção, mas só dão leis para a sua produção, leis essas que, no melhor dos casos, são válidas apenas aproximadamente e de certos pontos de vista.

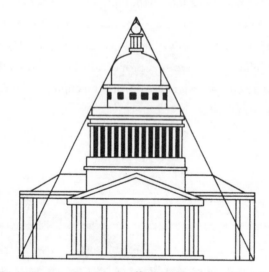

FIGURA 22: Jacques-Germain Soufflot: Ste. Geneviève (Panteão), Paris

Mas então o que é a proporção? Quando reflectimos nesta questão, conseguimos ver que, longe de estipular uma base geral para a estética arquitectónica, o conceito de proporção requer essa estética se se quiser compreendê-lo. Isto pode ser ilustrado mostrando a dependência que existe entre o nosso sentido de proporção e o nosso reconhecimento do pormenor esteticamente significante. Descobrimos que o sentido de proporção e o sentido do pormenor são de facto inseparáveis e, embora as *teorias* do arquitecto palladiano possam parecer negar este facto (⁴¹), a prática raramente o faz. Em primeiro lugar, é evidente que estamos preparados para passar por cima do que são, do ponto de vista geométrico, manifestas incongruências, apenas desde que o nosso sentido do pormenor esteja convenientemente ocupado: pense-se, por exemplo, nas duas torres ocidentais de Chartres. De forma mais interessante ainda, somos mesmo incapazes de apreciar a harmonia da maioria das composições góticas até podermos ver as correspondências, divergências e variações pormenorizadas entre as suas partes. Considere-se a fachada harmoniosa, mas assimétrica, do Ca d'Oro (figura 23), uma composição que representa o ritmo subtil do gótico veneziano no seu aspecto mais delicado e refinado. Não há simplesmente uma maneira de descrever a harmonia deste edifício em termos matemáticos; nada que reconhe-

FIGURA 23: Ca d'Oro, Veneza, fachada

çamos como uma explicação da sua proporcionalidade podia realmente ignorar os pormenores variados, mas apropriados, das janelas, os ritmos ambíguos do traçado, a surpreendente nudez da parede com que se equilibra o portal de arco semicircular. Parece absurdo, em face deste exemplo, sugerir que alguém possa abstrair do conhecimento de composições harmoniosas um qualquer conjunto de regras de pura proporção que possam ser aplicadas independentemente do estilo, pormenor e ponto de vista. Claro que há padrões aceites de composição que geralmente nos agradam, como as torres gémeas à entrada de uma cidade, uma composição imitada por razões simbólicas nas maciças torres a ocidente das catedrais góticas e nas torres mais frágeis do barroco alemão e italiano ([42]). Mas não há uma lei universal, uma lei para que esta composição tenha de ser sempre proporcional, seja qual for a característica do pormenor ou o estilo em que se apresente. *Qualquer coisa,* afinal, está errada na fachada de duas torres de St. Sulpice e não é por falta de material ou de trabalho manual. Não será antes por o falso românico do estilo simplesmente ser incapaz de dar força ao arranjo, de forma que a composição se desagrega? Podia também sugerir-se, como um crítico ([43]), que a falha que notamos no zimbório de Ste. Geneviève seria ultrapassada por uma disposição mais adequada do pormenor, pela inserção (como em St. Paul) de nichos ocasionais entre as colunas, de forma que a cúpula deixasse de «girar» tão desconcertantemente nas inseguras pernas.

Mas também não é apenas o sentido do pormenor que é necessário para essa adequada apreensão de formas proporcionadas. Cada aspecto de interesse estético parece estar já envolvido na apreciação de um arranjo ser bem ou mal proporcionado e a ideia de que o significado de «proporção» pode ser captado por um paradigma matemático deve parecer afinal pouco menos que uma ingenuidade. Pugin escreveu mesmo que o uso de grandes pedras era, em si mesmo, suficiente para destruir a proporção ([44]), uma opinião que, não tendo propriamente validade universal, soa a verdade em muitas formas de alvenaria gótica e também, como o notou um escritor ([45]), em muita arquitectura rural não pretensiosa. E para passar do que é o menor no edifício para o que é maior: como podia alguém conseguir uma compreensão matemática da harmonia visual criada pela *piazza* de Bernini, com a extensão de colunas impondo unidade nas fachadas contrastantes de S. Pedro e do Vaticano; ou da harmonia dos degraus espanhóis ao subirem e incluírem a Igreja da Trinità dei Monti, ou da Piazza del Popolo, que une as fachadas urbanas das igrejas de Rainaldi ([46]), a grande porta de Roma, a Igreja de Santa Maria del Popolo e a verdura do monte Pinciano numa magnífica extensão harmoniosa? O significado destas realizações arquitectónicas só pode ser entendido em termos de aglomeração casual de formas preexistentes. Nelas, a harmonia é um efeito de *décor* e, como tal, é o tipo de toda a verdadeira proporção em arquitectura. Pois que construtor pode dispensar o conceito de proporção e, contudo, quantos construtores podem arranjar um sítio onde as exigências da matemática possam ser satisfeitas?

Nada disto pretende negar a utilidade da «proporção» como conceito crítico, ou recusar a esse conceito um lugar fundamental na compreensão estética. Mas é precisamente porque a proporção é esteticamente tão fundamental que temos de ter o cuidado de a associar a uma definição explícita. Como veremos, Alberti era cuidadoso ao ponto de separar a questão do significado de «proporção» da teoria matemática da sua realização: a sua *definição* verdadeira só pode ser entendida em conjunção com toda a gama de termos estéticos que a acompanham, alguns dos quais mencionei no princípio deste capítulo. Compreender a proporção é compreender a harmonia, a adequação, o pormenor e a ordem apropriados. Só na estrutura de uma estética completa se pode descrever o significado destes termos. E só no fim das nossas investigações seremos capazes de voltar ao problema da proporção e, nessa altura, teremos deixado muito para trás a analogia matemática e as intrigantes especulações que dela derivam. E descobriremos que pouco há a dizer sobre o significado estético da proporção até termos atingido o nível de abstracção que a teoria matemática requer. Só nesse caso encontraremos um conceito de proporção que não só será muito diferente da sua encarnação no Renascimento, como também já não poderá ocupar, na crítica arquitectónica, o lugar soberano que noutro tempo possuiu. Até lá, contudo, temos de pôr o conceito de parte. Não é nem suficientemente claro para estipular uma base para a crítica, nem suficientemente abrangente para funcionar como síntese de toda a nossa experiência de arquitectura.

CONCLUSÃO

As teorias que abordei neste capítulo são prematuras. Tentam chegar a princípios abstractos de êxito arquitectónico antes de uma descrição adequada da experiência que o qualifica. Evidentemente, se pensarmos que a análise do objecto lança luz na natureza da apreciação, então temos de considerar o objecto apenas na descrição mais ampla possível. Na linguagem da escolástica, temos de definir não o objecto material, mas o formal, do interesse e da apreciação arquitectónica: temos de encontrar a descrição segundo a qual um objecto *tem* de ser visto e apreciado se quiser ser apreciado como arquitectura [48].

Só deste modo começaremos a caracterizar o que é essencial ao nosso interesse pela construção. Nenhuma das teorias que discuti estabelece uma descrição «formal». Todas elas ignoram uma característica da arquitectura que, tanto intencional como centralmente, é significativa. Além disso, cada uma pretende um estatuto *a priori* que não pode justificar, isto é, pretende caracterizar a essência da arquitectura e o núcleo da nossa experiência. Temos agora de pôr estas teorias de lado e ver se podemos aproximar-nos mais directamente desse núcleo central.

4. A experiência da arquitectura

Porque há-de ser difícil descrever a experiência da arquitectura ([1])? Vemos, tocamos e movemo-nos entre edifícios, tal como vemos, tocamos e nos movemos entre outros objectos do nosso mundo. Decerto que descrever a experiência arquitectónica é descrever os processos básicos da percepção. Seja qual for a dificuldade que essa actividade apresente, não é uma dificuldade para a estética da arquitectura, mas para a filosofia da percepção, e nada de específico da arquitectura necessita de ser mencionado nessa filosofia. O que é específico da arquitectura vem, por assim dizer, na fase seguinte: não é a experiência, mas o agrado, que depende dela. Assim, alguém podia dizer que a forma fundamental do agrado arquitectural é simplesmente o prazer na aparência de qualquer coisa, e que a tarefa do arquitecto é construir algo que seja tão agradável olhar como, ao mesmo tempo, funcional. A *experiência* real não está em questão; o que está em causa é o prazer que gera.

Essa sugestão é demasiado simples, pois não consegue tornar claro o que se entende por prazer. Há edifícios de que parecemos obter um prazer análogo ao sensual, edifícios como a célebre fábrica da Johnson de Frank Lloyd Wright, em que o efeito está concentrado num exterior alternadamente franzido e sedoso, pelo que o seu valor parece quase táctil. Mas é duvidoso que esse edifício possa representar a norma do interesse arquitectural, ou que este possa, de algum modo, ser descrito em termos sensuais. Há uma importante distinção entre prazeres sensuais e os que têm sido tradicionalmente ([2]) descritos como «estéticos». O prazer estético não é imediato à maneira dos prazeres dos sentidos, mas é dependente de, e afectado por, processos do pensamento. Como exemplo do modo como o prazer da arquitectura pode ser tão dependente, considere-se a fachada fictícia. O nosso agrado em relação a uma fachada é afectado quando ficamos a saber que, tal como a fachada das Escolas Antigas em Cambridge, é uma peça separada de cenário. A mudança no agrado é, aqui, uma reacção à ideia: a ideia de que o que vemos não tem um significado real como arquitectura. Esta dependência entre o sentido de beleza e a compreensão intelectual está presente em todas as artes. O prazer «sensual» induzido pelo som da poesia faz parte da nossa apreensão do significado dela e, mesmo na música, o prazer é totalmente governado pelo pensamento do que ouvimos. Temos um tipo de prazer diferente num *Leitmotiv* wagneriano quando compreendemos todo o seu significado dramático, ou num tópico de uma fuga de Bach quando seguimos o desenvolvimento musical: em ambos os casos a ideia da composição total afecta o prazer retirado das suas partes. Exactamente da mesma maneira, o prazer arquitectural é norteado por uma concepção do objecto. Se assim não fosse, o argumento da hábil simulação não teria significado. O que quer que pensemos deste argumento, não podemos simplesmente negar que é importante. Numa interpretação meramente sensual do interesse arquitectónico não haveria lugar para a visão de Ruskin de que um arquitecto só merece a nossa atenção se seguir a *Lamp of Truth*. Para Ruskin, um edifício pode dizer mentiras sobre a intenção, o significado e a estrutura – pode mesmo dizer mentiras sobre o mundo – e isso é uma espécie de desonestidade tão ofensiva como qualquer outra que possamos descobrir num homem.

De forma semelhante, pensamos no agrado em questões arquitecturais como capaz de evolução e transformação pelo conhecimento: tem de se *conhecer* as Ordens para se ter um prazer total nos edifícios romanos; tem de se conhecer o significado dos detalhes escultóricos para se ter prazer no Pórtico Norte de Chartres; tem simplesmente de se conhecer o uso de um edifício se se quiser apreciá-lo adequadamente. Não existe um prazer puro, não mediado e sensual, em edifícios.

Vai objectar-se que a ideia desse prazer «puro» não tem aplicação de qualquer modo, visto não haver um critério que nos permita distinguir o prazer sensual do intelectual. Para um ser racional, *todo o* prazer pode ser absorvido nas operações de autoconsciência; para esse ser, todo o prazer é influenciado pela reflexão, sendo tão vulnerável à hesitação puritana como realçado pela gulodice autoconsciente. A carne perde o sabor quando ficamos a saber que é a carne de um cão favorito, as reminiscências modificam o prazer do vinho e os prazeres sexuais, mesmo considerados isolados das relações humanas dependentes deles, variam com os pensamentos e as emoções com que os encaramos. É verdade que este último exemplo serviu de parábola para a distinção entre deleite sensual e intelectual; ao mesmo tempo, contudo, muitos viveram o problema moral que deriva dele. Como é que o amor humano pode ser uma expressão da nossa natureza racional quando tantos dos desejos que o determinam procuram apenas uma gratificação animal? Como podia Dante transformar um apetite transitório, carnal e mortal num exemplo do amor intelectual de Deus e continuar a acreditar que esses dois amores eram essencialmente um e o mesmo? É a força destes exemplos que nos persuade de que *há* uma distinção entre prazer sensual e intelectual; ao mesmo tempo, parecem só aumentar a obscuridade com que essa distinção é ensombrada.

Devemos começar, penso eu, pela distinção filosófica entre relações «externas» e «internas» ([3]). Especificamente, devemos distinguir as relações *causais* entre prazer e pensamento das que são intrínsecas ou essenciais. Um pensamento pode extinguir o meu prazer no que como ou bebo; contudo, não tenho de estar a pensar no que como ou bebo para sentir prazer; neste caso devemos dizer que a relação entre prazer e pensamento é «externa». E desde que a actividade seja física, isso passa-se com qualquer actividade. Isso faz parte do que se *quer dizer* ao descrever um prazer como «físico». Um prazer é físico quando não requer pensamento ou atenção de qualquer espécie, embora possa, por vezes, resultar de, ou ser mudado por, um pensamento. Uma consequência é que, no caso de prazeres «físicos», não falamos como se o prazer tivesse um objecto adicional à sua causa. Na verdade, um modo de pôr o problema moral do amor carnal é este: como pode o prazer sexual adquirir um objecto pessoal, como pode este não ser apenas prazer com alguém, mas também prazer em alguém? Certos neoplatónicos e cristãos, acreditando que não podia, negaram vigorosamente o papel do prazer sexual no verdadeiro amor humano. Seja qual for a verdade da doutrina deles, seria difícil negar a aplicação dela aos prazeres de comer e beber. Um homem não tem prazer *no* vinho, bebe apenas porque bebe com prazer.

No caso do prazer arquitectónico, um acto de atenção, uma apreensão intelectual do objecto, é uma parte necessária do prazer: a relação com o pensamento é interna e qualquer mudança no pensamento levará automaticamente a uma redescrição do prazer pois vai mudar *o objecto* do prazer, tendo aqui o prazer um objecto adicional à sua causa. É o meu modo de pensar (de prestar atenção a) num edifício em especial que define o que me agrada: portanto, o edifício não é meramente a causa de sensações de prazer (como quando passo a mão sobre uma magnífica parede de mármore), mas o objecto de atenção que dá prazer. Quando comento com o meu companheiro que está a apreciar o que considera ser o magnífico acabamento da coluna de mármore num qualquer vestíbulo georgiano, que as colunas são de facto modeladas em escaiola, o prazer dele pode cessar imediatamente. Se isso acontece, não é por eu ter trazido uma influência hostil, mas por ter removido o seu objecto. O prazer do meu companheiro assentava num equívoco – na verdade, *era* uma forma de equívoco, tal como o meu medo de um homem que erradamente suponho estar armado é um equívoco. Os prazeres sensuais nunca podem ser *equívocos*, por muito errado que possa ser, num dado caso, procurá-los.

Podemos então começar a nossa investigação por uma distinção (porque ainda só parcialmente caracterizada) entre prazeres sensuais e intelectuais. O prazer na arquitectura pertence a esta última classe, em parte porque a experiência da arquitectura está dependente de uma concepção do seu objecto. No entanto, ao elucidar essa relação de dependência, teremos de considerar certas questões difíceis na filosofia da percepção. Tentarei mostrar que a experiência da arquitectura não é, de modo algum, a questão simples que pode parecer. Ver um edifício como arquitectura não é o mesmo que vê-lo como uma massa de alvenaria. Há uma distinção, que tentarei clarificar, entre percepção vulgar e percepção «imaginativa»; vou argumentar que a experiência da arquitectura é essencialmente do último tipo e que esse facto deve determinar toda a nossa maneira de compreender e reagir aos edifícios. Temos de começar, contudo, por tentar dissipar alguma da obscuridade presente na asserção de que a experiência de um edifício depende de uma concepção do seu objecto.

Uma grande fonte desta obscuridade reside na dificuldade em separar o «pensamento» ou «concepção» envolvidos na compreensão arquitectónica, da experiência que a acompanha ou – mais exactamente, embora menos lucidamente – a incorpora. Não é tanto eu pensar num edifício de certa maneira – como frágil ou sólido, honesto ou enganador; é antes vê-lo dessa maneira. A minha experiência de um edifício tem um carácter intrinsecamente interpretativo e a «interpretação» é inseparável do aspecto que o edifício tem. Para dar um exemplo: é claro, pela narrativa de Abbot Suger do edifício de St. Denis ([4]) e pelos estudos históricos recentes do estilo gótico que os arquitectos das igrejas góticas eram motivados por uma relação discernida entre a igreja acabada e a Cidade Celestial da especulação cristã ([5]). Sir John Summerson sugeriu ainda que o estilo gótico aspira a um certo efeito de acumulação ([6]). Cada grande igreja pode ser considerada uma concatenação de pequenas estruturas, de edículas, combinadas como arcos, capelas, janelas e espiras, e pode assim ser vista mais como uma cidade congregada do que como uma única entidade minuciosamente subdividida. E na verdade, quer *devamos* quer não ver uma catedral gótica desta maneira (em vez de em termos do movimento ascendente sempre aspirado que, noutro tempo, parecia tão notável), decerto que podemos vê-la assim, como uma acumulação de edículas, com a forma de uma cidade harmoniosa de partes contíguas. Mas a «interpretação», aqui, não é um «pensamento» separável da experiência – está lá *na* experiência, como quando vejo como uma cara os contornos de uma imagem de um *puzzle*, ou o homem na lua.

Ora há um argumento familiar, defendido tanto por filósofos como por psicólogos (embora em termos diferentes, conforme o indivíduo e a escola a que pertence) de que, na percepção, a experiência e a interpretação (ou o preceito e o conceito) são inseparáveis. De facto, a verdade aqui não parece ser meramente empírica, uma questão da psicologia – pelo menos se isso significa sugerir que era uma descoberta científica que tinha de ser confirmada por experimentação ([7]). Em certo sentido, aí não podia mesmo *ser* uma experiência perceptual, que também não seria o exercício de uma capacidade conceptual. Há na própria ideia de experiência conceptual uma unidade e organização postuladas que não podem ser removidas dela, e para descrever essa unidade é-se obrigado a empregar conceitos de um mundo objectivo e a aplicá-los de acordo com isso. Para dizer como é a minha experiência, tenho de dizer como me parece o mundo. E isso é usar o conceito de um mundo objectivo. Nesse caso, a perspectiva de que o conceito e o preceito são inseparáveis começa a parecer uma verdade necessária, uma consequência lógica da própria tentativa de descrever as percepções.

Kant, que foi talvez o primeiro filósofo a colocar a ênfase adequada nesta verdade (uma ênfase que mudou todo o curso da filosofia moderna), caracterizou a relação entre experiência e conceito como particularmente íntima. No entanto, sentiu que, em certo sentido, ela podia ser revelada postulando uma faculdade pela qual a sensação e o conceito estão unidos. A essa faculdade deu o nome de «imaginação» ([8]) e encontrou precisamente a mesma faculdade a funcionar na apreciação estética, residindo a diferença no facto de, na percepção normal, a imaginação ser limitada pelas regras da compreensão, enquanto no gosto estético é «livre». Vale a pena analisar esta teoria da imaginação com mais pormenor; ela vai levar-nos à segunda fonte de obscuridade, na ideia de que a experiência da arquitectura implica um pensamento ou concepção do seu objecto.

Ora, de facto, desde o século XIX, a imaginação tem sido o conceito dominante na teoria estética. Desde Kant até Collingwood, encontramos a mesma tentativa de unir o estético ao resto da nossa experiência sob uma faculdade mental única; e a palavra «imaginação» tem sido habitualmente escolhida para a indicar. Isso não é surpreendente. Desde o princípio do Iluminismo, a imaginação era estudada não só na estética, mas também na metafísica e na teoria do conhecimento. Nem Hume nem Kant consideravam que houvesse algo de especial nela, não a considerando desigualmente distribuída entre os homens. Para ambos, era a imaginação que juntava os dados dispersos dos sentidos numa imagem-padrão do mundo, construindo as nossas crenças sobre o passado e o futuro e a consciência do que é possível, sem a qual não pode haver conhecimento do que é ([9]). Apesar de ser dada a voos ocasionais, a imaginação encontra-se mais habitualmente encerrada na gaiola da compreensão comum, debitando pacificamente banais observações sobre o mundo.

Kant, em especial, deu o ímpeto para esta teoria «geral» da imaginação. Via-a como uma capacidade exercida em cada acto de percepção, uma força activa na formação de cada imagem e de cada estado cognitivo. Mas há também uma teoria «especial», associada a Sartre e Wittgenstein ([10]), de acordo com a qual a imaginação só se manifesta em certas formas especiais de percepção, imagens e pensamento. Por exemplo, é um acto de imaginação ver um rosto num quadro (desde que implique ver o que se sabe que não está lá), mas não é (como regra) um acto imaginativo ver um rosto em algo que se sabe *ser* um rosto. Nesta perspectiva também, a memória, embora envolva imagens, não é um exercício de imaginação visto que não inclui o elemento específico de pensamento criativo, que é o único a merecer esse nome.

A disputa entre as duas teorias pode parecer linguística, mas na verdade é mais séria. Se adoptamos a teoria geral, então, como Coleridge (que nisto foi muito influenciado por Kant) e como Hegel ([11]), achamos que a experiência da arte já não é problemática. Na experiência imaginativa são exercidas precisamente as mesmas capacidades que são reveladas na percepção vulgar. Não há, portanto, problema em mostrar como a primeira pode iluminar a segunda e a segunda dar satisfação à primeira. Se adoptamos a teoria especial, contudo, a estética, como veremos, torna-se mais difícil.

É de facto difícil aceitar a teoria geral. O que podia significar dizer que há uma única faculdade exercida ao ver, lembrar e imaginar e que «imaginação» é o nome adequado para ela? Com certeza só pode querer dizer que o processo que se vê muito claramente no acto de imaginar é também um ingrediente necessário de toda a percepção. Mas qual é esse processo? Uma característica da imaginação é implicar a reflexão sobre um objecto imaginário, um objecto que se pensa como não existente. Na memória e na percepção, contudo, o objecto é pensado como *real*: ver é acreditar. Seria necessária uma boa discussão para encontrar uma semelhança entre imaginação e percepção mais notória do que esta diferença tão evidente.

Além disso, a imaginação mostra-se de várias maneiras: em imagens, em contar histórias, em ver coisas como um rosto numa nuvem ou acção num quadro, onde o que é visto é também visto como não existindo. Pode mostrar-se ([12]) que há importantes semelhanças entre estes processos e que cada um deles é criativo de um modo que a percepção normal não é. Aqui o objecto mental não é «dado» da mesma maneira que o objecto de crença é dado, como um facto acerca do mundo, mas antes «posicionado». Na imaginação resiste-se, de certo modo, às pressões da crença e o pensamento atinge uma liberdade que normalmente não pode ter. Assim, posso pedir-lhe que imagine que há vida em Marte, e você pode obedecer-me livremente; mas não podia pedir-lhe que acreditasse, que a visse ou que se lembrasse dela.

Ora o argumento para dizer que há um único processo de imaginação envolvido em toda a percepção, imagens e lembranças parece consistir apenas na asserção (indubitavelmente verdadeira) de que nesses processos mentais o pensamento e a experiência são inseparáveis. Mas supor, por isso, que há uma faculdade («A Imaginação») envolvida na criação de uma relação entre eles é não conseguir levar a sério o facto de eles serem inseparáveis. Não há acesso à experiência ou qualquer maneira de a descrever ou classificar a não ser através do conceito de que está imbuída. Porque é que isso é assim não está em questão, pois que assim é já se concordou. Não se verifica, como pensava Hume ([13]), que primeiro temos percepções e depois as unimos imaginativamente, formando o conceito de um objecto por um processo de construção a partir de aparências fragmentárias. Uma aparência é um conhecimento de como as coisas aparecem; só pode ser descrita com o conceito da coisa que aparece. Se podemos falar de uma «síntese» de aparência no conceito de um objecto, trata-se, na terminologia de Kant, de uma síntese «transcendental», ou seja uma síntese que se pressupõe na própria tentativa de o descrever. Não é, então, um *processo* genuíno, que começa com dois itens e os combina para formar um terceiro.

Ora, ao considerar este tema da relação entre imaginação e percepção, é uma tentação propor um método de introspecção. As pessoas são capazes de sentir que a imagem da memória e a imagem imaginativa, por exemplo, são, em certa medida, semelhantes, quer dizer, se as observarmos suficientemente de perto, apresentarão a mesma aparência ou a mesma organização. Mas esse modo de conceber a questão é altamente controverso. É muito enganador falar de factos que podem ser *descobertos* por introspecção. Na realidade, como é este processo de «introspecção»? E que garantia há de que uma imagem que submeto a introspecção seja semelhante a uma que não submeto? Como saber se a própria introspecção não faz uma diferença fundamental (e necessariamente impossível de descobrir) dos conteúdos da mente? Se ignorarmos a introspecção, seremos certamente levados a concluir que a característica principal de uma imagem, aquela que determina a sua natureza como acto mental, é a relação com o objecto. Uma imagem não é um objecto de atenção, mas antes um modo de atenção a outras coisas. Não é tanto uma coisa com propriedades a descobrir, como um modo de encarar as propriedades do objecto. A imagem, pode dizer-se, é totalmente transparente.

Se aceitamos ou não a teoria geral da imaginação não é o meu principal interesse neste capítulo. Aqui interessa-me distinguir aquilo a que vou chamar «percepção imaginativa» – exemplificada na compreensão de um quadro, onde o objecto de percepção é visto como irreal – da percepção «literal». Mas, podia perguntar-se: se rejeitamos o uso de introspecção, como se pode fazer essa distinção? Neste ponto, certos filósofos podiam ter recorrido ao método da «fenomenologia», um estudo proposto por Husserl, Sartre, e Merleau-Ponty, embora nunca descrito claramente por qualquer dos seus seguidores ([14]). A fenomenologia é considerada análoga, embora distinta, da introspecção. É análoga à introspecção por ser um método onde o sujeito determina a natureza dos *seus* pensamentos e experiências. Mas é diferente por registar não as verdades acidentais sobre a experiência, mas as verdades essenciais. É suposto a fenomenologia dar-nos a essência de um estado mental e não as suas relações externas.

Algumas maneiras de expressar a ideia de «fenomenologia» da percepção são intoleravelmente «cartesianas», fazendo supor que os resultados da fenomenologia são resultados que estabeleço apenas para mim próprio e que não posso verificar na experiência dos outros. Um filósofo, contudo, devia ser prudente com a sugestão de haver importantes resultados a obter pela observação da experiência individual, abstraindo de qualquer sentido de como se poderia descrever a experiência de outros homens ou do mundo público que eles e o sujeito individual habitam.

Para encontrar a «essência» dos nossos estados mentais temos de olhar não para dentro, mas para fora, para a sua expressão em actividade e em linguagem, para as práticas publicamente reconhecíveis em que tomam vida. Só o que é publicamente acessível pode ser publicamente descrito e é apenas o que é publicamente acessível que é importante: nada mais, gostaria de salientar, pode fazer diferença nas nossas vidas ([15]).

Mas há ainda qualquer coisa do método da fenomenologia que é de importância considerável para este estudo. Isso ficará claro à luz do que penso ser uma objecção decisiva a qualquer teoria que pretenda obter a essência da experiência de um estudo do caso na primeira pessoa. Esse estudo não nos pode apresentar a essência da experiência, mas apenas as particularidades da experiência *autoconsciente*. Na análise fenomenológica, o eu já está posicionado. Mas se assim é, como podemos ter a certeza de que a fenomenologia nos dá realmente uma descrição de processos que podiam existir na ausência de um *ego*, processos para os quais não há um eu e uma reflexão? Ora a percepção não requer um *ego*, no sentido implicado no uso do «eu», pois há percepção que não é autoconsciente. O ego é uma construção social elaborada e o conhecimento de mim mesmo como eu é um corolário das minhas relações com outros ([16]). Ao meu cão, não sendo nesse sentido um *zoon politikon*, têm de faltar tanto o conhecimento como o conceito de *ego*: no sentido normal, ele não *tem ego*, portanto não pode haver fenomenologia da sua experiência. No entanto, ele vê-me no jardim, ouve-me a chamá-lo, cheira-me quando se aproxima. Por outras palavras, tem experiência perceptual, tal como eu. No entanto, embora a maioria dos animais tenha percepção, só alguns animais imaginam. A imaginação é, de facto, própria dos seres conscientes, seres cujas capacidades intelectuais transcendem a fixação ao imediato característica da existência meramente animal.

Estabelecer o último ponto seria demolir a teoria geral da imaginação. Se se continuar a insistir que há um processo comum em toda a percepção e experiência, então tem de se continuar a dizer ou que esse processo não é idêntico ao da imaginação, ou que o é, e que o meu cão, que carece de imaginação, não pode ver. E é clara a alternativa que temos de escolher. Mas temos de aceitar este último ponto? Parece-me que sim. Se admitimos a existência de estados mentais que não são intrinsecamente conscientes, estados mentais, como o do meu cão, que não têm realidade fenomenológica, temos de admitir então que a imaginação não é uma das capacidades que um ser não autoconsciente possa ter. Mostrar isto é mostrar o que é válido, bem como o que o não é, no método da fenomenologia.

É errado dizer que os animais têm experiência imaginativa; nunca poderíamos ter bases para atribuir imaginação a uma criatura que carece de capacidade de reflectir sobre a sua própria experiência. Aplicar o conceito de imaginação à experiência animal é usar o conceito na ausência de qualquer comportamento que o pudesse descrever: é falar redundantemente, usando um conceito complexo quando outro mais simples serviria. O conceito simples é o de percepção «literal», percepção que é subordinada à crença. Assim, consideremos como chegamos a atribuir percepção aos animais. A principal razão para o fazermos é reconhecermos relações causais entre coisas no mundo e as crenças dos animais. Um rato esconde-se atrás duma pedra e isso faz com que o gato, que está a espreitar, acredite que o rato está escondido atrás da pedra. Estabelece-se um padrão de relação causal entre o ambiente e a informação; é este padrão que temos presente quando dizemos que os animais têm percepção de coisas e é por essa razão que podemos usar o conceito de percepção para explicar um comportamento de um animal ([17]).

Ora consideremos o caso de um ser autoconsciente. Neste há uma capacidade adicional de reflectir sobre a experiência, de interpor, entre a experiência e a crença, pensamentos que não são determinados por nenhuma delas. Vou explicar o que quero dizer por meio da música, o que vai levar-nos de novo à experiência da arquitectura, servindo, assim, para mostrar que experiência da arquitectura não pertence à percepção literal, mas à imaginativa. E vou afirmar que os animais não conseguem ouvir música, visto que ouvir música é exercer uma espécie de compreensão imaginativa de que os animais são desprovidos. Pode parecer absurdo dizer isto, uma vez que implica o corolário de os pássaros não cantarem. No entanto, penso que isso é verdade. Vamos aceitar (o que parece incontroverso) que os pássaros, tal como os gatos e os cães, podem ver e ouvir. Como descreveremos o *que* eles ouvem? Isto parece uma questão simples, até compreendermos que o sintagma «o que é ouvido» é sistematicamente ambíguo. Pode referir-se ao som que é ouvido, ou ao modo de o ouvir (a aparência). E visto que os pássaros, tal como os homens, podem sofrer por vezes de alucinações e percepções erradas, o modo como ouvem pode não corresponder ao modo como as coisas são ([18]).

Como descreveríamos, então, o modo como as coisas soam a um pássaro? Se pudermos responder a essa questão, saberemos que a análise fenomenológica (construída como análoga à introspecção) é desnecessária para descrever aparências, visto não poder haver uma fenomenologia da experiência de um pássaro ([19]).

De facto, *podemos* responder a essa questão porque podemos reconhecer, pelo comportamento de um pássaro, a sua possibilidade de distinguir os diferentes sons. Nessa base, podemos atribuir certas classificações ou «conceitos» ([20]). Por exemplo, um pássaro pode fazer a distinção entre o dó médio e o dó sobreagudo (e podemos descobrir isso imediatamente se ele tomar o primeiro como um aviso e o segundo como uma marca territorial). Poderíamos dizer que esse pássaro, numa dada ocasião, confundiu o dó agudo com o dó: por outras palavras, podemos descrever «como» ouve um certo som, sem querer dizer que o som real corresponde à experiência dele. No entanto, a nossa descrição da forma como as coisas aparecem ao pássaro é limitada por uma explicação insuficiente de como elas são. No mundo do animal, as possibilidades da aparência são determinadas pelas de crença e as crenças que atribuímos a animais dependem das nossas classificações dos objectos de crença, sendo essas classificações, por sua vez, subordinadas à actividade de explicar o comportamento animal. Para um ser humano, contudo, o mundo da aparência reage também à reflexão autoconsciente. O modo como as coisas nos aparecem pode não ser captado exactamente por uma crença em como elas são e não o é certamente por qualquer descrição cientificamente aceitável destinada apenas a explicar o nosso comportamento.

Isto torna-se claro quando consideramos a distinção – evidente para um homem, mas não para um pássaro – entre um som e uma nota. Ouvir uma nota é como ouvir uma palavra – é ouvir um som imbuído de implicações. (Ao ouvir a palavra «passear», o meu cão manifesta uma excitação pavloviana: mas o som não é para ele o que é para mim, o ponto de intersecção de muitos significados.) Quando ouço uma nota, ouço um som impregnado de significado musical: sugere harmonia, melodia e movimento. Considere-se o mais básico destes fenómenos, o fenómeno de movimento musical. Se ouço duas notas, por exemplo, o dó médio seguido do lá, o que ouço, falando literalmente, são dois sons separados por um intervalo de sexta maior. Esta descrição literal pode também caracterizar a experiência de um pássaro. Ao contrário do pássaro, contudo, eu posso ouvir também um movimento de dó a lá. Existe algo que começa na primeira nota e cresce para a segunda. Se não pudesse ouvir esse movimento, não podia ouvir a melodia ou sequência: seria surdo para a música. Mas *o que* é que se move? Quando tentamos responder a esta pergunta, podemos deparar com um beco sem saída; literalmente falando, *nada* se move.

Há uma nota e depois outra; o movimento, contudo, exige *uma* coisa que passa de um lugar para outro ([21]).

Pode surgir aqui um certo cepticismo em resposta ao pensamento de que a música é constituída, em certo sentido, como uma dimensão espacial. E se a música é uma forma de espaço, devia haver movimento no espaço musical. Há distâncias mensuráveis na música e, neste aspecto, o espectro musical constitui uma dimensão genuína e não uma mera gradação. É por esta razão que pode haver um «espelho» no espaço auditivo. Os dois acordes seguintes espelham-se um ao outro:

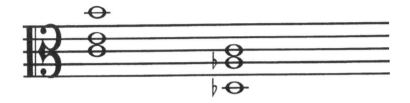

e como todas as imagens de espelho formam «contrapartes incompatíveis». Não se podem trocar no espaço de forma a coincidirem exactamente, apesar de as relações espaciais entre as suas partes serem precisamente as mesmas. Kant foi o primeiro a referir esta característica notável da «dimensão», que a distingue da mera gradação de propriedades e que constitui parte do que queremos dizer quando dizemos que o espaço é algo *em* que as coisas ocorrem e não uma propriedade que as coisas possuem ([22]).

Todavia, apesar desta analogia com o espaço, temos de reconhecer que o espaço musical é de tal modo diferente do espaço vulgar que impede qualquer interpretação literal do conceito de movimento musical. Uma vez que há duas propriedades essenciais do espaço físico, pelo menos uma delas tem de estar ausente do espaço musical. Veremos que este facto apresenta uma dificuldade importante para qualquer teoria do movimento musical. A primeira propriedade é que dois indivíduos não podem estar no mesmo lugar ao mesmo tempo (um axioma de grande significado filosófico, embora permita certos contra-exemplos bastante peculiares) ([23]). E isso é verdade no espaço musical? É difícil responder e a dificuldade é igual à de decidir quais são as entidades individuais que *ocupam* espaço musical. Suponhamos que um violino e uma flauta tocam em uníssono. O resultado é uma nota ou duas? Se são duas, então é claro que o nosso axioma de espacialidade é transgredido. Talvez devêssemos, então, dizer que só há uma nota cuja cor ou timbre depende do modo como foi produzida, mas cuja identidade depende apenas do tom. Suspeito que surgirão muitas dificuldades se tentarmos individualizar as notas pelo tom, independentemente do modo como foram produzidas, porque isso transgride uma maneira consagrada de contar as notas na música. Contudo, mesmo que possamos aceitar a sugestão, só exacerbará a segunda assimetria com o espaço físico: nenhum indivíduo pode estar, no espaço auditivo, em dois lugares diferentes em tempo diferente. Porque a característica individual de uma nota – o tom – é precisamente o que determina a sua localização «espacial». Não é possível separar a nota do lugar que ela ocupa. Torna-se necessário dizer que a mesma nota podia ocorrer noutro tom; logo, se as notas são as individualidades fundamentais no espaço musical, nada no espaço musical se pode realmente *mover*. Mas isto contradiz a nossa conclusão de que a música é uma forma de movimento.

Como resolver esta contradição? Uma possibilidade seria esta: ignorarmos as pretensões da música a qualquer espécie de organização espacial e aceitarmos simplesmente que nada na música se move realmente. O que ouvimos na música não é movimento, visto não haver espaço e objectos que se movam nele; ouvimos apenas processos, acontecimentos que surgem no tempo mas não mudam de lugar. Todavia, seguir essa linha seria descrever mal a experiência musical. Os sons pertencem também a processos – na verdade, *são* processos. Os sons podem combinar-se sequencialmente e ser ouvidos em sequência, mesmo quando não são ouvidos como música. Quando ouvimos música, ouvimos algo mais do que uma sequência; ouvimos movimento, movimento não no espaço, mas só no tempo (v. T. S. Eliot, *Four Quartets, 1,* V). E porque ouvimos esse movimento somos induzidos a descrever *lugares* no espaço musical; falamos de uma melodia dirigindo-se para ou afastando-se desses lugares. Estas metáforas espaciais não são acidentais; são essenciais à fenomenologia do que ouvimos. É uma verdade fenomenológica que a música se move, mas é uma verdade que não corresponde a uma realidade física. É difícil, portanto, alguma vez usar este conceito de movimento musical ao descrever a experiência de um pássaro. O «movimento» que é da essência da música não é um objecto próprio da percepção literal. Dizer que o movimento musical é um facto fenomenológico é dizer que é um facto sobre a experiência de um ser que se pode reflectir na sua própria experiência. Se há um estudo válido da fenomenologia, é na descrição do que é próprio da autoconsciência, na descrição daquele resíduo de fenómenos que sobrevive quando toda a crença e experiência literal foram subtraídas. As aparências que constituem a percepção literal só serão caracterizadas em termos das crenças expressas nela e não podemos ter bases para atribuir a uma criatura mais crenças complexas do que as estritamente necessárias para explicar o seu comportamento. Ao explicar o comportamento dos pássaros é impossível invocar o conceito de movimento musical, visto esse movimento não ser uma parte constituinte da realidade em cujos termos se deve explicar o comportamento e as crenças do pássaro. O movimento musical não faz parte do mundo material e, portanto, não é algo que o pássaro possa conhecer. Nenhuma descrição científica do mundo do som precisa de mencionar – como um facto independente – o fenómeno do movimento musical. O conceito de movimento musical não desempenha qualquer função explicativa que não seja desempenhada pelo conceito de sequência auditiva. Nenhum método científico (nenhum método para descobrir relações causais) podia escolher entre os dois. Do ponto de vista científico, a única certeza aqui é o facto de seres de um certo tipo *ouvirem* movimento na música.

Tentei sugerir que essa espécie de seres deve ser descrita em termos de autoconsciência, em termos da capacidade para transcender o imediato, em termos daquelas capacidades que podíamos desejar dizer que foram vistas de forma mais explícita na percepção imaginativa. Podemos perceber agora porque é que isso é assim. O resíduo puramente «fenomenológico» da experiência musical exibe as marcas óbvias da compreensão imaginativa. Por um lado, a experiência musical implica um salto imaginativo comparável ao exigido para se ver um rosto num quadro. O conceito de movimento é transferido do domínio da compreensão literal para a música e é aplicado independentemente de se acreditar que algo se mova. Não se trata de ouvir a mesma coisa em dois lugares diferentes e, assim, de derivar daí o nosso conceito de movimento musical: o conceito de movimento musical é como uma metáfora entrincheirada. Do mesmo modo, a experiência da música implica o tipo de liberdade que é característico da imaginação. Posso escolher como ouvir o movimento musical: começando aqui ou ali ([24]). Mas talvez este ponto fique mais claro quando voltarmos à descrição da arquitectura, pois também na arquitectura a experiência manifesta uma estrutura imaginativa. Ao descrevermos essa estrutura, não justificaremos apenas a tradicional analogia entre arquitectura e música (a analogia que levou Schelling a descrever a arquitectura como «música congelada»), seremos também capazes de mostrar mais claramente que o que interessa na experiência imaginativa não é tanto o «saber da má aplicação de um conceito», mas antes a estrutura da atenção que torna possível essa má aplicação.

Será adequada uma palavra final sobre o método antes de terminarmos esta digressão pela filosofia da percepção. É importante reconhecer que os nossos resultados não dependem de qualquer processo de muita atenção, introspecção ou auto-análise. O tipo de «análise» da experiência perceptiva que proponho deverá ser diferente da psicologia introspectiva e de qualquer outro tipo de investigação empírica. O seu objectivo é a compreensão de um conceito e, visto esse conceito pertencer a uma linguagem pública, o método certo de análise é público – depende não de introspecção, mas de distinções publicamente aceites e reconhecíveis que os que falam a linguagem observam não só ao descreverem *a própria* experiência, mas ao descreverem a experiência dos outros e dos animais. O critério do êxito não é a fidelidade aos factos, mas fornecer um conceito útil, um conceito que nos permita distinguir coisas que são nitidamente distintas e formular os factos que as tornam diferentes. Os nossos resultados baseiam-se não no estudo privado da experiência pessoal, mas na observação da prática pública – a prática da atenção, domínio, estudo e raciocínio – que caracteriza o reino da imaginação e que pode ser observada tanto no comportamento de outros, como introspectivamente, em nós próprios. Voltando agora à experiência da arquitectura, poderemos ver com mais pormenor o que são, precisamente, essas características publicamente reconhecíveis da experiência imaginativa e que tipo de importância lhes é atribuída.

A experiência imaginativa, tal como a descrevi até agora, pode ter a arquitectura como um dos seus objectos. Se voltarmos à teoria da edícula gótica, podemos ver, na experiência a que se refere Summerson, um primeiro exemplo de imaginação: ver um edifício em termos de um conceito que se sabe não se aplicar a ele. Considere-se, por exemplo, a fachada oeste da Catedral de Amiens (figura 24). É possível ver ali os três pórticos como três edifícios contínuos, os pináculos entre eles como edifícios separados, a arcada por cima como uma sequência de pequenos abrigos reunidos e assim por diante. Ver a catedral desse modo não será uma questão de pensar; vemo-la como sabemos que ela não é. A nossa percepção está imbuída do pensamento de algo ausente, exactamente como a percepção de uma pintura ou de uma escultura. E, sendo imaginativa, a nossa percepção também é livre, pois subordina-se a padrões de pensamento e atenção a que não somos de modo algum obrigados, pelo que vimos, a aderir. Somos obrigados a acreditar que o que vimos é uma massa de alvenaria e, portanto, a ver que assim é. Mas não somos obrigados a ver o edifício de tal forma que o pensamento da cidade celestial pareça uma expressão própria ou adequada à nossa experiência. É uma actividade nossa ver a catedral desse modo e é uma actividade que podíamos optar por não desenvolver.

Este ponto regressa quando notamos que as experiências imaginativas deste tipo – ao contrário das percepções habituais – podem ser intrinsecamente ambíguas. Considere-se o traçado da *loggia* central no andar superior do Palazzo Pisani-Moretta em Veneza, ilustrado na figura 25. Esta disposição pode ser vista de pelo menos duas maneiras, dependendo de para onde o observador dirige a atenção. Pode formar edículas com colunas próximas ou com colunas unidas pelo semicírculo do traçado superior. Se estivermos cientes da ambiguidade, podemos desde logo alternar as duas interpretações (tal como com as famosas figuras ambíguas investigadas pelos psicólogos da Gestalt ([25]), ou como as melodias ambíguas, que deliciavam Beethoven, que se podem ouvir começando num compasso alto ou num baixo). De facto, é enganador falar de uma escolha de «interpretações» porque o que se escolhe nestes casos é não só a interpretação, mas também a experiência que a encarna. E a característica mais notável da imaginação é a experiência imaginativa poder ser *escolhida* desse modo.

FIGURA 24: Catedral de Amiens, fachada oeste

No caso de percepção literal, em que normalmente ver é acreditar e onde o conhecimento é o objectivo fundamental, não notamos esta «escolha». Não posso escolher ver de outra forma o que sei ser uma árvore; não posso querer vê-la ser um homem, um rosto ou um animal. O que vejo está inextricavelmente interligado com aquilo em que acredito e controlo as minhas crenças. Se consigo ver a árvore «como» um rosto, digamos, acreditando ainda ser uma árvore, mais uma vez saí do domínio da percepção literal para entrar no da imaginação. Estou a ver imaginativamente, a minha experiência passa a depender de um acto particular de atenção imaginativa e, por esse motivo, tem se ser descrita em termos de um conceito que não corresponde àquilo em que acredito. Não é apenas por na experiência imaginativa os conceitos estarem a ser deliberadamente mal aplicados: é antes por essa experiência reflectir um modo de atenção especial e um objectivo intelectual especial. A percepção literal *visa* a crença e o acto de atenção aqui é também um desejo de «descobrir». A experiência imaginativa não visa a crença, mas um tipo diferente de compreensão; um dos propósitos deste livro é descrever essa compreensão e explicar porque é importante. O acto de atenção imaginativa caracteriza-se, portanto, pela ausência de desejo específico de «descobrir», de preocupação especial com os factos, visto que, embora possam ser um pré-requisito necessário para o seu exercício, o seu conhecimento não faz parte do objectivo.

FIGURA 25: Palazzo Pisani-Moretta, Veneza

Já vimos, pelo exemplo da compreensão musical, que pode haver objectos que só podem ser percebidos imaginativamente, visto as experiências mais básicas envolvidas na sua percepção poderem depender de actos de atenção que transcendam os objectivos da compreensão literal. O mesmo, penso eu, se passa na arquitectura. Não é só por a arquitectura ser o objecto ocasional da experiência imaginativa (pois o que não o é?), mas antes por ser um objecto próprio dessa experiência e por só poder ser entendida em termos imaginativos. Isto é demonstrado, abstraindo de toda a «interpretação», de todo o «ver como» do tipo exemplificado no nosso exemplo gótico, e voltando às formas básicas da experiência arquitectónica, tal como explorámos as formas básicas do «espaço» musical. Descobrimos que, por muito que despojemos a nossa experiência da interpretação, ela retém o carácter de liberdade que é uma das marcas distintivas de um acto imaginativo. Considere-se o ambíguo arranjo das colunas de Peruzzi na *loggia* de entrada para o Palazzo Massimi (figura 26). Esta ambiguidade – causada pelo alargamento, classicamente aceite, do espaço entre colunas para marcar a porta ([26]) – torna-se particularmente evidente devido à curva audaz da fachada de Peruzzi. Descobrimos que há duas maneiras de ver as seis colunas, ambas igualmente estáveis. Podemos vê-las como quatro pares, contando também as duas pilastras contíguas a elas, ou como três pares, um emoldurando a porta e os outros suportando (por meio de linhas de união invisíveis) as molduras exteriores das janelas do andar de cima. Podia resolver-se imediatamente a ambiguidade noutro contexto, por exemplo colocando pilastras na parede superior, de forma que as colunas seguissem o seu ritmo, ou abordando a *loggia* de lado. Conseguem-se ritmos mais subtis diminuindo a disparidade entre os espaços centrais e periféricos e contrapondo a ênfase com uma cornija cujos modilhões não correspondam aos centros das colunas, como no prostilo hexastilo da Villa Cornaro, de Palladio (figura 27).

Acrescento o exemplo de Palladio em parte para mostrar que essa ambiguidade não é um fenómeno raro; na verdade, é essencial para a arquitectura maneirista e é indispensável a alguns dos melhores efeitos do barroco. Além disso, é compreendendo este tipo de exemplo que somos capazes de formar uma concepção própria do caso normal. A «ambiguidade» do arranjo de Peruzzi acontece em parte pela ausência de «interpretação». Indica, portanto, uma verdade básica sobre a experiência arquitectónica, sobre como somos obrigados a ver os edifícios para os quais olhamos quando os estudamos como arquitectura. É este modo de ver os edifícios que reflecte o acto de atenção de que eles são o verdadeiro objecto. Temos, pois, neste exemplo, um paradigma de experiência arquitectónica: a experiência não pode ser «mais pura», menos interpretada, do que isto.

FIGURA 26: Baldassare Peruzzi: Palazzo Masimmo alle Colonne, Roma

Usemos, pois, o exemplo para destacar algumas dessas características essenciais da percepção imaginativa a que só aludimos ao discutir o exemplo musical. Vou mencionar o que considero mais importante ([27]). Primeiro, a nossa experiência da forma tem uma duração precisa. As colunas parecem estar agrupadas de uma certa forma durante um certo período de tempo, e depois o «aspecto» muda e parecem diferentes por mais algum tempo. Vê-las em qualquer das duas maneiras é um fenómeno que pode ser datado de forma precisa e, a este respeito, partilha uma das características gerais da experiência – uma das características por meio das quais distinguimos as experiências de outros estados de espírito, como pensamentos, emoções e desejos.

Uma outra característica mostra claramente que a nossa apreensão da forma arquitectónica é um tipo de «visão»: isto é, muito trivialmente, a sua rigorosa dependência daquilo que é visto. O efeito a que me refiro não poderia ser apreendido sem olhos. Não é um mero «pensamento» ou «conceito», disponível para quem quer que possa pensar em termos de ordem ou relação. É uma coisa *vista*; não sobrevive à percepção das colunas e desaparece logo que as colunas são vistas de outra forma incompatível. Assim, embora se possa *pensar* nas colunas em ambos os agrupamentos ao mesmo tempo, só se pode ver um agrupamento de cada vez. Além disso, o efeito tem uma «intensidade» característica da experiência; um aspecto pode sobressair como mais intenso ou surpreendente do que outro.

A experiência da arquitectura

FIGURA 27: Andrea Palladio: Villa Cornaro, Piombino Dese

Por outro lado, a experiência é de um tipo que permite que seja e, neste caso, é-o realmente, submetida directamente à vontade. Faz sentido pedir a alguém que veja as colunas primeiro de uma maneira e depois de outra, e esse pedido pode ser prontamente obedecido: nada mais há que tenha de ser feito primeiro para o respeitar. Neste aspecto, a experiência participa de uma das propriedades fundamentais do pensamento imaginativo (como quando peço a alguém que «pense nisso desta forma...»): a propriedade da voluntariedade. E possui esta propriedade apesar do facto de não haver um conceito facilmente identificável (como o conceito de uma edícula, ou o conceito de movimento) que esteja a ser conscientemente mal aplicado aqui. A experiência só é voluntária porque na sua existência está envolvido um acto particular de atenção. Não é, portanto, um acidente, o facto de a experiência das colunas ser afectada pelo modo como pensamos nelas. E mudará, por exemplo, sob a influência de comparações que possamos fazer com outras estruturas, como no exemplo de Palladio da figura 27. Daí – como mostrarei com mais pormenor no próximo capítulo – que a experiência de «ver» adquira aqui um certo carácter «racional». Quero dizer com isto que se poderão aduzir razões contra e a favor de um certo modo de ver (razões que podem ligar-se com o modo como o edifício deve ser entendido). É, assim, possível aceitar uma razão por meio de uma experiência; e a importância deste ponto não deve ser subestimada.

É verdade que, normalmente, não se controla tão completamente a experiência como é exemplificado nestes padrões ambíguos. Contudo, o carácter imaginativo da experiência está presente mesmo quando o controlo está ausente. Quando vejo o ritmo igual das colunas em Santo Spirito, estou tão empenhado num acto imaginativo, como quando «agrupo» as colunas da *loggia* do Palazzo Massimo (ver figura 11, pág. 54). É claro que é difícil ver as colunas de Brunelleschi a não ser como uniformemente rítmicas: elas exigem um valor igual. Mas isso nada prova em si mesmo e, certamente, não autoriza a estranha asserção de alguns historiadores da arquitectura para quem a ambiguidade visual foi uma invenção dos maneiristas, desconhecida na arquitectura europeia antes de Giulio Romano e Peruzzi ([28]). Por um lado, não serve de nada falarmos da colunata de Santo Spirito como se *exigisse* essa ênfase igual, como se o que impõe fosse também algo que *damos*. Mais importante, podemos modificar tantas coisas na experiência das colunas de Brunelleschi como em qualquer dos exemplos maneiristas. E isto não é apenas um facto acerca do estilo de Brunelleschi: é uma consequência inevitável do modo como percepcionamos a arquitectura. Considerem-se, por exemplo, os variados modos como se pode ver o ponto de repouso nesta composição, o ponto onde o arco e a coluna se juntam. Pode ver-se os arcos brotando do alto dos capitéis coríntios e apoiando aí o seu peso, de forma que os estribos são penetrados

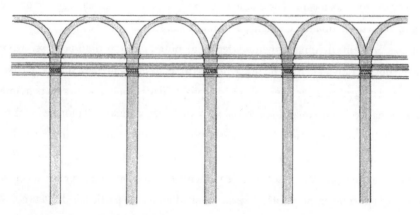

FIGURA 28: Santo Spirito, uma maneira de ver

pelo movimento do arco. Por outro lado, poderia «encher-se» com a imaginação o intervalo entre os estribos conseguindo-se vê-los como um entablamento quebrado (figura 28). Nesse caso, os arcos parecerão brotar acima das molduras, tal como parecem brotar acima dos blocos das colunas em Sant'Apollinare Nuovo (figura 29). (Um maníaco da ambiguidade poderia fazer outras comparações: digamos, com as igrejas cristãs primitivas de Santa Sabina (figura 30) e San Giorgio de Velabro em Roma, onde a alvenaria é directamente colocada nos topos de colunas emprestadas; todas essas comparações podem enriquecer e modificar a experiência, embora, evidentemente, fazê-las seja tarefa do crítico e não do filósofo.) Aqui, não só é possível escolhermos a nossa própria interpretação, no sentido de escolher a experiência que seja mais satisfatória, como se começa também a ver o modo como pode nascer a noção de experiência *correcta*, a noção de uma experiência que leve a uma compreensão e apreciação do edifício, uma vez que é certamente a presença desse entablamento invisível que leva ao sereno movimento horizontal de Santo Spirito e que explica a sua superioridade sobre o interior em San Lorenzo, do mesmo autor, onde os frisos dilatados e embelezados dos estribos tornam impossível a percepção da sua junção invisível. (Apesar de haver uma autoridade clássica para a dilatação dos estribos: por exemplo, a Igreja romana de Santa Costanza.)

FIGURA 29: Sant'Apollinare Nuovo, Ravenna, vista da nave

FIGURA 30: Santa Sabina, Roma, capitéis da nave

No próximo capítulo vou desenvolver em pormenor esta noção de experiência «correcta». Mas nesta altura vale a pena apresentar mais uma ou duas ilustrações a fim de convencer o leitor de que não há qualquer aspecto da experiência arquitectural que não exemplifique a estrutura imaginativa implicada pela ideia de «correcção». Considere-se a relação entre coluna e parede. Os teóricos do início do Renascimento baseavam a sua compreensão das Ordens num estudo dos vestígios romanos e na leitura do obscuro Vitruvius. Evidentemente que é possível ver as meias-colunas e pilastras de um edifício como o teatro de Marcellus (figura 31), como decorações verticais da parede, tal como é possível ver a parede como um enchimento entre os suportes das colunas. Esta última, como sabemos, é a experiência pretendida: Alberti, contudo, viu este edifício da primeira maneira, como é evidenciado tanto pelo seu tratado ([29]) como pelo seu próprio uso das Ordens no Palazzo Rucellai. Poderia dizer-se que, ao tornar-se mais firmemente apreciada a verdadeira origem da coluna, os construtores do Renascimento aprenderam a ver a coluna mais como um elemento de suporte do que como um ornamento. Os construtores do fim do Renascimento não deixam dúvidas acerca da matéria, como se pode ver, por exemplo, pela parede superior do Palazzo Chiericati de Palladio (figura 32), uma composição que impede esta especial ambiguidade. Não há dúvida sobre a correcção da interpretação de Palladio: não porque represente correctamente a história da coluna e a derivação do templo peristilo, mas porque ver a coluna desse modo é abrir a possibilidade de uma riqueza de significado que de outro

FIGURA 31: Teatro de Marcellus, Roma (em parte restaurado)

modo se perderia. O diálogo entre a parede e a coluna permite que as propriedades estéticas da coluna – que se obtêm precisamente porque a vemos sustendo-se livremente, suportando-se a si mesma e ao entablamento sem qualquer ajuda e na vertical – se espalhem pela parede. A parede, portanto, participa das implicações da Ordem das colunas e das subtilezas de sugestão que as divisões da Ordem implicam. É mesmo possível retirar a existência à coluna, eliminar qualquer representação directa dela – e ficar ainda com uma parede imbuída das implicações da Ordem, como na parede de uma casa georgiana, cuja organização ganha vida quando vemos nela um reflexo da coluna de que deriva ([30]). (Assim se pode ver Gower Street, por exemplo, como uma espécie de colunata tácita.) Não que Alberti tenha cometido um *erro* no Palazzo Rucellai: mas há argumentos persuasivos contra a sua maneira de ver os protótipos romanos, argumentos que derivam do valor relativo de experiências competitivas.

Em toda a experiência arquitectural é exigida a participação activa do observador para a sua conclusão. Cada determinação apresentada proporciona a base para uma outra escolha e a ideia de um edifício que só pode ser percepcionado de uma forma na sua globalidade é um absurdo. É impossível banir a ordenação imaginativa da experiência que descrevi: a experiência está activa mesmo quando é forçada. Embora eu seja forçado, quando dou atenção à colunata de Santo Spirito, a perceber um ritmo regular estabelecido e transmitido de uma parte para outra, não é essência

FIGURA 32: Andrea Palladio: Palazzo Chiericati, Vicenza

do acto de ver um objecto material à minha frente – a disposição da alvenaria – que veja esse ritmo. É a minha própria atenção imaginativa que me permite vê-lo e uma criatura desprovida dessa atenção veria tanto o ritmo como um pássaro ouve música. Isto explica a natureza activa da experiência arquitectural, mesmo no que tem de mais involuntário. A vulgar experiência perceptiva – a experiência dos animais e a nossa própria experiência no dia-a-dia (quando não é sujeita a auto-reflexão) – é determinada pelo seu objecto. Somos passivos em relação a essa experiência como somos passivos no que toca às nossas crenças. Mas não somos passivos em relação à experiência da arquitectura que nasce apenas em resultado de uma certa espécie de atenção. As nossas crenças não mudam quando mudamos o «agrupamento» de uma sequência de colunas, nem precisam de ser mudadas por qualquer dos actos de atenção que dirigimos à arquitectura. O nosso objectivo não é o conhecimento mas o prazer da aparência de uma coisa já conhecida.

Chegámos a uma importante conclusão. Descobrimos que uma parte fundamental da nossa experiência da arquitectura é imaginativa; como tal, admite argumento e prova, pode ser descrita como certa, errada, apropriada e enganadora, pode reflectir uma concepção do seu objecto que não está, de modo algum, ligada aos significados literais explorados na percepção comum. Como irei demonstrar, se a experiência da arquitectura tem essa estrutura imaginativa, então também é primordialmente estética e envolve um inevitável exercício de gosto. O gosto e a discriminação estética tornam-se as ideias dominantes na nossa teoria da arquitectura. Contudo, antes de passarmos a considerar essas ideias, devemos analisar pormenorizadamente certas dificuldades que nascem do facto de termos proposto uma descrição demasiado estreita da experiência da arquitectura. Com efeito, considerámos apenas o aspecto visual da arquitectura e restringimos a nossa discussão mesmo desse aspecto a um tema específico, a experiência da forma. Mas na arquitectura há mais do que o modelo e a forma visuais. Não tratamos os edifícios apenas como fachadas estáticas; a sequência de experiências lógicas que percorre um edifício pode ser essencial para o seu significado e pode ser objecto de um profundo estudo arquitectural, como prova a Igreja do Redentore, de Palladio, em Veneza [31]. Também escutamos os edifícios, ouvimos ecos, murmúrios, silêncios, e todos eles podem contribuir para a nossa impressão do todo. Duvido que uma experiência puramente visual pudesse revelar-nos toda a força de S. Pedro, em Roma, ou, por exemplo, a intimidade do claustro de Bramante em Santa Maria della Pace, com o eco particularmente amortecido que leva a que se deambule tranquilamente por ele. E uma vez mais, mesmo a nossa experiência visual é modificada por referência aos outros sentidos. Como referiram muitos críticos [32], os materiais e as formas são muitas vezes dotados de uma aparência visual que «traduz», por assim dizer, as qualidades funcionais e tácteis. O cimento de aparência rugosa tem um aspecto hostil porque prevemos a equimose que nos irá provocar se o tocarmos, enquanto a madeira e o papel de uma casa japonesa são materiais «amigáveis» que não nos fazem prever qualquer mal.

Estas aparências «premonitórias» têm uma importância fundamental e voltaremos a elas. Surgem porque podemos ver objectos em termos de conceitos que não denotam uma propriedade meramente visual: facto que poucos filósofos foram capazes de explicar. Posso ver uma forma como «dura» ou «macia», como «acolhedora» ou «hostil». Esta capacidade geral de ver coisas em conceitos não-visuais não é exclusiva da arquitectura. É claro que não é fácil determinar o que se deve considerar propriedade visual ou não-visual [33]. Em qualquer caso, no entanto, deve ser possível ver não só cores e formas, mas também propriedades como o calor, a massa, solidez e distância. Quanto mais se pode ver, então, quando o objectivo não se restringe a uma determinada compreensão literal e varia livremente através de cada concepção imaginativa? Não devemos certamente pensar em todas estas experiências de antecipação em termos de crença mudada. Isso seria ignorar a diferença entre percepção literal e imaginativa. Quando vejo um material como quente, macio ou hostil, isso pode não ser uma questão de acreditar que ele seja quente, macio ou hostil. Não prevejo que seria mais doloroso bater com a cabeça na parede do Palácio Pitti do que na parede do Baptistério de Florença, mas o primeiro tem um aspecto «doloroso» que o segundo não tem. A antecipação aqui é uma propriedade da experiência e não de qualquer julgamento que ela faça surgir. E vale a pena apontar que o mesmo se pode passar com uma experiência de «função». Se o funcionalista pretende dizer que um edifício devia exprimir uma função no sentido de que devíamos ser capazes de *ver* a função na forma do edifício, daí pode concluir-se que um edifício poderia exprimir uma função que não possui e que o observador sabe que não possui. Um exemplo disto é a colunata da cripta da Biblioteca de Wren no Trinity College, em Cambridge, acrescentada em resposta a um mal-estar pretensioso e projectada para exprimir uma função fictícia de forma a satisfazer escrúpulos puramente visuais.

É claro que a nossa teoria da percepção imaginativa pode permitir-nos incorporar, deste modo, muitas das experiências antecipadoras na simples experiência visual que aquela está mais vocacionada para analisar. Mas porque deveríamos atribuir essa experiência especificamente à arquitectura? Se não podemos responder a essa questão, não saberemos como as outras características da experiência arquitectural – o movimento, o som, a mudança e o tacto – fazem parte de uma totalidade unificada. E se não pudermos mostrar isso, não teremos conseguido elaborar um estudo satisfatório da experiência da arquitectura, um estudo que abarque toda a realidade da sua finalidade. É claro que as minhas observações se podiam aplicar a qualquer das artes decorativas em que o «modelo» desempenha um papel dominante – tanto ao bordado e vestuário como às colunatas. Como se vê pelas fachadas com incrustações das igrejas florentinas, pelas mesquitas árabes e pelos embutidos de Suffolk, não é necessário afastar a arquitectura das outras artes de decoração. Mas a arquitectura é sempre algo mais do que decoração.

Aqui, mais uma vez, as doutrinas funcionalistas parecem propor uma solução útil ao descreverem o que transforma um padrão em arquitectura e não em ornamento. O funcionalista poderia tentar redescrever o nosso prazer em relação ao padrão como uma espécie de predilecção pela estrutura que articula. Mas, uma vez mais, não resulta. (Por exemplo, a harmonia da *piazza* do Campidoglio em Roma baseia-se num pavimento embutido cujo padrão constitui um nítido contraponto entre os edifícios apesar de ser totalmente desprovido de significado estrutural (figura 33).) A doutrina funcionalista também não nos ajudará a alargar o âmbito do nosso estudo de forma que inclua os aspectos visuais da arquitectura que não são aspectos de «padrão» ou de «forma». Considere-se a cor: não é apenas um meio de clarificar a estrutura, como demonstra claramente a mesquita árabe. Sabe-se que até os Gregos, que acima de tudo procuravam a composição harmoniosa dos seus templos, os pintaram com cores brilhantes e vistosas que dificilmente podiam ter tido a função de «clarificar» uma forma que é já mais clara e mais impressionante do que todas as formas inventadas por arquitectos posteriores.

FIGURA 33: Miguel Ângelo: Piazza del Campidoglio, Roma

Este último exemplo pareceu, por vezes, bastante estranho aos críticos modernos ([34]). Esperamos que a cor e o material se combinem de alguma forma, como a cor de tijolo, dos diferentes calcários, da serpentina. Uma superfície que é só pintada parece conter algo para além da arquitectura: é, por assim dizer arquitectura «ornamentada» – o hábito de pintar os templos talvez não fosse tão diferente do de os enfeitar com grinaldas. Na estatuária pode ver-se um exemplo mais subtil da distinção entre arquitectura «pura» e «ornamentada». Aí também nos sentimos muitas vezes inclinados a separar o uso de estatuária para «ornamentar» uma forma arquitectónica da sua utilização como parte inseparável e própria do significado arquitectural. É importante compreender essa separação.

Considere-se, uma vez mais, o ponto de vista segundo o qual o modelo estrutural é a experiência fundamental da arquitectura. A estatuária, como qualquer outro pormenor, seria então vista quer como um mero embelezamento quer como um meio de dar ênfase ao padrão. Todo o padrão interessante implica obstrução do alcance visual. Exige pontos de complexidade onde os olhos possam repousar, onde as linhas e as figuras se enredem e separem, como as molduras cruzadas do traçado gótico. Sem esses ornamentos necessários, a experiência do padrão é simplificada até ao ponto da vacuidade, como nas monótonas lajes de um *bunker* de cimento. Nessa perspectiva, a estatuária considerada como elemento significativo da arquitectura não é mais do que um padrão estrutural que se torna representativo e o seu significado representativo será provavelmente secundário, como o dos rígidos animais dos tapetes caucasianos. Essa perspectiva permite-nos distinguir a estatuária arquitectural (como no Pórtico Norte de Chartres) da escultura autónoma (como o S. Miguel de Epstein, que está suspenso, aparentemente sem suporte, na parede nua da Catedral de Coventry). Num caso, a escultura obedece aos imperativos do enquadramento arquitectónico e dá ênfase a uma forma preexistente; no outro, fica destacada e tanto o edifício como a escultura são compreensíveis separadamente. Os dois modos opostos de compreensão estão bem ilustrados no grupo de Verrochio *Tomé Incrédulo*, na fachada de Or San Michele (figura 34), onde o pé do santo emergindo da moldura dá à figura um sentido único de temerosa compreensão, precisamente pela sua recusa em se inserir na arquitectura que a rodeia. (Deve referir-se que esse efeito, apesar de muitas vezes admirado, não foi, provavelmente, intencional, uma vez que o Verrochio foi colocado no nicho depois de ter sido retirada de lá uma estátua mais pequena.) Sem o contraste entre o modo de ver arquitectural e o escultórico, este efeito seria invisível.

Como demonstra o exemplo, há uma diferença entre a abordagem arquitectural da estatuária e a escultórica. E, uma vez mais, o funcionalismo ilustra claramente, embora não o resolva, o importante problema teórico apresentado por essa distinção: o problema de localizar o que é central na experiência da arquitectura e de explicar a unidade que reconhecemos na sua finalidade. É possível que um edifício deva parte do efeito arquitectural à qualidade das suas esculturas: o valor de Chartres como arquitectura seria diferente se a estatuária tivesse sido refeita por um aprendiz de Gilbert Scott. Do mesmo modo, é possível a escultura retirar parte da qualidade, e mesmo o significado representativo, do enquadramento arquitectónico, como é demonstrado pelo grupo de Verrochio e por Chartres. Como separaremos, então, o essencial do não essencial na arquitectura? Alberti, ciente deste problema, fez uma distinção entre beleza e ornamento

A experiência da arquitectura

FIGURA 34: Verrochio: A Dúvida de Tomé, Or San Michele, Florença

([35]). A beleza só existe quando não há partes destacáveis, quando não se pode efectuar qualquer alteração numa parte sem detrimento do todo. O ornamento, pelo contrário, é esteticamente destacável e pode ser acrescentado a um edifício, mas não se transforma, esteticamente falando, numa parte própria dele. (Pense-se nas jóias ao pescoço de uma linda rapariga, que quando ao pescoço de uma velha seca nem lhe aumentam o encanto nem perdem a sua própria beleza.)

A distinção de Alberti ocorre no decurso de uma tentativa de *definir* «beleza» e, como tal, voltarei a ela no capítulo 9, quando o problema do significado desses termos estéticos for uma das minhas principais preocupações. Mas a distinção a que ele se refere é já muito importante e ilustra a repetida procura do que é central na experiência da arquitectura. Como disse, a distinção não é tanto entre Beleza e Ornamento, como entre o essencial e o acidental na arquitectura. Se podemos fazer essa distinção, é porque há duas maneiras de compreender o que vemos. A escultura pode entrar na nossa compreensão da arquitectura na medida em que a nossa experiência de um edifício como um todo pode depender de uma experiência do significado escultórico das suas partes. A magnífica estatuária gótica, adaptada ao nicho, num arranjo alargado e cerimonial disperso por uma fachada importante – esculturas como as que encontramos em Notre Dame de Paris – é essencialmente arquitectural e deve ser considerada como tal. Há também esculturas que nada acrescentam ao contexto arquitectural e nada retiram do enquadramento arquitectural. Não estamos a defender, como pensa o meu funcionalista imaginário, que a estatuária se torna arquitectural quando contribui para a clareza da estrutura – essa teoria não explicaria a estatuária eminentemente arquitectural que se encontra sobre a colunata de Bernini. Trata-se de uma questão de autonomia de compreensão.

Mas então, perguntar-se-á, o que se entende por «compreensão»? Até agora falei sobretudo de uma *experiência* de arquitectura e apresentei o problema da unidade dos efeitos arquitecturais como se tratasse de um problema sobre a estrutura interna da experiência. Assim, porquê falar de «compreensão» como fonte da unidade? Na verdade, a pergunta contém em si mesma a resposta. Uma das características mais marcadas da atenção imaginativa, tal como a descrevi, é o facto de a experiência e a compreensão se sucederem. Uma capacidade de compreensão intelectual que não conduza a uma experiência de unidade não é ainda um acto de compreensão. Não bastará que nos falem no significado abstracto da escultura existente num edifício que a torna adaptada ao uso. Esse significado só será compreendido se afectar o acto de atenção imaginativa e, assim, mudar a experiência. O leitor encontrará no capítulo 8 exemplos desta interpenetração de significado e experiência, abarcando tanto a escultura como a arquitectura (o tipo de interpenetração que Bernini tinha em mente ao referir-se ao *concetto* arquitectural) ([35]). O que é necessário, de momento, é perceber que devemos permitir uma precedência ao aspecto visual na arquitectura: é isto que constitui a base e o pré-requisito necessário a todas as outras partes. E se permitirmos isso, não haverá entraves para fazer uma exposição pormenorizada da compreensão arquitectural ou para separar a compreensão arquitectural de outros tipos. Seremos capazes de fazer isso, como o fez Alberti, apontando para o acto de atenção imaginativa, que é o mais completo e satisfatório, o acto do qual se pode subtrair o mínimo sem destruir o todo. Deste modo, não será uma surpresa descobrir que não só o padrão, mas também a cor, luz, estatuária e o material, podem fazer parte da, e determinar, a verdadeira experiência dos edifícios.

Portanto, não deveria constituir problema o modo como a experiência da arquitectura pode formar uma unidade, apesar de cobrir tantas coisas separadas. Se abstrairmos da percepção do dia-a-dia e entrarmos no mundo da imaginação, a nossa experiência cessa de obedecer às normais restrições teóricas e práticas. Nem é um instrumento de conhecimento, nem uma premissa para a acção. Que unidade alcança a experiência dependerá de uma unidade correspondente imposta ao objecto. São o desejo de unidade e a perplexidade de como a conseguir que levam às teorias discutidas no último capítulo e devemos ter cuidado ao segui-las através da redução de todos os objectivos da arquitectura a uma única «essência». A experiência imaginativa vai buscar a unidade à unidade atribuída ao seu objecto. Desde que seja possível prestar atenção ao objecto sob uma concepção unificada, a experiência que expressa essa concepção manterá a integridade. Deixará de ser mais difícil postular a unidade entre a experiência de uma fachada e a experiência do interior, do que entre a experiência do primeiro acto de uma peça e a experiência da sua consequência. A unidade depende de reunir as duas experiências sob uma única concepção e de acomodar a experiência à concepção, como se acomoda a experiência à concepção ao ver um grupo de linhas como um padrão ou um rosto. Ao descer a ala lateral de Santo Spirito, a minha experiência muda constantemente; contudo, porque posso ver cada arco redondo a continuar ou a variar um ritmo estabelecido pelo antecedente, a minha experiência «mantém-se a mesma», tal como quando ouço uma melodia. E também a minha experiência da estatuária no Pórtico Norte de Chartres se mantém unida à minha experiência das formas arquitecturais, visto que o modo como vejo as estátuas e como vejo as formas é determinado pelo mesmo conjunto de pensamentos religiosos. Porque a minha experiência não é constrangida pelas necessidades da percepção literal, ela alcança livremente o objecto e impõe nele a unidade que ele terá.

Estabelecemos dois pontos importantes. Primeiro, que há uma distinção radical entre experiência imaginativa e «literal» e que a experiência da arquitectura – porque reflecte um acto subjacente de atenção imaginativa – pertence ao lado activo, e não ao passivo, da mente. É, em certo sentido, livre: pode, portanto, exprimir toda a carga das nossas concepções intelectuais, pode ser alterada e ampliada ao longo da discussão, pode impor unidade e ordem no objectivo quando a mente literal só poderia ver desarticulação ou caos. Parece seguir-se, portanto, que só pode haver uma experiência de arquitectura que seja também um exercício de gosto: se a experiência pode ser considerada «certa» ou «errada», isso não pressupõe já uma certa escolha? E isso não nos conduz de forma natural à tentativa de encontrar o melhor objecto ou o mais apropriado? Parece, então, que só podemos esperar compreender a arquitectura se investigarmos primeiro o funcionamento do gosto. Talvez haja princípios estabelecidos de gosto; se assim é, saberemos como construir.

5. Apreciar a arquitectura

É importante, primeiro, rejeitar uma certa ideia popular do gosto estético, a ideia cuidadosamente sintetizada na conhecida máxima segundo a qual *de gustibus non est disputandum*. «Gostos não se discutem», diz-se, pensando deste modo pôr fim a uma discussão e ao mesmo tempo assegurar a validade possível às próprias idiossincrasias. É claro que ninguém acredita realmente na máxima latina: são precisamente as questões de gosto que os homens têm mais propensão para discutir. Dão-se razões, estabelecem-se relações; as ideias de certo e errado, correcto e incorrecto são passadas de pessoa para pessoa, sem a suspeita de que podem aqui estar deslocadas. Formam-se sociedades para a preservação de edifícios que se pensa serem indiferentes para a maioria das pessoas. Há clamores de indignação quando se ergue um arranha-céus em Paris, ou um centro comercial numa tranquila cidade episcopal. Essa indignação tem muitas causas, nem todas especificamente «estéticas»; mas, evidentemente, isso é totalmente incompatível com a suposição de que em questões de gosto a discussão é desnecessária, de que cada pessoa tem direito à sua própria opinião, de que nada é objectivo, nada é certo ou errado. Na ciência também encontramos diferenças de opinião. Talvez algumas pessoas acreditem que a Terra é plana e formem sociedades para se protegerem das abundantes provas em contrário. Mas pelo menos sabemos que essa crença é sinal de pouco discernimento. Porque não devemos, então, dizer que preferir a Torre Einstein ao campanário de Giotto é compatível com uma compreensão global da arquitectura? Poderia dizer-se que há mais que ver no Giotto, que possui uma riqueza visual e intelectual, uma delicada proporcionalidade, um intrincado de pormenores, que é belo não só como forma mas em todas as partes e casos, que todo o significado que se lhe atribua mantém e embeleza a sua força estética. É improvável que um homem que nota e se deleita com essas coisas acredite que Mendelssohn tenha comparação, mesmo que admire o suave contorno e concepção acabada. Quando estudamos estes edifícios, a nossa atitude não é simplesmente de curiosidade, acompanhada de algum prazer indefinível ou de insatisfação. Interiormente, afirmamos como válida a nossa preferência e, se o não fazemos, é difícil ver como poderíamos seriamente ser guiados por ela, como poderíamos esperar que preenchesse as lacunas deixadas pelas reflexões funcionais na operação do conhecimento prático. Essa preferência significa para nós mais do que mero prazer ou satisfação. É o resultado do pensamento e da educação; exprime sentimentos morais, religiosos e políticos, uma *Weltanschauung* completa com que a nossa identidade se confunde. As nossas convicções mais profundas procuram confirmação na experiência da arquitectura e é-nos simplesmente vedado rejeitar essas convicções como casos de preferência arbitrária acerca dos quais os outros têm liberdade de decisão, assim como nos não é possível pensar o mesmo dos nossos sentimentos acerca de assassínio, rapto ou genocídio. Como em casos de moral e de ciência, não podemos empenhar-nos numa discussão estética sem sentirmos que a parte contrária está errada. «Sempre tive», escreveu Ruskin, «uma clara convicção de que *havia* uma lei neste campo: de que a boa arquitectura podia ser indiscutivelmente discernida e separada da má; e de que éramos todos tão insensatos ao discutir o assunto sem uma referência ao princípio como o seríamos ao discutir a autenticidade de uma moeda sem a fazer tinir» ([36]). Gostaria de concordar com Ruskin, se não estivesse convencido de que em muitos campos de gosto arquitectural as suas opiniões estão fundamentalmente erradas.

À partida, há duas características do gosto que devem ser mencionadas: primeiro, um ser racional pode ter gosto; segundo, o gosto muda não pelo exercício mas pela educação. E, como é óbvio, estas duas características dependem uma da outra. O gosto é algo que tanto se exercita no pensamento como se muda pelo pensamento. O cão que prefere «Doggo» a «Chump» (*) não está a fazer uma comparação consciente entre elas e não tem uma razão para a preferência. A preferência é um facto bruto: não nasce de reflexão sobre a natureza de «Chump» ou sobre a natureza de «Doggo». Nos seres racionais, contudo, podemos descobrir preferências que não só são influenciadas pela reflexão e a comparação, mas, em muitos casos, nascem dessa reflexão do mesmo modo que as conclusões de uma discussão racional. Essas preferências podem ser educadas; não são, em regra, o resultado de um processo de treino como o que seria ministrado a um cavalo ou a um cão. Pelo contrário, os gostos são adquiridos pela instrução, pela aquisição de conhecimentos e pelo desenvolvimento de valores. Se o gosto fosse algo tão simples como insinua o adágio latino, não seria surpreendente que um homem pudesse ser induzido a apreciar o estilo moderno pela compreensão das ideias que estão por detrás dele, ou que pudesse chegar a odiar o neoclassicismo, como o odiavam Ruskin e Pugin, devido a convicções morais e religiosas? Na verdade, vou argumentar que as mudanças no gosto acompanham, e são na verdade inseparáveis, das mudanças na perspectiva global do mundo e que o

---

(*) Marcas de comida para cão (*N. do T.*)

gosto é uma parte da natureza racional de cada um, como o são os juízos científicos, as convenções sociais e os ideais morais.

Faz parte da filosofia do pensamento – como foi aflorado no capítulo 1 – impor ao pensamento humano uma divisão fundamental em categorias: por exemplo, em categorias de pensamento, sentimento e vontade, ou em categorias de experiência, apreciação e desejo. O interesse dessas divisões não é chegar a uma teoria científica do pensamento, nem dividir os processos mentais em compartimentos nitidamente separáveis, só acidentalmente associados uns aos outros e passíveis de existência autónoma. É, sobretudo, compreender os *poderes* fundamentais do pensamento: não o que o pensamento é, mas o que pode fazer. E não faz parte desse objectivo que os poderes sejam verdadeiramente separáveis – que tenham de ser compreendidos ou exercidos isoladamente. A descrição dos poderes mentais é, portanto, uma actividade conceptiva, na medida em que toda a filosofia é conceptiva: implica explorar como podemos identificar e descrever os fenómenos que nos rodeiam, antes mesmo de termos iniciado a tarefa de os explicar. Ora, suponhamos que pergunto a que categoria se deve atribuir o fenómeno do gosto. Descobrimos que as nossas intuições não apresentam uma resposta simples: não há uma categoria aceite a que o gosto pertença. Na verdade, descobrimos que o gosto é o menos «deslindável» de todos os fenómenos mentais, o mais disperso pelas várias capacidades mentais. Se reflectirmos nisto, começaremos a compreender o valor do gosto, o valor de unir e harmonizar as funções distintas exercidas na compreensão prática. Vou então considerar, sucessivamente, a relação do gosto com as três principais categorias de experiência, preferência e pensamento.

Primeiro, pois, a relação do gosto com a experiência. Tal não seria discutível se não se desse o facto, já observado, de a experiência da arquitectura ter sido tantas vezes mal descrita, ou mesmo totalmente ignorada, nas várias tentativas de estabelecer cânones abrangentes de apreciação arquitectural. Assim, as formas mais primárias de funcionalismo pareciam ignorar o apelo ao modo como um edifício é visto, encontrando o único verdadeiro cânone de gosto na relação *intelectual* dos meios com o fim. Reconhecendo, contudo, que é realmente muito estranho decidir *a priori*, contra todo e qualquer edifício que já foi admirado, desenvolveu-se uma forma mais subtil de funcionalismo, de acordo com a qual a experiência é o mais importante, mas a experiência da arquitectura – ou pelo menos *a verdadeira* experiência da arquitectura – é simplesmente uma experiência de função. Até mesmo esse ponto de vista está, como veremos, errado.

No capítulo anterior defendia-se a tese de que o elemento da experiência é um elemento fundamental no exercício do gosto. A nossa apreciação de um edifício só pode ser afectada pelo seu significado abstracto desde que esse significado afecte primeiro a nossa experiência do edifício. Se apoio a minha apreciação favorável de um edifício na relação com o seu significado, essa razão só pode justificar a minha preferência e, na verdade, só pode fazer parte do que me leva a essa preferência (uma parte da *minha* razão para a preferência), se o significado for revelado numa experiência. Recorrer à história, à anedota, à associação, à função, etc. – tudo isso deve ser irrelevante na justificação de uma preferência arquitectural até ser demonstrado como a interpretação modifica a experiência de um edifício. Até que isso se demonstre, não demos uma razão para olharmos para um edifício em detrimento de outro, ou uma razão para pensarmos num e não no outro, para escrevermos um livro sobre um, mas não sobre o outro, e por aí adiante. Logo, fundamentámos a apreciação estética, a apreciação que favorece o edifício como um objecto de experiência.

Como tentei mostrar, a nossa experiência da arquitectura, sendo baseada num acto de atenção imaginativa em relação ao seu objecto, está, por natureza, aberta à correcção à luz da reflexão mental. Considere-se, por exemplo, a descrição de Geoffrey Scott da igreja de Santa Maria della Salute, em Veneza (figura 35):

> (Os) engenhosos recortes (das volutas) fazem uma transição perfeita do plano circular para o octogonal. A sua forma amontoada e ondulante é como a de uma pesada substância que tenha deslizado até ao ajustamento final e autêntico. As grandes estátuas e pedestais que suportam parecem parar *o* movimento para fora das volutas e pregá-las contra a igreja. Em silhueta, as estátuas contribuem (como os obeliscos do zimbório) para dar um contorno piramidal à composição, uma linha que, mais do que nenhuma outra, dá unidade *e* força ao conjunto... quase não há um elemento na igreja que não proclame a beleza do conjunto e simplicidade e dignidade essenciais mesmo ao mais rico e mais fantástico sonho do barroco [2].

Em todos os pontos desta descrição, Scott refere-se a um aspecto visual do edifício e não se permite o luxo de uma ideia abstracta que não encontre correlação imediata na experiência. Suponhamos, então, que alguém, tendo lido a descrição de Scott, nota, ao voltar à igreja, que tudo continua igual para ele – o seu aspecto simplesmente não mudou e, por muito que tente, não consegue vê-la como Scott quer que a veja. Como Ruskin, vê-a como uma incongruente confusão de partes sem significado [3], nada mais do que uma instável justaposição do octógono e do círculo, com desasseis blocos de pedra equilibrados nos cantos. A crítica de Scott não produziu qualquer alteração nesse homem: não que não tenha sido persuadido por ela, mas continuou incapaz de lhe ajustar a sua experiência. É, sobretudo, *não ter sido*

Apreciar a arquitectura

persuadido. A marca da persuasão é a experiência mudada. Para alguém aceitar realmente o que Scott diz, tendo previamente pensado doutra maneira, a sua experiência tem de mudar. Aceitar a crítica é conseguir ver a igreja de um certo modo, de forma, por assim dizer, que a descrição pareça apropriada, de imediato, tendo-se tornado para o sujeito a maneira preferida de descrever o que vê, de descrever, como diria um filósofo, o objecto intencional de percepção ([4]). A descrição de Scott só pode funcio-

FIGURA 35: Baldassare Longhena: Santa Maria della Salute, Veneza

nar como premissa para um juízo de gosto se tiver esta relação com a experiência. Sem esta relação, seria, no melhor dos casos, uma explicação sem força justificativa.

A crítica de Scott é relativamente concreta. Mas o mesmo princípio se aplica até na mais abstracta das apreciações arquitecturais e, bem entendido, pode ser usado para resgatar da obscuridade que as envolve as doutrinas do espaço, função e *Kunstgeschichte* que problematizei no capítulo 3. É impossível evitar a sensação de que uma ideia, enquanto abstracta em si mesma, pode encontrar algo de análogo a uma *expressão* arquitectural e, com isso, ganhar validade. Por exemplo, pode pensar-se num claustro românico em termos da diligente devoção dos seus primitivos habitantes: em termos de uma identidade histórica, de um modo de vida a que estava associado este hábito de construir. Mas se alguém apresentar isto como razão para ver favoravelmente um claustro em especial, digamos o de San Paolo Fuori le Mura, em Roma (figura 36), então cabe-lhe a tarefa de mostrar exactamente como essa ideia encontra confirmação numa experiência do edifício. Talvez pudesse continuar a referir a variedade de formas empregues nas colunas, os finos e trabalhosos pormenores e o modo como nenhuma desta abundância de observação perturba a serena harmonia do desenho. Poderia procurar o ritmo da arcada e descrever o mosaico cosmatesco, com a sua criatividade brilhante e infantil que nunca ultrapassa os limites da ornamentação sensata. Em tudo isto, poderia dizer, vemos como a observação enérgica e a devoção monástica podem ser combinadas com êxito. Uma certa ideia de monaquismo torna-se uma realidade vi-

FIGURA 36: San Paolo Fuori le Mura, Roma, claustro

sível – a ideia não é apenas uma associação pessoal gerada por qualquer reminiscência anedótica ou histórica: *vemo-la* nos detalhes do edifício.

Disse que o gosto pode implicar a alegação de razões. Podemos, por conseguinte, observar que, quaisquer que sejam as razões apresentadas para basear a apreciação do gosto – por muito que possamos desejar defender as nossas preferências –, essas razões só podem ser razões válidas se penetrarem e afectarem a nossa experiência de um edifício. É inútil discutir com alguém acerca da honestidade estrutural, a função social ou o significado espiritual de um edifício quando, mesmo que concorde com o que dizemos, esse alguém for incapaz de sentir o edifício de forma diferente. Até que o sinta de forma diferente, as nossas razões não terão conseguido alterar o seu ponto de vista estético: aqui o ponto de vista é a experiência. Alguns filósofos ficaram tão confusos com a ideia de que um processo de raciocínio podia ter como fim não uma apreciação, mas uma experiência, que quiseram negar que aquilo a que chamamos raciocínio na crítica merece realmente esse nome ([5]). Mas a tese do último capítulo deveria permitir-nos perceber que a sugestão está longe de ser paradoxal, pois as nossas experiências podem ser submetidas à vontade e ser o produto de formas específicas de atenção. Podem constituir parte da actividade do espírito. Daí que uma experiência, como uma acção, possa ser a conclusão de uma discussão ([6]). Se a crítica não é raciocínio, então o que é? Certamente comentários críticos podem ser respostas adequadas à pergunta «porquê?» Além disso, não se pretende que sejam *explicações:* dão razões, não causas, como demonstrarei mais tarde. É possível que estas respostas não possam ser elevadas ao estatuto de critérios universais; e é possível que não tenham «validade objectiva»: em todo o caso, estas são questões que temos ainda de considerar. Mas nenhuma dessas possibilidades devia levar-nos a negar que as observações de um crítico podem ser apresentadas como razões para a resposta ou experiência que recomenda.

Abordarei agora a conexão entre gosto e preferência. Com que espécie de preferência estamos a lidar aqui? Uma resposta simples seria esta: a experiência de um edifício é preferida à de outro porque é mais agradável. Mas que entendemos por prazer? Os filósofos que deram ênfase ao lugar do prazer na ética e na arte (empiristas, utilitários e a sua prole) costumam acabar por tornar primitiva e inexplicável a noção de prazer, ou então por identificar o prazer em termos de preferência. Por outras palavras, propõem como critério para um homem ter prazer em algo que o prefira às alternativas. Como explicação de preferência, e se não for mais analisada, a menção de prazer torna-se, então, inteiramente vazia. Penso que devemos reflectir melhor antes de basearmos a nossa estética, como tantos empiristas o fizeram, num conceito que se aceita como auto-explicativo mas que, na realidade, é perfeitamente vazio.

Uma experiência pode ser relacionada com o prazer de várias maneiras. Podemos imaginar uma relação puramente causal: uma certa experiência causa prazer, traz prazer na sequência dela ou é parte de um processo em que o prazer está incluído. Quando um homem rico observa o seu palácio, isso pode levá-lo a reflectir com orgulho acerca da sua própria magnificência: e este pensamento contém prazer. Aqui o prazer é originado pela experiência do edifício, mas não reside nessa experiência. Parece que, em contraste com este caso, o prazer estético deve estar ligado interiormente à experiência estética. Se não estivesse assim unido, correríamos o perigo de violar a autonomia do interesse estético – o perigo de dizer que procuramos a experiência estética e, portanto, estamos interessados no seu objecto apenas como um meio para um efeito separado ([7]). Se assim fosse, a obra de arte tornar-se-ia redundante: seria um mero acidente se o prazer que sentimos ao ler *Paradise Lost* fosse obtido dessa maneira e não por uma injecção ou um comprimido. É verdade que certas pessoas comparam a experiência da arte e a experiência das drogas: mas se essas teses tiveram algum sentido foi porque estiveram a falar não do prazer de tomar drogas, mas do prazer noutras coisas que, por qualquer razão, é proporcionado pela droga. (Como quando, depois de um copo de vinho, um homem pode olhar com mais prazer para uma flor: neste caso, ele tem prazer não no vinho mas na flor. O vinho, como mera causa do prazer, deixou de ser o objecto dele.)

Uma experiência pode estar internamente relacionada com o prazer por ser ela mesma agradável (ou essencialmente dolorosa). Certas experiências, por outras palavras, são simplesmente *espécies* de prazer: as experiências sexuais são talvez o exemplo mais óbvio. Outras experiências, embora não essencialmente agradáveis, são, quando agradáveis, agradáveis mais em si mesmas do que nos efeitos: por exemplo, a experiência do calor. As experiências estéticas são desse tipo: tanto podem ser agradáveis como desagradáveis. No entanto, ao contrário da experiência do calor, a sua relação com o prazer não é meramente contingente. A não ser que um homem tenha, por vezes, prazer numa experiência estética, não se pode, penso eu, dizer que alguma vez o teve. A experiência estética não *é apenas* uma forma de prazer, nem a conexão dela com o prazer é uma simples realidade ([8]).

Deve fazer-se aqui uma distinção. Dizer que uma experiência estética é agradável pode parecer implicar que um homem tem prazer na experiência, como se fosse a experiência, e não o objecto, o primeiro foco de atenção. Mas os amantes da arquitectura retiram prazer dos edifícios e não das experiências de edifícios. O prazer deles é do tipo descrito rudimentarmente no princípio do último capítulo; é um prazer fundado na compreensão, prazer que tem um objecto e não apenas uma causa. Neste caso, o prazer é dirigido para fora, para o mundo, e não para dentro, para o estado de espírito da pessoa. O prazer da experiência estética é inseparável do acto de atenção em relação ao seu objecto: não é o tipo de prazer característico de mera sensação, como o prazer de um banho quente ou de um bom charuto. Por outras palavras, os prazeres estéticos não são apenas *acompanhados* pela atenção a um objecto. Estão essencialmente ligados a essa atenção e, quando a atenção se esgota, qualquer prazer que continue já não pode ser um exercício de gosto. Pode ser parcialmente isto a levar alguém a dizer que aqui o prazer não é tanto um efeito do objecto, como um *modo de o compreender* ([9]).

Ora bem, alguém podia argumentar que as pessoas absorvem dos contornos orgânicos das nossas cidades antigas, com os seus pormenores humanos, as suas linhas suavizadas e a aparência «trabalhada», um tipo de prazer que as ajuda a enfrentar a vida do dia-a-dia, enquanto no ambiente sombrio da cidade moderna se sente uma insatisfação que perturba as pessoas sem elas saberem porquê. Mesmo que isto seja verdade, não é necessariamente relevante para a apreciação estética. Esses prazeres e desprazeres desarticulados pouco têm em comum com o gosto arquitectural e não nos orientam na prática da crítica. Penso que só se podem harmonizar ao nível da «necessidade» humana e, como vimos, não é nesse nível que os valores estéticos ocorrem. É claro, se utilizássemos uma concepção mais vasta de «necessidade» humana, uma concepção que transcendesse os limites da biologia popular, poderíamos descobrir que aí existe um ponto realmente controverso. E se permitirmos que os valores humanos entrem no domínio das «necessidades» humanas, então torna-se impossível falar de necessidade de luz, ar e higiene e, ao mesmo tempo, ignorar a necessidade mais profunda de ver à nossa volta a verdadeira marca do trabalho humano e as obras da história humana. Contudo, enquanto não relacionarmos essas coisas com os valores implícitos na atenção estética, não avançamos com a prática da crítica. No capítulo 10 vou fazer essa ligação, mas de maneira que retire toda a força dessas observações meramente sociológicas.

Esta última característica – a ligação entre prazer estético e atenção – é uma das muitas razões para distinguir o gosto, no sentido estético, doutro fenómeno que tem muitas vezes o mesmo nome, o paladar da comida e do vinho. Embora o conhecedor de vinhos possa «dar atenção» às qualidades do que bebe, o seu prazer quando assim acontece não é diferente do do companheiro ignorante que só tem interesse em saborear o gosto do vinho. Aqui a ligação entre prazer e atenção é apenas externa: o prazer gustativo não *exige* um acto intelectual.

Contudo, não é por acaso que usamos a palavra «gosto» para referir tanto os prazeres sensuais como os estéticos. Reflectir sobre este facto leva-nos a restringir a distinção, feita no princípio do último capítulo, entre prazer sensual e intelectual.

Distingui o prazer internamente relacionado com o pensamento, por um lado, do prazer que só acidentalmente depende do pensamento, por outro. E parecia que os prazeres da arquitectura não podiam pertencer ao segundo tipo, visto não poderem existir na ausência de atenção. Porém, mesmo que aceitemos esta distinção, não podemos dizer que todos os prazeres intelectuais são «estéticos». Platão considerava o prazer estético um tipo intermediário entre o sensual e o intelectual e a procura de beleza um modo de ascensão dos domínios mais baixos do espírito para os mais elevados ([10]). Nessa teoria, Platão reconhecia que há prazeres que estão internamente relacionados tanto com o pensamento como com a sensação. Um exemplo claro é o do interesse «estético» numa pintura, em que a apreensão intelectual é fundamental para o prazer, mas não mais fundamental do que a experiência sensorial com que se combina. O caso pode ser contrastado com um dos exemplos favoritos de Platão, o prazer puramente intelectual da matemática, cujo deleite se pode obter pela leitura, ouvindo, ou pelo método Braille, e até mesmo por pensamento puro.

Mas nem todos os «sentidos» se prestam ao prazer estético. A experiência tem de ser tal que, ao prestar-lhe atenção, se dê também atenção ao seu objecto. Em especial, devemos notar como, nesse aspecto, os olhos e os ouvidos são diferentes dos outros sentidos. Parece-me que não é possível saborear uma impressão visual e ficar indiferente ao seu objecto – como se se pudesse saborear a sensação de encarnado sem demonstrar qualquer interesse pelo objecto encarnado que se vê. A experiência visual é tão essencialmente cognitiva, tão «aberta», por assim dizer, ao mundo objectivo, que a nossa atenção passa e apreende o seu objecto com exclusão de todas as impressões de sentido. Ora, é difícil descrever a diferença entre a visão e a audição, por um lado, e o gosto, cheiro e talvez mesmo o tacto, por outro. Mas o facto em questão é suficientemente claro e foi referido pelos filósofos desde São Tomás de Aquino até aos nossos dias ([11]). A visão e a audição, ao contrário do gosto e do cheiro, podem ser, por vezes, formas de contemplação objectiva. Ao saborear e cheirar, não contemplo o objecto, mas a experiência que dele deriva. Pode mencionar-se também outro traço distintivo, que é o de ao saborear tanto o objecto como o seu desejo serem constantemente consumidos. Isso não acontece na atenção estética. Não proponho que se estudem esses factos; se o fizéssemos, contudo, toda a complexidade da distinção entre prazer sensual e estético se tornaria evidente. E também se tornaria evidente que a experiência estética (como foi notado muitas vezes) é uma prerrogativa dos olhos e dos ouvidos.

O contraste entre o prazer estético e sensual pode fazer-se, contudo, sem entrar nessas complexidades. Basta estudar a noção de valor. Como anteriormente sugeri, os valores são mais significativos do que as preferências. Os valores desempenham um papel não só nos processos de raciocínio prático que põem em acção (que podem relacionar-se apenas com os interesses individuais do agente, sem referência aos interesses de qualquer outro homem); entram também no processo de raciocínio pelo qual justificamos a acção, não só para nós mesmos mas igualmente para outros que observam e são afectados por ela. E enquanto tivermos este hábito de justificar a acção, não adquiriremos uma concepção do seu fim. Temos de ver o fim como desejável e não só como desejado: doutro modo, só estaremos meio empenhados na sua procura. É difícil imaginar que sem valores pudesse haver um comportamento racional, um comportamento motivado por uma compreensão não só dos meios, mas também do fim. Não só tentamos apoiar os nossos valores em razões quando tal é exigido, como aprendemos a ver e compreender o mundo nos termos deles. Ora, eu não disse tudo acerca da diferença entre valor e mero desejo; é difícil condensá-la numa simples fórmula e a distinção só se torna clara gradualmente, à medida que avançamos. Mas não se pode duvidar de que *há* desejos que temos tendência a justificar e a recomendar aos outros, bem como desejos que consideramos idiossincrasias pessoais. Estes têm uma conexão mais íntima com a nossa própria identidade e implicam um sentido mais profundo de nós próprios como criaturas responsáveis pelo nosso passado e futuro; mostrarei mais tarde porque assim é.

A melhor maneira de começar o estudo do valor é com exemplos. Em questões culinárias não lidamos com valores. Vocês podem gostar de ostras, eu não. Vocês podem gostar de vinho branco, eu prefiro o tinto, e por aí adiante. Sentimos que são factos incontestáveis e como tal devem ser aceites. E considera-se ainda, por causa disso, que não se justifica o uso de ideias de «certo» e «errado», de «bom» e «mau» gosto ([12]).

Tal pretensão é, evidentemente, exagerada. Falamos de bom e mau gosto na comida e no vinho. No entanto, não pensamos normalmente que ao fazê-lo nos referimos a qualquer coisa como um padrão de gosto que os outros sejam obrigados a aceitar. Certamente que discutimos questões de gosto culinário e consideramos que, em certa medida, esses gostos podem ser ensinados. Mas não pensamos que haja razões que apoiem uma preferência culinária contra outra. Se olharmos a questão de perto, vemos que a ideia de que uma razão podia realmente dar *apoio* a uma preferência deste tipo é controversa. Se um homem prefere o clarete ao borgonha (ou, para ser mais específico, o *Mouton* ao *Latour*), não há maneira de converter essa questão noutra mais básica sem que deixe de ser uma questão de qualidade gustativa dos vinhos e se transforme numa de outro tipo, por exemplo, de propriedades medicinais ou de *status* social. É claro que há discussão sobre vinhos. O deleite do vinho pode até aspirar aos níveis de sofisticação autoconsciente explorados por

Huysman em *Des Esseintes,* na sua (penso eu, logicamente impossível) «sinfonia» de perfumes». Mas, mesmo que se tomasse o assunto do snobismo do vinho com toda a seriedade que esse exemplo (ou o exemplo mais inglês dado por George Meredith em *The Egoist)* poderia sugerir, isso não seria ainda suficiente para transformar *a discussão* em *raciocínio,* pois aí a questão não se pode resolver simplesmente chegando a um acordo sobre qualquer *outra* questão de preferência enológica. Essas preferências são essencialmente particulares e, como é lógico, totalmente independentes umas das outras: não há uma ordem lógica, se assim se pode dizer, entre preferências deste tipo. Nunca é possível dizer: «Mas concorda comigo ao preferir o Moselle ao Hock e, portanto, por causa desta semelhança de escolha, *tem* simplesmente de preferir o clarete ao borgonha.» Uma observação destas é quase absurda. Além disso, não existe qualquer possibilidade de uma mudança de experiência ser, neste caso, a verdadeira *conclusão* de um processo de raciocínio. Se a discussão acerca de um vinho mudar o seu paladar, isso é, logicamente falando, um acidente: o gosto que mudou podia ter sido causado pelo raciocínio que o precedeu, mas não tem uma relação intelectual com esse raciocínio e em caso algum pode ser considerado um resultado ou uma expressão lógica dele.

Compare-se o caso de sentimentos morais – o exemplo por excelência de valores. Haveria algo de muito estranho numa discussão moral que terminasse com as palavras: «Concordo com tudo o que disse sobre assassínio, mas ele ainda me atrai e, portanto, não posso deixar de o aprovar.» Isto não é a expressão sincera de um ponto de vista moral. Não tratamos, e não podemos tratar, as opiniões morais como se fossem preferências isoladas e idiossincráticas que não têm qualquer relação necessária entre si. Assim, os sentimentos morais, ao contrário das preferências na comida e no vinho, podem ser inconsistentes entre si, podem ser apoiados por razões que parecem conclusivas, ou refutados e abandonados exclusivamente com base no pensamento.

Os gostos estéticos são como os gostos na comida e no vinho, por nunca serem logicamente inconsistentes. Posso gostar de St. Paul hoje, mas não amanhã. Posso gostar muito de St. Bride e não gostar muito de St. Mary le Bow. Contudo, a questão não acaba, nem pode acabar aí. O mero capricho não pode tomar o lugar da apreciação estética; uma preferência que é um mero capricho não pode ser descrita como um exercício de gosto estético, pois faltam-lhe a origem, o objectivo e a recompensa do gosto. Um homem exercita o gosto quando considera o prazer que um edifício lhe causa numa perspectiva estética e, portanto, como justificável, em princípio, por razões que também se podem aplicar a outro edifício [13]. Seria muito estranho se um homem pensasse que por não gostar de St. Mary le Bow não havia algo que lhe desse também uma razão para não gostar de St. Bride (figuras 37 e 38). Será

Apreciar a arquitectura

FIGURA 37: Sir Christopher Wren;
St. Man le Bair, Londres, campanário

FIGURA 38: Sir Christopher Wren:
St. Bride, Londres, campanário

que considera o campanário barroco um compromisso estético infeliz? Nesse caso, terá de não gostar de ambas as igrejas. Além disso, se não gosta do campanário, é talvez porque não compreendeu a necessidade de um perfil variado, não compreendeu quanto as formas barrocas dependem, para terem uma verdadeira exuberância, de um excesso de luz, um excesso que em Inglaterra só se obtém muito acima do nível da rua. Ao conseguir compreender isso, pode compreender também a correcção de inspiração do revivalismo gótico – correcção, isto é, como resposta ao problema estilístico posto pelos grandes edifícios e cidades infinitas, amontoadas sob nevoeiros e chuvas e sombrios céus nórdicos. Uma vez mais, o nosso dissidente pode considerar que a criatividade de Wren é um fenómeno frio e forjado, em comparação, por exemplo, com a criatividade de Hawksmoor, que implica uma disposição de volumes menos óbvia mas mais subtil e um acabamento que é,

FIGURA 39: Nicholas Hawksmoor: St. Anne's Limehouse, Londres, campanário

consequentemente, mais firme e mais puro (figura 39). Contudo, uma vez mais, teria de não gostar de *ambas* as igrejas de Wren e, novamente, podia discutir. Terá ele notado a eficácia do jogo de luzes imaginado por Wren e o movimento ascendente que brota das extremidades? Tudo isto sugere que, embora possa, na verdade, *preferir* uma das igrejas de Wren à outra, não pode gostar pouco de uma e pensar que isso *não* lhe dá razões para não admirar muito a outra, a não ser que possa fazer uma adequada distinção entre as duas. Embora não haja uma verdadeira inconsistência entre os gostos arquitecturais, é sempre possível construir essas «pontes» de raciocínio de um gosto para outro; e, por conseguinte, pode haver sempre uma pressão na mente para que as nossas apreciações sejam concordantes.

Vejo aqui uma importante objecção, que é de não ter feito ainda uma total separação entre a discussão da arquitectura e a do vinho. Podia dizer-se que os exemplos dados não são realmente exemplos de raciocínio, mas sim de explicação *ex post facto* de uma resposta imediata e, em si mesma, pouco clara. Neste caso só admitimos essa riqueza de pormenores de discussão porque a questão é importante para nós e não por haver qualquer possibilidade real de debate racional.

É verdade que, muitas vezes, o interesse estético pode ser aquilo que a objecção sugere; o que contém em termos de discussão pode não ser uma justificação lógica mas uma tentativa de explicar ou tornar clara uma impressão não reflectida. Contudo, o interesse estético não é necessariamente assim e, na verdade, tem uma tendência intrínseca para ser algo diferente, algo que expõe um verdadeiro raciocínio. É raciocínio porque o objectivo é a justificação e não a explicação. Aqui a justificação é possível por causa da natureza activa da experiência que é, ao mesmo tempo, parcialmente voluntária e sempre dependente de uma actividade da atenção imaginativa. Posso argumentar em favor de uma experiência do mesmo modo que argumento em favor de acções, emoções, atitudes e crenças. Os gostos arquitecturais não têm, portanto, de ser espontâneos. Na verdade, na medida em que são *gostos* no sentido estético, abrem inevitavelmente o caminho ao debate e à comparação. E aqui debate não significa cultivar uma experiência vasta e variada semelhante à do conhecedor muito viajado. Não implica a aquisição febril de experiência, mas antes a atenção reflectida àquilo que se tem ([14]). Um homem pode conhecer apenas alguns edifícios – como aconteceu com os construtores de muitas das nossas catedrais – e no entanto ter tudo o que é necessário para o desenvolvimento do gosto. Basta que reflicta acerca da natureza dessas escolhas que estão à sua disposição e acerca das experiências que pode obter. Considere-se, por exemplo, o desenvolvimento da Catedral de Lincoln, da nave para o transepto e do transepto para o coro, onde podemos ver como um vocabulário arquitectural básico é usado com um requinte cada vez maior, com pormenores cada vez mais subtis e com mais harmonia de efeito. Uma vez traçado o estilo de Lincoln, os arquitectos posteriores tinham tudo aquilo de que necessitavam para separar as suas extrapolações com êxito das que o não tinham. O mesmo se passa ainda com o estilo estabelecido por Gropius e pelos seus seguidores no Bauhaus, um estilo que foi cultivado por muitos arquitectos desde a guerra e que ainda permite continuações adequadas e de bom gosto, como se pode ver comparando as fábricas à saída de Londres ao longo da Western Road. Além disso, o gosto arquitectural, tal como o juízo moral, basear-se-á em outras atitudes e conceitos. Para voltar a um exemplo anterior: pode acontecer que um determinado ideal monástico se torne atraente por ser expresso pelo claustro de San Paolo; também pode acontecer que uma velha fidelidade de um homem ao ideal monástico seja o motivo da sua admiração pelo claustro.

Mas é aqui que a noção de gosto se torna confusa. Decerto que a clareza que está ligada – ou parece estar ligada – a muitas discussões morais, ao sentimento de premissas claras e conclusões inexoráveis não prevalece aqui. Por exemplo, se entendo a linguagem barroca e percebo quanto ela se harmoniza com as minhas outras predilecções, a conclusão lógica não será que *tenha* simplesmente de vir a gostar dela. Posso não gostar dela apesar disso. Mas a peculiaridade da preferência arquitectural (como de tudo verdadeiramente estético) é de que virei a gostar dela; ou antes, vou sentir uma certa carga de razão em seu favor. E isto não é, de facto, surpreendente. A minha experiência de um edifício ou de uma linguagem arquitectural pode mudar ao mudar a minha concepção deles. E se a minha experiência muda, também o meu gosto muda. Vimos que essa mudança de experiência é precisamente o objectivo da crítica arquitectural. Mas qual é o género de raciocínio que a apoia? Os exemplos no último capítulo pareciam sugerir que a crítica implica uma procura da percepção «correcta» ou «equilibrada», a percepção em que as ambiguidades são resolvidas e as harmonias estabelecidas, permitindo o tipo de satisfação visual penetrante a que aludi. Mas isso não pode ser tudo. As concepções que influenciam a nossa experiência de arquitectura têm um alcance tão grande como as concepções que governam a nossa vida. Como é, então, possível que um arquitecto como Pugin pensasse que lhe competia a ele, como cristão, explorar as complexidades de florões, pináculos e rendilhados?

Suponhamos que um homem afirma não gostar do Oratório de Borromini, em Roma. Uma resposta natural pode ser dizer que se não gosta dele é porque não o entende. Esta noção de «compreensão» é importante e em breve a retomarei, mas note-se como seria estranho considerar pouco esperto um homem que honestamente prefere cerveja a *Château Lafite;* isso seria precisamente atribuir a esse gosto a dimensão intelectual que lhe falta. Surge então a questão de como se pode levar esse homem a adquirir uma compreensão suficiente do edifício de Borromini. E aqui é significativo que a má compreensão possa, afinal, ter uma base que é muito afastada de qualquer insuficiência da sua experiência da composição arquitectural. Uma compreensão histórica – e uma correspondente falta de concordância – poderia muito bem estar na base desse erro estético. (Começa a ver-se aqui a esfera legítima da crítica histórica de arte.) O Oratório foi projectado para albergar uma das mais importantes instituições da Contra-Reforma e para dar expressão à sua notável combinação de autoconfiança civilizada e humildade espiritual ([15]). É verdade que, neste edifício, a simplicidade foi muitas vezes imposta por uma parcimónia oficial, da qual Borromini (como era seu hábito) se queixava constantemente, mas dificilmente se pode duvidar de que ali há também uma certa simplicidade na concepção artística fundamental. A audaciosa fachada rítmica estende os braços em direcção à rua, mas as formas claramente recortadas são em tijolo modesto, admiravelmente colocado

FIGURA 40: Francesco Borromini: Oratorio di San Filippo Neri

(veja-se a figura 40). Os ângulos e cantos estão associados à junção de inúmeros ornatos, combinados com elegância consumada; e, no entanto, as suas formas são recuadas e suavizadas, parecendo acomodar-se aos movimentos dos transeuntes (figura 41). É importante ver nestas formas o equilíbrio de objectivos complementares, de conforto mundano e graça espiritual. Ora, a linguagem de Borromini ao mesmo tempo que, exteriormente, nos fala em tons definidos e autoconfiantes, abarca também uma forte subjectividade de perspectiva. Não é absurdo ver nisto uma correlação com as tentativas do início da Contra-Reforma de harmonizar a aparência exterior da igreja com o nascer de uma consciência interior e, por certo, não é absurdo ver esse espírito num edifício dedicado à ordem de S. Filipe Neri. Quando compreendemos a natureza desta luta e reconciliação entre o interior e o exterior, vemos como é significativa a realização visual do Oratório. Aí encontramos a ligação perfeita entre o exterior inventivo e flexível, onde a variedade elegante nos é apresentada como uma espécie de simplicidade sem pretensões, e o interior, onde deparamos com uma elegância calma e ponderada nas partes projectadas para a vida contemplativa dos filipinos. Compare-se, por exemplo, o enérgico movimento do claustro (não acabado, infelizmente, como Borromini o tinha desenhado) – com a sua ordem dominadora e colossal, cujo ritmo é conduzido subtil e eficazmente à volta dos cantos por pilastras curvas finamente trabalhadas em *mattone* – com o interior, onde exactamente a mesma modesta vitalidade é representada como um estado interior. Considerem-se, por exemplo, o repousante corredor, no qual em que penetra subitamente uma janela recortada sem perturbar as estudadas e reflectidas características da estrutura, ou a sala de diversão, com a delicada chaminé e os ornamentos subtis criando um espaço iluminado e uma brancura estranhamente móvel da parede

FIGURA 41: Francesco Borromini: Oratorio di San Filippo Neri

que parece o símbolo perfeito de interioridade (figuras 42-4). Não há dúvida de que, quando Borromini escreveu sobre a necessidade estilística de *fantasticare* ([16]), queria referir-se não a uma arbitrária profusão de formas exuberantes, mas sim à constante necessidade de alterar e corrigir, de fazer gestos audazes e variações permanentes e, assim, transformar a invenção decorativa em arte expressiva.

Falar deste modo do Oratório de Borromini é arriscarmo-nos a ofender o purista da arquitectura. Disse-se que interpretar um edifício em termos de uma «ideia» subjacente é entregar-se a uma rapsódia irrelevante que não tem qualquer relação com as qualidades visuais do edifício, ou então é apenas empreender uma especulação fantástica e inverificável acerca da psicologia do arquitecto ([17]). Mas Borromini não tinha, por certo, intenção de que víssemos a sua obra do modo que sugeri e, mesmo que tivesse essa intenção, isso seria puramente circunstancial em relação à qualidade estética do seu edifício ([18]). Uma vez que conhecemos bem as interpretações simplistas do gótico que surgiram numa rápida sucessão no campo da história arquitectural, talvez sinta-

Apreciar a arquitectura

FIGURA 42: Francesco Borromini: Oratorio di San Filippo Neri

mos alguma relutância em conceder relevância à crítica arquitectural da «história das ideias». Contudo, no nosso afã de desacreditar os fanatismos entusiásticos dos nossos antepassados, não nos devíamos refugiar no puro hedonismo, excluindo totalmente as ideias da discussão da arquitectura, visto que elas nos conduzem ao interesse por ela. Devíamos compreender que quando relacionamos deste modo a nossa experiência visual com uma ideia abstracta, não estamos necessariamente a descrever as intenções do arquitecto, nem estamos a propor uma interpretação definitiva, irrefutavelmente válida para todas as épocas. Estamos antes a tentar mostrar que o conhecimento do espectador e a simpatia por um determinado estado de espírito podem modificar e enriquecer a percepção de um edifício. A validade dessa tentativa deve apoiar-se não na intenção do arquitecto mas na transformação da experiência do espectador. Para que uma ideia

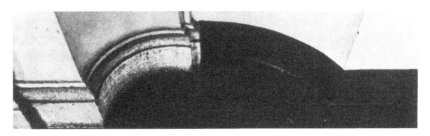

FIGURA 43: Francesco Borromini: Oratorio di San Filippo Neri

FIGURA 44: Francesco Borromini: Oratorio di San Filippo Neri

seja um instrumento bem-sucedido da crítica tem de encontrar uma correspondência circunstanciada, e não meramente esquemática, nas nossas percepções.

Até agora, estes pensamentos são vagos e vou continuar a clarificá-los. Mas já podemos ver neles as forças e as fraquezas da crítica histórica da arte que foi discutida no capítulo 3. Por um lado, é verdade que uma compreensão histórica pode transformar a nossa experiência de arquitectura; por outro, não pode presumir-se, antes de uma descrição crítica do caso individual, que essa transformação seja possível ou razoável. Não podemos chegar mecanicamente a um significado histórico, devolvendo simplesmente cada objecto ao ninho de ideias e sentimentos que rodearam o seu nascimento. A relação de um edifício com uma interpretação histórica, espiritual ou moral é uma realização crítica; é *criada* pelo crítico ao traçar comparações e extrair significados que penetram no mais ínfimo pormenor de compreensão arquitectural. (Essa crítica é rara na discussão da arquitectura, por razões que foram mencionadas no primeiro capítulo. Entre os poucos exemplos, podem mencionar-se, de novo, o estudo de Panofsky sobre o estilo gótico e a descrição de Ruskin do Palácio dos Doges.) E é claro que essa transformação crítica só pode ser conseguida em relação a certos edifícios e, sobretudo, aos de carácter público ou simbólico. A crítica do lugar-comum ou do estilo vernáculo tem de fazer uso de outros conceitos e não das elevadas abstracções da história da arte. Uma das principais questões que irei considerar na segunda parte deste livro é a do que é comum nos procedimentos críticos. Que tipo de «significado» descobre o crítico? E porque deve ele ser um elemento importante da experiência arquitectural?

Foi revelado um ponto significativo nesta discussão: a conexão, no gosto estético, entre experiência, preferência e pensamento é, em certa medida, inextricável. Nenhum destes elementos pode, em caso algum, ser verdadeiramente separado dos outros, ou o significado e valor de um ser completamente caracterizado sem referência ao significado e valor dos outros. O leitor compreenderá melhor se fizermos de novo uma breve referência às doutrinas funcionalistas e nos perguntarmos como podem ser libertadas do estéril apriorismo daqueles que as defendem e como lhes poderemos dar um fundamento crítico sério.

Ora, o único impulso forte por detrás do movimento funcionalista era a revolta contra o ornamento supérfluo ou «inútil». Já vimos que Alberti achou preferível – e por muito boas razões – separar beleza e ornamento, separar o que é próprio da compreensão arquitectural do que o não é. E, como também vimos, o funcionalista propõe uma explicação daquilo em que consiste a compreensão arquitectural, uma explicação que possa ser aplicada passo a passo na crítica de edifícios individuais. Os revivalistas do gótico (bastante paradoxalmente) foram quem primeiro deu uma forte expressão à doutrina, e quem primeiro a dirigiu contra o inútil acréscimo de ornamentos em detrimento da estrutura e da forma. Para Pugin e seus seguidores [19], era intolerável que se pensasse no pormenor arquitectónico como *puramente* ornamental, uma superfície vã, cravada numa estrutura funcional, mas destacável da verdadeira estrutura do edifício. Parecia intolerável, por exemplo, que se pudesse ter dois edifícios de estrutura idêntica, um no «estilo» gótico e outro puramente «clássico», como se o «estilo» fosse simplesmente uma questão de folheado escultórico e não de realização da arquitectura. (Comparem-se, de novo, os dois projectos de Schinkel para a Werdersche Kirche. Figuras 7 e 8, pág. 50). Em oposição a essas sugestões, Pugin – e Ruskin em *The Stones of Venice* – tentaram demonstrar que os detalhes ornamentais e estilísticos do gótico não eram, de forma alguma, vãs superficialidades, mas, pelo contrário, desenvolvimentos naturais, e mesmo inevitáveis, dos requisitos estruturais e sociais que os construtores góticos tinham de cumprir. Ruskin foi mais longe [20], tentando mostrar que o amor à pedra, que é a única origem de todo o ornamento sério, e o respeito pela boa construção têm uma origem idêntica; que o processo de construir e o processo de ornamentar são partes contíguas de uma única actividade e não devem ser entendidos independentemente. Não existe uma apreciação do ornamento que não seja, ao mesmo tempo, uma apreciação da função.

Para compreendermos a força crítica dessa explicação temos de fazer uma distinção entre estrutura real e função real, por um lado, e aquilo a que podemos chamar, utilizando um termo de Suzanne Langer [21], estrutura virtual e função virtual, por outro. Isto é, fazer uma distinção – óbvia à luz da discussão do capítulo 3 – entre como um edifício é de facto construído e como essa construção é sentida. A nossa discussão sobre o gosto mostrou que a estrutura real é irrelevante para a apreciação estética excepto se, e na medida em que, for revelada pela estrutura virtual. Mas como podem a estrutura ou a função ser parte de uma aparência? E como podem elas afectar o exercício do gosto? Talvez um exemplo torne isto claro. Considere-se então a popa de um navio

FIGURA 45: Le Roi Soleil, popa

do século XVII embelezada com todos os magníficos ornamentos do barroco desse tempo (ver figura 45 – adaptada livremente de *Le Roi Soleil*). É pouco provável que, na fachada de uma casa, esta composição nos parecesse de bom gosto ou harmónica. E pode dizer-se plausivelmente que parte da explicação estaria no abuso da estrutura virtual. Por mais bem apoiado que esse gigante pudesse estar em terra, a sua estrutura *aparente* só tem um sentido próprio quando assente numa ubíqua almofada de mar. Temos de ver o barco apoiado desta forma, flutuando livremente, de forma que as pilastras e linhas estruturais pareçam ligar os estrados horizontais. Assim, não parecem «apoiar» directamente as horizontais, como pareceriam se estivesse rigidamente fixado na terra. O exemplo mostra, penso eu, como a nossa concepção de estrutura se traduz de imediato na experiência e como a nossa consciência dos vectores estruturais pode estar inextricavelmente relacionada com o sentido do que é esteticamente correcto. Integrada numa casa, a estrutura dada seria bolbosa e incoerente. Como um barco flutuando livremente no oceano, é a própria perfeição de harmonia: todos os pormenores se ajustam perfeitamente.

A questão a que o crítico funcionalista tem agora de responder é até que ponto se pode alargar a sua apreciação crítica. Naturalmente, as suas possibilidades de aplicação não têm limites. A estrutura virtual está no centro da nossa experiência sempre que aceitarmos ou rejeitarmos um novo desenvolvimento na arquitectura. Foi isto – muito mais do que qualquer desejo corbusieriano de campos de futebol sem fim – que deu origem ao gosto por torres de vidro erguidas sobre pilares. Se tem de haver torres altas, pelo menos que sejam construídas de forma que não pareçam abater sobre o observador um peso esmagador. A composição aceite nos exemplos mais bem-sucedidos (por exemplo, os de Mies Van Der Rohe) obriga-nos a ver o edifício como uma tela iluminada ou uma cortina enfiada em fitas finas de força ascendente e inquebrável. Em todos os períodos da história, foi através do problema da estrutura virtual que cada novo cânone de gosto visual se viu obrigado a envolver-se e a comprometer-se. Comparem-se os cantos desamparados do pátio de Michelozzo no Palazzo Medici – uma tentativa de transformar o calmo ritmo de Brunelleschi no Innocenti de forma recta em quadrangular, que conduz a uma estranha amálgama das arquivoltas e a um sentido de fraqueza trémula nos cantos – com o pormenor

FIGURA 46: Michelozzo Michelozzi: Palazzo Medici, Florença, pátio

FIGURA 47: Palazzio Venezia, Roma, pátio

correspondente do Palazzo Venezia, construído uns 20 anos depois, em Roma (figuras 46 e 47) ([22]). Aqui, o problema estético – o problema de construir um pátio interior de acordo com o estilo clássico – é, também, um problema de estrutura virtual e a aparência «certa» difere das outras precisamente na sua força aparente. Nesses casos, os pensamentos sobre função, experiência de forma e preferência resultante surgem todos das mesmas considerações e coexistem em unidade. Essa é a característica relevante de toda a apreciação estética e mostra a verdadeira aplicação artística da doutrina funcionalista.

Mas temos de recordar as nossas críticas contra a generalidade impetuosa. A teoria da estrutura virtual nunca podia dar-nos uma análise do conceito de gosto estético, nem podia dar-nos um princípio geral e completo da construção, apesar de haver pelo menos uma honrosa tentativa filosófica de a defender como a única verdade sobre a arquitectura (a de Schopenhauer ([23])). Nunca se pode alargar essas teorias de modo a fornecerem princípios universais de validade que não pareçam arbitrários ou sectários. Por exemplo, seria natural explicar o significado dos ornamentos de uma cornija, arquitrave ou um encordoamento em termos de reunião e apreensão das forças virtuais e da ênfase cuidadosamente modulada nas linhas horizontais que tal exige. Assim, um entablamento, tendo por cima um andar superior, tem de ser tanto horizontal como adequadamente moldado – pode-se dizê-lo – porque, se assim for, os vectores estruturais da parede de cima parecem reunidos nela com maior segurança e transmitem-se à parede inferior de uma forma que não perturba o nosso sentido de equilíbrio vertical (ver figura 48). Contudo, embora isto possa ser uma descrição útil de muitos ornamentos – especialmente os vernáculos –, não pode transmitir-nos uma máxima universal. Considere--se como contra-exemplo uma típica igreja rococó alemã: que poderia ser mais equilibrado e harmonioso do que a fachada oeste da igreja de Anton Jentsch em Grüssau (figura 49)? No entanto, o entablamento inferior avança e recua perpetuamente sob o impulso de armações de janelas e de pilastras. Só um

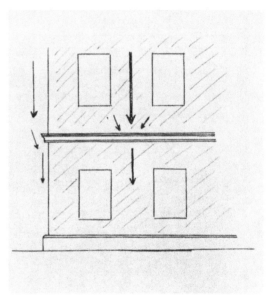

FIGURA 48: Estrutura virtual e molduras

fanático diria que o efeito é feio ou incerto. É verdade, realmente, que a cornija barroca apresenta uma deliberada emancipação do papel estrutural, tornando-se uma peça bastante conhecida de vernáculo doméstico: o entablamento de janela unido, visto em muitos quarteirões de ridículas mansões vitorianas. Mas porque é que essa transição da função virtual para o ornamento doméstico tem de ser considerada um inevitável erro de gosto?

Podia responder-se que o estilo barroco é muito especial, parcialmente parasita de uma linguagem recebida, que explora para fins dramáticos. E aqui poderia indicar-se mesmo que, embora a abordagem da estrutura virtual não seja ortodoxa, as exigências da estrutura nunca são abertamente desafiadas. Mesmo no interior da

FIGURA 49: Anton Jensch: Igreja da Abadia, Grüssau

Igreja de Ottobeuren, onde o tecto e as paredes superiores parecem flutuar totalmente livres dos suportes, não há uma *negação* absoluta das premissas estruturais: se o telhado parece não ser suportado é, em parte, porque parece não *precisar* de suporte. E, na verdade, quando o estilo é levado ao ponto de desafiar totalmente as exigências estruturais – como na *Helblinghaus* em Innsbruck e nos posteriores excessos quase rococó da *Art Nouveau* – podemos muito bem sentir que começa a parecer uma deficiência de gosto. O mérito do verdadeiro barroco reside na reconciliação da clareza estrutural com a diversidade de forma. Onde a ornamentação exista somente por si mesma e possa ser rejeitada sem alteração estrutural, parece muito natural pensar que foi ignorado um axioma de apreciação estética.

Mas, é claro, o próprio processo de raciocínio que poderia fundamentar esta apreciação nega, ao mesmo tempo, a sua força universal. Mais uma vez somos confrontados com uma crítica do edifício individual, uma forma de raciocínio cuja validade depende da transformação especial de uma determinada experiência. A própria dependência que aqui existe entre apreciação e experiência proíbe a conversão de qualquer princípio, mesmo o da estrutura virtual (que reflecte a natureza essencial da arquitectura tão rigorosamente como qualquer princípio pode fazer), numa lei universal de gosto. A conclusão do raciocínio crítico está numa experiência e as experiências, como as acções, ao contrário das crenças, não podem ser logicamente inconsistentes com os argumentos que as suportam; portanto, não podem ser logicamente *forçadas* por raciocínio. Além disso – e isto é mais importante –, a experiência está aberta à mudança à luz de qualquer consideração que lhe possa ser aplicada racionalmente. É arbitrário limitar o raciocínio do crítico a considerações de função, mesmo quando se substituiu a «função virtual» pelas preocupações mais sólidas do engenheiro. Os próprios argumentos que sugerem que uma experiência pode ser a consequência persuasiva dessas considerações sugerem que outras considerações devem ser capazes de suportar exactamente o mesmo peso persuasivo. Qualquer coisa será relevante desde que possa influenciar ou transformar a atenção estética.

Se assim é, contudo, o que acontece à objectividade do gosto? Como pode haver uma apreciação crítica *válida* quando cada regra ou padrão parecem obstruídos pela mesma sujeição a restrições sem fim? Não basta dizer que tudo é subjectivo e que «certo» ou «errado» são simplesmente inadequados. Como notámos, toda a estrutura da apreciação estética desmente esse subjectivismo fácil. Na verdade, é precisamente devido à complexidade intelectual do gosto e à sua profunda conexão com todas as preferências que mais nos interessam que parecemos condenados a procurar um ideal de objectividade mesmo perante o mais persistente desapontamento. O nosso prazer num edifício incorpora, por conseguinte, um sentido da sua própria validade e parece possuir, por causa disso, um aspecto quase científico. Somos arrastados para uma busca de padrões e quando, como pode acontecer, um edifício nos comove como verdadeiramente belo ou verdadeiramente horrível, é impossível senti-lo e, ao mesmo tempo, acreditar que o nosso sentimento possa ter uma base errada. Um homem sente que tem razão na sua preferência, mesmo quando não pode dar uma razão; e aqui ter razão é ter um direito. Pode pensar-se que outros deviam partilhar ou pelo menos reconhecer a validade daquilo que sentimos; se não o fazem, devem ser cegos, insensíveis, ou estar enganados. Serlio, descrevendo uma arquitrave romana muito trabalhada, escreve que é uma coisa que «não só não faria, mas da qual digo expressamente que... coisas destas nunca deviam ser feitas». E sente-se capaz de se exprimir tão veementemente precisamente porque mostra, em termos lógicos, como é confusa a experiência desta ornamentação – por outras palavras, discorrendo acerca daquilo que afecta tanto a aparência da arquitrave que acaba por produzir um sentimento de repulsa no observador [24]. E a sua argumentação gera não só aversão, mas também um sentido da validade da aversão e uma recomendação para que outros a partilhem. Contudo, esta procura do objectivo também não é uma característica própria da arquitectura serliana. Está tão presente no didactismo de Ruskin, Le Corbusier e do Bauhaus como está em Serlio, ou na serena circunspecção de Alberti, que considerava que em questões de escolha estética não se está apenas a lidar com a opinião subjectiva, mas com uma faculdade mental verdadeiramente racional [25]. E essa faculdade racional é sempre estranhamente incansável. Não deve haver um crítico que fique satisfeito com uma discussão acerca da proporção e da forma, que não continue a sua investigação até ao mais distante e mais misterioso momento em que o modo de ver «correcto» se torna parte da vida moral. Nesta altura talvez seja suficiente dar um exemplo um pouco cómico – a defesa de Tristan Edwards do seu amor pelos edifícios de estuque do período da Regência, em Londres. «Ora o estuque», diz ele, «é uma substância delicada; um edifício com fachada de estuque pode exprimir não só delicadeza, mas intelectualidade... não apela ao falso orgulho do rico vulgar», etc. [26], esperando com tudo isto dar razões que alinhem a apreciação do gosto com atitudes cuja validade objectiva considerava inquestionável.

Esse é um exemplo de crítica no seu aspecto mais inconsistente. Evidentemente que vamos ter de fazer mais do que isto se quisermos acreditar na objectividade do raciocínio crítico. Temos de olhar mais profundamente para os processos de raciocínio que fundamentam a crítica e avaliar se, na verdade, podem reivindicar a validade que parecemos inevitavelmente dispostos a atribuir-lhes. Ora essa tarefa não deve parecer impossível. Poucas pessoas duvidam de que, em certa medida, foi objectivamente errado da parte de Oscar Pfister, por exemplo, ver a forma de um abutre nas pregas do vestido usado por Santa Ana, de Leonardo ([27]). De forma semelhante, separamos as experiências de arquitectura que exprimem compreensão das outras. Vimos no último capítulo que a noção de experiência «correcta» tem uma fácil aplicação às propriedades formais do edifício. É nitidamente a mesma noção de «correcção» que é alargada na crítica de arquitectura e que se aplica na apreciação do gosto, embora tal aconteça fora das limitações de qualquer conceito estritamente formal. Esta noção indica que a experiência da arquitectura *é já* um modo de compreensão e só será justificável na medida em que a nossa compreensão seja responsável por cânones objectivos de avaliação. Neste contexto, não podemos dizer onde iremos encontrar esses cânones ou até onde deve penetrar a «compreensão» – se, por exemplo, deve realmente relacionar-se com os sentimentos e preceitos da vida moral – se se lhe quiser dar verdadeiro conteúdo e validade. A nossa discussão do gosto parece sugerir que a compreensão terá realmente de penetrar até esse ponto, pois todas as tentativas de justificação acabam por atribuir à arquitectura significados do tipo mais abstracto e geral. É pela procura de um «significado» nos edifícios que a apreciação do gosto adquire toda a elaboração e é esse «significado» que se deve fazer compreender ao observador, pois a apreciação estética, tal como a descrevi, é inteiramente indispensável. Pode ter-se pensado que falar de «gosto» é reduzir o estudo da arquitectura às predilecções autoconscientes do conhecedor, suprimir o elemento de compreensão imaginativa e de realização criativa, para pôr toda a ênfase na discriminação à custa de um envolvimento sério na arte da construção. Mas essa separação forçada de «gosto» e «imaginação» é tão datada como fácil. Analisamos a questão, percebemos que o exercício do gosto e a transformação imaginativa da experiência são, de facto, uma e a mesma coisa. A discriminação crítica exige essa transformação, tal como a própria imaginação exige a procura do verdadeiro padrão da experiência «correcta» – em resumo, o cultivar do "apropriado» em todas as suas formas. E procurar o apropriado é procurar um significado nos edifícios. Então temos de nos perguntar qual será esse significado; sabemos apenas que tem de ser tal que compreendê-lo e sentir a sua expressão sejam componentes inextricáveis de um único acto intelectual.

Mesmo assim, ainda se pode pensar que, tentando apresentar um vigoroso quadro do raciocínio estético, inverti a ordem natural das coisas. Fiz parecer que o raciocínio estético é a característica fundamental da escolha estética, quando de facto ele é visto mais naturalmente como uma sofisticada extrapolação. Aqui, para ter força, o raciocínio depende de algo mais básico, que é a própria escolha estética. O facto real da questão está na expressão *primitiva* de escolha estética e essa expressão primitiva subsiste sem o benefício da reflexão lógica. Na verdade, podia dizer-se que, na manifestação normal do dia-a-dia, a escolha estética tem exactamente esse carácter primitivo, um carácter de resistência a qualquer raciocínio que não a pressuponha já.

Vou tentar mostrar que não interessa que tenha invertido a ordem natural das coisas, pondo a expressão sofisticada de escolha estética antes das suas variantes mais primitivas. À medida que formos considerando a prática do raciocínio estético ver-nos-emos ser gradualmente repelidos – não em retirada, mas num estado de transigência – de todo o território que conquistei em nome da Razão. E quando voltarmos a esse núcleo da escolha estética primitiva, vamos encontrá-lo suficientemente despojado do seu mistério para nos permitir avançar de novo para o ponto alto da reflexão crítica, para reanalisar todo esse território sabendo que o domínio do conhecedor e o domínio do homem que simplesmente «sabe do que gosta» são, de facto, o mesmo.

Segunda parte

6. Freud, Marx e o significado

Na primeira parte deste livro comecei por sugerir que as considerações estéticas têm um lugar central no pensamento e na prática arquitectural. Depois descrevi o interesse pela arquitectura como uma espécie de atenção imaginativa e a experiência da arquitectura como uma expressão de raciocínios e escolhas relacionados com processos mais profundos de reflexão autoconsciente. Como toda a experiência imaginativa, a experiência da arquitectura aspira ao estatuto de símbolo. Visa reflectir todo o significado que a experiência pode ter e colocar o seu objecto no ponto focal de todos os valores aceites. Segue-se então que não pode haver experiência imaginativa divorciada da prática da crítica. Por muita relutância que se possa sentir em articular a experiência de edifícios, em se empenhar numa discriminação racional e numa escolha autoconsciente, sem a correspondente adopção de um ponto de vista crítico a própria experiência estética mais não é, portanto, do que enganar-se a si próprio.

Contudo, porque a experiência estética visa, como tentei mostrar, uma espécie de objectividade, também a crítica vai tentar partilhar esse objectivo. Isso implica uma procura de padrões, a tentativa de localizar exemplos do bom e do mau e de extrair desses exemplos um sistema de princípios ou pelo menos um modelo de reflexão lógica que possa ser aplicado para além deles a outras obras de arquitectura. É possível essa crítica objectiva? Se é, que forma vai tomar? Vou tentar responder a estas questões nesta segunda parte, começando por certas tentativas de um «método» crítico, tentativas de formular os conceitos e os princípios de uma ciência crítica generalizada. Essas tentativas partilham uma característica importante: tentam alcançar padrões críticos pela «decifração» da arquitectura, pela descoberta de princípios por meio dos quais se revele o «significado» de um edifício. E essa abordagem é muito acertada, pois, se se tem de estabelecer a objectividade dos valores estéticos, em que outro sítio pode ela residir? Como vimos, é precisamente a capacidade da experiência imaginativa de ter um «significado» que conduz à possibilidade de crítica lógica. E a primeira e mais importante forma de decifrar que se nos oferece é a que emprega os conceitos e métodos de psicologia que tentam encontrar o significado da arquitectura na relação dela com os factos da vida mental. É por essa abordagem que vou começar.

Vou começar por abordar a teoria setecentista da associação de ideias, que nos deu um dos primeiros inventários sistemáticos da significação da arquitectura. É a teoria que está subjacente ao movimento «gótico» e à atitude «sentimentalista» prevalecente nas formas arquitecturais ([1]). De acordo com esta perspectiva, o significado de um edifício não é mais nem menos do que a totalidade das «ideias» que sugere – ou pelo menos, para estar em correspondência com o espírito do século XVIII – que sugere ao homem culto normal. A objecção idealista a esta perspectiva, colocando-a de forma simples, é que a relação entre ideia e experiência tem de ser interna, enquanto na perspectiva empirista é externa e, portanto, não faz parte da compreensão estética ([2]). A objecção é correcta e, portanto, é importante ver o que significa.

É melhor pegar num exemplo simples. Considere-se, então, a ideia de «apoio» ou «segurança». Hume, com o seu génio para localizar problemas filosóficos, escreveu o seguinte sobre arquitectura: «As regras da arquitectura exigem que o topo de um pilar seja mais delgado do que a sua base porque essa figura nos transmite a ideia de segurança, que é agradável» ([3]). Deixemos de lado a pretensa universalidade desta «regra» (refutada por artigos de mobiliário doméstico e por muitas das melhores pontes modernas) e tentemos ver que *tipo* de teoria da compreensão arquitectural está implícita nela. Considerem-se então, as três construções de «poste e trave», adaptadas de Sinclair Gauldie ([4]), da figura 50. Sentimos que estas estruturas são

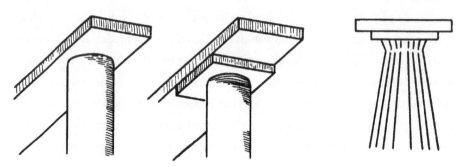

FIGURA 50: Três construções de poste e trave

progressivamente mais confortáveis e, para um filósofo da estatura mental de Hume, este sentido é uma questão de associação de ideias. A visão da primeira estrutura, muito usada na arquitectura moderna graças ao Bauhaus e a Le Corbusier, faz o observador pensar numa broca a furar uma trave, ou numa viga empurrada através de um material pouco resistente. Por esse motivo, pensa-se no edifício como uma estrutura suspensa, uma espécie de cortina enfiada numa armação interna. (E aqui, claro, temos toda uma *teoria* de paredes e uma concepção revolucionária de como elas podem ser vistas.) Para falar nos termos de Hume, a ideia de segurança ou apoio só

FIGURA 51: Docas de Santa Catarina, Londres, coluna gótica

é totalmente evocada pela estrutura final. O ábaco parece uma espécie de almofada entre a massa suportada e a coluna em que se apoia: cria um ponto de repouso entre o impulso ascendente da coluna e a pressão descendente da parede. (Ver figura 51 e a concepção contrária na figura 52, onde a força virtual da coluna continua a subir até se gastar a energia.) Evidentemente, essa explicação pode, uma vez possível, estender--se aos últimos limites do significado arquitectural. O significado de um edifício será apenas a totalidade das ideias evocadas por ele – sejam elas noções «arquitecturais» de segurança e repouso, ou os complexos sonhos de poetas, críticos e historiadores.

Mas a explicação é demasiado simples. Hume argumenta assim: a visão do objecto faz-me pensar em certas coisas e esse pensamento, por sua vez, causa uma sensação de desconforto. E parece primeiro que não podemos dizer nada mais útil que

FIGURA 52: Annaberg, St. Annen Kirche

isso. Certamente que seria errado dizer que a estrutura é simplesmente *o objecto* do meu desconforto, na medida em que possa ser o objecto de ódio ou admiração. Não me sinto desconfortável devido à estrutura, que acho pouco confortável, nem me sinto deprimido *por* um edifício que acho deprimente (embora me *possa* sentir deprimido pelo facto de ter sido construído) ([5]). A invocação da distinção entre causa e objecto não é em si mesma suficiente para explicar o que está errado na teoria causal de Hume, em parte pelo facto de a noção de objecto – como bem ilustram esses exemplos – não ser clara ([6]). No entanto, a relação entre a sensação de desconforto e a experiência da estrutura não *é apenas* causal. Por exemplo, o meu conhecimento da razão por que fiquei desconfortável tem o género de autoridade normalmente associada mais ao conhecimento de um objecto do que ao conhecimento de uma causa.

(A autoridade de «tenho medo *dele*». Isto não quer dizer que o meu conhecimento seja incorrigível, embora seja verdade que, regra geral, sou aí a melhor autoridade. Posso ser levado a rever a minha opinião acerca do motivo por que sinto desconforto. Mas é significativo que não sejamos capazes de dizer se realmente revi a minha opinião ou se consegui antes ligar o meu desconforto a outro «objecto»: faltam-nos critérios para distinguir estes dois casos. Então se alguém me diz «Sei porque sente desconforto; é porque a coluna é como uma broca a furar o varal por cima», posso responder que a razão não tem nada que ver com isso e, se estou a falar sinceramente, a questão acaba aí ([7]).

Este último ponto pode suscitar algum cepticismo, uma vez que parece tornar supérflua a crítica da arquitectura, ou pelo menos irrelevante. Parece sugerir que a busca de uma explicação para a beleza (no sentido de uma explicação dos objectos belos que transmitirão uma *compreensão* genuína dela) é sempre e inevitavelmente mal dirigida. Embora não seja verdade que conheça tudo o que me agrada ou desagrada, pelo menos é verdade que tenho um conhecimento privilegiado desse facto, no sentido de que, quando me é indicado, o aceito ou rejeito com completa autoridade, um pouco à maneira de um homem que se esforçou por encontrar as palavras que exprimissem exactamente o seu pensamento e, por fim, fica com a sensação de que «Era *isso* o que queria dizer». Como posso então aprender algo de novo sobre os objectos da experiência? E, no entanto, *aprendo* certamente algo de novo quando me dizem que a impressão de força vital e elasticidade que retiro do Partenon se origina nas imperceptíveis curvas da coluna, da arquitrave e do estilóbata. Esse facto torna o edifício inteligível para mim de uma maneira que posso não ter previsto, e não tenho de aceitar essa explicação imediatamente para me convencer de que é verdade. Pode ser preciso algum estudo se quiser ver a dependência que existe entre o efeito total do Partenon e o traço da *entásis*.

Para compreender este exemplo de explicação crítica temos de descrever primeiro uma réplica típica. Suponhamos que respondia à crítica da seguinte maneira: «Você diz-me que o efeito se deve em parte *à entásis* das colunas e da arquitrave. Eu não consigo reconhecer essa característica, mas é claro que aceito essa explicação.» Aqui diríamos que o crítico deu uma explicação psicológica da minha experiência do edifício, mas na realidade não o descreveu, nem descreveu o aspecto do edifício. Não disse nada sobre *aquilo de que* gostei no edifício. A explicação dele é semelhante à do médico que diz: « O senhor sente-se confuso porque toma demasiados comprimidos para dormir.» (Compare com a resposta «Sinto-me confuso porque você está a usar a cabeleira da sua mulher», que descreve *a natureza* da confusão, não o que a provoca.)

Suponhamos, contudo, que respondo o seguinte: «Você diz-me que o efeito se deve à *entásis* e, olhando outra vez, vejo que tem razão – é aí que, na verdade, se origina efeito de elasticidade.» Aqui tomei a apreciação do crítico não como uma explicação, mas como uma descrição, uma descrição do que *vejo* no edifício. O crítico levou-me a compreender mais completamente o objecto da minha resposta. (Como quando o médico responde, e eu concordo, que «não é tanto o facto de estar a usar a cabeleira da minha mulher que o confunde, mas a maneira como a cor da minha gravata o choca.») O crítico levou-me a uma nova compreensão, mas não ao tipo de compreensão associada a uma explicação científica.

Mas agora, precisamente porque não aceito de forma imediata a explicação do crítico, na força do meu próprio conhecimento imediato da minha experiência, duvido que a minha reacção, depois de aceitar a observação do crítico, seja igual à reacção que tive anteriormente, uma vez que se passou a basear em características diferentes: o aspecto do edifício mudou para mim. Tal como crítica, a descrição do Partenon alterou, em vez de esclarecer, a minha reacção: e isso não é surpreendente, pois, como vimos, é característica do raciocínio estético que a sua conclusão se baseie mais na experiência do que numa apreciação. Aqui, a compreensão superior do edifício induzida pela crítica identifica-se com a maneira de *o ver*.

Dir-se-ia então que, quando o crítico descreve as características do edifício e os seus pensamentos sobre ele que determinam a minha reacção *actual*, tem de descrever algo de que eu tenha conhecimento imediato. Quando me é fornecida a descrição crítica, aceito-a imediatamente, sem qualquer base e sem análise posterior. Isto é característico do conhecimento de um objecto e não do conhecimento de uma causa. Mostra que a compreensão que o crítico procura é uma compreensão das características internas, e não externas, da experiência.

Há mais razões para rejeitar a teoria da associação de ideias, visto que não consegue explicar nem caracterizar precisamente o que é mais importante na experiência estética, o facto de (no exemplo de Hume) o desconforto sentido não ser um mero pensamento mas uma experiência essencialmente conectada com um determinado acto de atenção que tem todo o carácter «imaginativo» da atenção que descreve. O desconforto cessa, portanto, com a experiência; desapareceu no momento em que fechei os olhos. Se fosse uma mera associação com a minha percepção do edifício, seria impossível explicar esse facto: porque não dura um pouco mais o desconforto quando deixei de olhar, como acontece com a tristeza que sinto quando volto a ver as janelas sem ninguém da casa da minha infância? Pensamento, percepção e sentimento são inseparáveis na atenção *estética*, uma vez que se centram num objecto comum, vivem e morrem juntos. A corrente causal vista pela teoria da associação de ideias tem de dar origem a um único processo, conceptual, perceptivo e afectivo ao mesmo tempo.

À primeira vista pode parecer que uma objecção destas devia ser válida também contra teorias psicanalíticas da arquitectura, teorias que procuram o «significado» da experiência arquitectural no inconsciente. É bem conhecido que Freud, por exemplo, apesar do grande interesse que tinha pela arte, e apesar das muitas observações sugestivas que fez sobre ela, era céptico acerca da possibilidade de uma estética psicanalítica. Achava que, fosse o que fosse que a psicanálise pudesse dizer acerca das determinantes inconscientes do processo criativo, pouca influência poderia ter no valor estético do resultado ([8]). O significado que o psicanalista descobre no acto criativo não é o mesmo significado que o crítico descobre no seu resultado. Se assim é, então é claro que não pode haver um «método» psicanalítico de crítica. Mas a hesitação de Freud (pouco própria deste grande fabricante de certezas) não foi partilhada pelos seus discípulos. Hannah Segal, num influente artigo ([9]), escreve que:

> é possível agora, à luz de novas descobertas analíticas, fazer novas perguntas. Será que podemos isolar, na psicologia do artista, os factores específicos que lhe permitem produzir uma obra de arte satisfatória? E se podemos, será que isso vai favorecer a nossa compreensão do valor estético da obra de arte e da experiência estética do público?

As «novas descobertas» pertencem a Melanie Klein ([10]), que tentou descrever o funcionamento da mente humana em termos de certas «posições» infantis em relação aos seios, aos «maus seios», que suprimem e desintegram, e aos «bons seios», que dão e renovam. Assim, Hannah Segal escreve que «toda a criação é realmente uma recriação de um objecto outrora amado e inteiro, mas agora perdido e destruído, um mundo e um eu internos e destruídos», querendo dizer que o artista está empenhado no processo de reconciliação e renovação que é a passagem do sentimento infantil de perda para a aceitação madura de um mundo onde dar e tomar, receber e perder, bom e mau, se misturam irremediavelmente. E há verdade nisso. Mas queremos saber se pode esclarecer o significado da experiência estética e, mais especificamente, da experiência da arquitectura.

A escola kleiniana de análise consegue «universalidade» sem qualquer deslize para o misticismo junguiano e sem qualquer adopção impetuosa de uma teoria total do espírito. Fica, como a psicanálise deve ficar, no estudo individual do caso individual e no processo terapêutico que daí surge. Para nós, é interessante por outra razão, pois a teoria kleiniana foi aplicada de forma sistemática à arquitectura por Adrian

Stokes ([11]) e é mediante a aplicação que ele fez dela que vamos ser capazes de avaliar as exigências audazes que impôs. Para o psicanalista, a característica interessante da experiência de arquitectura é a sua inefabilidade. Os nossos sentimentos para com os edifícios são, ao mesmo tempo, extremamente poderosos e extremamente esquivos; e para o psicanalista, um sentimento esquiva-se, muitas vezes, à descrição quando procura *evitar* a descrição – quando é reprimido. A arquitectura opera, portanto, no inconsciente e por isso o significado da arquitectura deve ser encontrado na ordem que aí impõe. Para Stokes, a arquitectura torna-se um instrumento na luta contra a fantasia, uma luta tanto da parte do construtor como do espectador para vencer a inveja, o ressentimento e a culpa e para se encontrar mais uma vez na presença dos «bons seios», ao mesmo tempo aceites e que aceitam, num mundo cujo valor se mediu e cuja objectividade se conseguiu compreender. A grande arquitectura desperta emoções profundas e a «profundidade» tem de se encontrar nas «profundezas» (ou seja, visto que esse é o axioma próprio da psicanálise, no inconsciente). Se as formas, os pormenores e os materiais parecem carregados de emoção, é por causa de um elo com «fantasias» profundas e sofridas que definem o verdadeiro conteúdo de todo o sentimento sério. Assim, se *o cortile* do Palácio Ducal em Urbino (figura 53) tem para nós uma atmosfera de calma sublime, isso não é o reflexo de qualquer pensamento consciente de repouso que possa estar contido nessas formas e texturas, mas antes o resultado de um pensamento «mais profundo», em que se baseiam todas as visões de repouso, mesmo o Céu da crença cristã, nomeadamente o pensamento inconsciente dos seios da mãe ([12]). O significado da arquitectura está, portanto, nas origens inconscientes dos nossos sentimentos para com ela. E descrever esses sentimentos psicanaliticamente é, ao mesmo tempo, descrever o valor deles. Estamos, portanto, a caminho de uma explicação bem-sucedida da arquitectura. As tradicionais divagações sobre harmonia, proporção, apropriado e o resto podem ser rejeitadas, visto a arquitectura, em essência, mais não ser do que uma forma de terapia para o eu desintegrado.

A teoria pode tomar duas formas: uma geral e uma particular. Vou provar que a primeira interpretação torna a teoria *demasiado* geral e que a segunda tem de a tornar demasiado particular, e que em ambos os casos a falha vem de não se perceber que o significado da experiência estética está *essencialmente* no que é consciente. As determinantes inconscientes da reacção estética não podem ter a solução para a natureza e o valor do argumento estético, tal como as determinantes inconscientes de um amor à matemática não podem revelar a natureza e o valor da prova matemática.

Na versão geral, a teoria limita-se a redescrever todo o campo da arquitectura, dizendo que, ao reagir a um edifício, o tratamos como se fosse uma «representação»

FIGURA 53: L. Laurana: Palácio Ducal, Urbino, pátio

(no sentido psicanalítico) de outra coisa. Em Stokes essa redescrição é interessante por incorporar não só elementos de terapia psicanalítica, mas também elementos de uma visão mais tradicional – a saber, percebemos o significado emocional da arquitectura porque comparamos espontaneamente as formas da arquitectura com as formas e os movimentos do corpo humano. Como diz Stokes, a casa é um ventre, mas é também «os nossos corpos verticais construídos célula por célula». Uma protuberância é um pé, o joelho, a sobrancelha. Ao mesmo tempo, a parede macia tem um significado psicanalítico: é o «bom seio» de que desejamos apropriar-nos como uma fonte da nossa própria bondade – aqui lembramo-nos da referência de Ruskin ao «quente sono do meio-dia numa suave, larga e meio-humana fachada de mármore» ([13]), uma referência que acordaria mesmo o psicanalista mais sonolento. A parede furada por aberturas torna-se então o «mau seio» rasgado por dentes vingativos e a incorporação dessas aberturas numa fachada cuidadosamente modulada representa o processo de reconciliação entre amor e ódio, um processo pelo qual todos nós temos alguma vez de passar. O edifício como um todo transmuta o nosso veemente desejo de «objectos parciais» ao apresentar, e nos convidar a aceitar, uma imagem do todo: os atributos amados e odiados unidos numa representação única do eu. E dizer que a beleza é um «sentido de globalidade» deixa de ser uma mera banalidade: Stokes oferece-se para nos explicar em que consiste a globalidade.

Esta descrição geral da experiência arquitectural não explica o acto crucial da atenção em que reside a experiência estética; num importante sentido, portanto, permite que deixe de se considerar o objecto de interesse arquitectural por ser irrelevante. O objecto tornou-se um meio para a produção de sentimentos que não o exigem. No melhor dos casos, a arquitectura só tem um valor instrumental, como um entre muitos métodos possíveis (sendo a psicoterapia outro) para o mesmo resultado básico. Então se os impulsos inconscientes a que nos referimos são a verdadeira fonte do nosso deleite, porque havíamos de utilizar meios tão custosos para os preencher? Suponhamos que a teoria apresentava uma característica de arquitectura que lhe permitisse um lugar especial no processo terapêutico – uma característica que desse à representação pública do peito na arquitectura um poder único de consolação. Mesmo assim não explicaria o acto de atenção particular que procurámos descrever nos anteriores capítulos. Com efeito, a experiência da arquitectura é reduzida a algo arcaico, inteiramente desligado do significado particular do edifício particular. Então porque havemos de querer visitar um edifício que não vimos antes? Porque não havemos nós de ficar satisfeitos com o que já temos, fazendo fila para o leite materno no portão do Palácio Ducal? O significado que procuramos na arquitectura é demasiado particular para ser descoberto caso a caso: e, no entanto, não nos forneceram um método para essa descoberta. Além disso, o significado que procuramos está na experiência: em certa medida está à superfície, como componente central da atenção estética.

Outra forma de apresentar o mesmo ponto é notar que «explicações» do tipo considerado por Stokes se aplicariam igualmente às impressões de cheiro, gosto, etc., impressões a que não se aplicam, como já argumentei, noções de apreciação estética e de discriminação. Mas não é de forma alguma difícil descobrir nestes casos um «significado» psicanalítico; não haveria qualquer dificuldade em explicar porque alguns cheiros são atraentes e outros repugnantes. Contudo, quando tenta explicar a qualidade «atraente» das formas arquitecturais, Stokes envolve-se numa obscura doutrina do «convite» na arte que deixa toda a crítica e toda a compreensão estética exactamente onde estava.

A teoria pode, no entanto, ser reformulada de forma mais persuasiva e mais concreta. Embora a psicanálise esteja associada a uma exposição pouco clara e largamente metafórica da causalidade da consciência e do comportamento humanos, tem uma importante realização na prática terapêutica. Como disse Wittgenstein ([14]), não é de forma alguma óbvio que o objectivo da terapia seja descobrir uma explicação causal do estado do sujeito. A psicanálise visa um tipo diferente de compreensão, uma compreensão que não é redutível a uma explicação e que tem mais em comum com o procedimento crítico anteriormente descrito neste capítulo. Dir-se-ia que a explicação «correcta» do comportamento de uma pessoa é aquilo que, no decurso da análise, ela pode ser levada a aceitar; se não o aceita, isso tem de ser porque está a «resistir» ao que lhe estão a dizer, e não porque esteja confusa ou enganada. Por outras palavras, as verdadeiras determinantes inconscientes de um sentimento não são simplesmente as causas inconscientes dele, mas antes as causas que podem ser «resgatadas» para a consciência. Até poderem ser trazidas para a esfera da auto-atribuição (para o domínio da experiência consciente), a hipótese da sua realidade inconsciente permanece nula. O psicanalista consegue que o paciente transforme o «ele» da observação no eu do autoconhecimento. Até que eu possa reivindicar uma experiência e dizer que ela não só pertence a uma entidade que tem o meu nome, mas que sou *eu* que a sinto, essa experiência está fora da região do meu eu ([15]).

Mas se esta explicação (ou algo semelhante a ela) está correcta, a pretensão da psicanálise é fazer uma descrição não externa, mas interna da experiência da arquitectura. É isto que a experiência realmente é, segundo o critério que todos usamos e aceitamos – o conhecimento imediato do sujeito de que assim é. Não interessa como é *induzido* esse conhecimento, desde que tenha o tipo certo de imediatismo. *O cortile do Palácio Ducal é visto,* portanto, como a harmoniosa reconciliação da agressão (representada por aberturas e molduras) com a pessoa adulta acabada (as proporções aprumadas, as partes correspondentes) e com a perene ânsia do objecto de amor infantil – a porta na sombra que se abre silenciosamente. As delicadas proporções da colunata transformam a resistência e a perda numa espécie de cortesia; oferecem-nos paz, não como mera cedência à exigência, mas como uma madura harmonia de impulsos outrora opostos.

Invento o exemplo: mas talvez se pudesse dizer isto. Assim interpretada, contudo, a crítica do edifício é essencialmente *dirigida* ao leitor: é um convite para ver o edifício como o psicanalista o vê. O leitor, no entanto, pode responder que não vê, nem consegue vê-lo assim. O analista tem duas respostas. Ou diz que *tem* de ser isso que o leitor vê, porque é a verdadeira *explicação* do que ele vê – o que é simplesmente repetir a teoria na sua forma generalizada. Mas essa forma, como vimos, não pode descrever o conteúdo da experiência individual, nem o significado do edifício individual. Por outro lado, o analista pode tentar persuadir o leitor: neste caso, o objecto da análise não é o edifício mas o indivíduo que reage a ele. O psicanalista tem de mostrar que o homem que não concorda com ele está, na realidade, a resistir-lhe. A «interpretação» do edifício é considerada um dado. Se o sujeito gosta dela, a verdadeira razão por que gosta *tem* de ser a que o analista indica; a única questão é saber porque é que o homem não quer confessá-la.

A teoria fica aberta à refutação. Se o objecto de análise é o leitor, o que está a ser exposto é um facto – ou hipótese – acerca *dele*, a saber, que vê o edifício como o analista diz. Suponhamos, contudo, que o leitor «resiste». O analista pode então iniciar o processo de terapia que o fará cair em si (mostrando que, de facto, está enganado acerca da experiência e a resistir à verdadeira descrição), e, nesse caso, a argumentação do crítico não se ocupa do edifício, mas sim do observador. Por outro lado, pode começar a apresentar ao observador *razões* especiais para ver o edifício como ele recomenda. No primeiro processo, o método é verdadeiramente psicanalítico, mas por esse mesmo facto deixa de ter relevância crítica. Não se atribui ao edifício um significado que o distinga de qualquer outro objecto do processo libidinal; o significado que se lhe associa será simplesmente um facto pessoal sobre o observador. No segundo processo, o método é crítico, mas a invocação da psicanálise é redundante como explicação. A interpretação proposta usa conceitos psicanalíticos, mas não é pela psicanálise que se *justifica*. Nada foi dito sobre *o tipo* de raciocínio que havia de mostrar – como um facto acerca do pátio de Laurana –, que deva ser visto em termos kleinianos. Decerto que, então, não podemos procurar na psicanálise uma teoria do significado das formas arquitecturais quando essa teoria já se basear na interpretação psicanalítica.

De facto, a noção de experiência inconsciente é obscura e muitas vezes é difícil ver até que ponto irão os seus defensores com o fim de afirmar o seu significado. No entanto, a nossa descrição da experiência estética parece situá-la firmemente entre os conteúdos do espírito consciente, já que exprime atenção imaginativa. A experiência estética não é apenas significativa, mas vale conscientemente pelo significado que em parte retira do raciocínio e da reflexão que o cerca. Isto não quer dizer que não haja crítica psicanalítica da arquitectura. Pode ser possível ver um determinado edifício em termos de uma ideia psicanalítica, tal como se pode vê-lo em termos de concepções históricas ou religiosas. E vê-lo desse modo pode conduzir a um maior prazer. Aqui, apesar dos atavios psicanalíticos, o prazer, tal como a experiência, será essencialmente consciente e terá significado *na* consciência. Por exemplo, posso ser persuadido (como sugere Stokes) de que há certas «fantasias» associadas à pedra calcária – fantasias relacionadas com o seu carácter de fóssil, fantasias de vida em profundezas aquáticas ([16]). E posso vir a pensar que certas obras da arquitectura do *quattrocento* (como o Tempio Malestiano (San Francesco), em Rimini), adquiriram, em certa medida, um significado relacionado com essas fantasias. Posso pensar que se deve ver a obra de pedra finamente recortada do Tempio e dos relevos de Agostino da Duccio como se «revelassem» a «vida» já implícita na pedra, que, por assim dizer, estava contida nela e foi libertada. Ao ver o edifício desse modo, posso ver também um paralelo com os meus próprios sentimentos fechados ou enterrados, o templo torna-se, em certo sentido, uma *libertação* de sentimentos. (E esta sugestão está longe de ser incoerente.) Mas o processo de raciocínio que leva a essa experiência não é psicanalítico; na verdade, não é diferente do processo que todas as formas de crítica observam. Exprime-se uma ideia e depois procura-se um tipo qualquer de correspondência entre a ideia e a aparência. O objectivo último é uma experiência consciente em que a ideia é revelada e elaborada. A interpretação psicanalítica não acrescenta um «método» à descoberta do significado, nem qualquer autoridade ao resultado. Se aceitamos a conclusão não é porque nos forneça uma descrição mais *fundamental* da experiência arquitectural do que a que poderia ser feita em termos de *Kunstgeschichte* ou de iconografia antiga. As descrições competem ao mesmo nível e se uma delas é aceite, é apenas porque faz sentido (de uma forma que temos ainda de analisar claramente) em relação ao edifício a que é aplicada. Não pode adquirir qualquer precedência *a priori* e o facto de estar enquadrada em termos psicanalíticos é irrelevante para a sua aceitação. O objectivo da interpretação é o mesmo – uma experiência consciente de «significado» – e o crítico não está a psicanalisar o edifício, o criador, nem mesmo o homem que o observa.

Devemos sentir dúvidas semelhantes acerca da possibilidade de um «método» marxista de crítica arquitectural. Uma vez mais somos presenteados com uma teoria que pretende mostrar um «significado» em todo o objecto cultural e que, portanto, deveria ser aplicável à arquitectura e a todas as formas de arte. E uma vez mais a própria generalidade destas pretensões lhes retira todo o rigor crítico: não pode haver um método marxista na crítica, como não pode haver um método marxista na matemática. No entanto, para estabelecer este ponto, temos de discutir a experiência arquitectural nos termos mais básicos; temos de resistir às redescrições que os marxistas procuram fazer continuamente. Porque tanto às teorias marxistas como às freudianas se liga um encanto semelhante, o encanto da desmistificação. Ambas as teorias pretendem revelar a verdadeira natureza das coisas, antes de qualquer discussão sobre o seu valor, abrindo assim caminho à noção de que as nossas apreciações de valor podem ser mal fundamentadas ou «ideológicas» no sentido marxista ([17]). E tanto a teoria freudiana como a marxista localizam a verdadeira fonte dos fenómenos humanos fora do eu consciente, fora das concepções, ideais e argumentos com que alimentamos a nossa autonomia; fornecem armas eficazes contra qualquer perspectiva que, aparentemente invencível por ataque frontal, tem necessariamente de ser subvertida por baixo. Parece claro, então, que, desde que se permita que o freudiano ou o marxista exprimam a questão na sua própria linguagem teórica, obterão a resposta que desejam. Ao criticar o marxismo, está-se a criticar um modo de descrever fenómenos culturais e não apenas uma teoria que tenta explicar o seu significado. Uma vez que tem havido tão pouca crítica marxista da arquitectura, e que nenhuma foi sistemática, pode pensar-se que estou a combater moinhos de vento. Mas há um grande corpo de crítica marxista literária, pictórica e mesmo musical ([18]) e o imperialismo intelectual que esta crítica exemplifica torna-a importante para prevenir antecipações. Além disso, há aspectos da teoria marxista da natureza humana que mais tarde vou querer aplicar à arquitectura; o seu significado só será claro quando tiverem sido separados das suas origens dogmáticas.

Ora o marxismo surge da mistura de uma teoria da natureza humana derivada de Hegel com uma espécie de determinismo económico que tem as suas raízes na economia empirista de Adam Smith e David Ricardo. Em grande medida, as duas facetas são separáveis e só quando as tivermos separado veremos o valor que cada uma delas tem. A teoria da natureza humana, a que voltarei mais tarde, visa tornar inteligíveis os factos explicados pela análise kleiniana, factos que dizem respeito à relação íntima entre a nossa concepção de arquitectura e a nossa concepção de nós mesmos. O que está em questão é, contudo, se o determinismo marxista nos vai levar a um verdadeiro «método» crítico, um processo de descrever o «significado» que a experiência estética constrói. A teoria determinista vê todos os fenómenos «culturais» – que compreendem toda a arte, actividade social, linguagem, na verdade tudo o que possa normalmente caber sob o rótulo de «consciência» – como parte integrante da «superstrutura» social, que se eleva ou diminui em obediência a uma causalidade de «base» económica ([19]). A base está na luta de classes – luta por poder, influência e riqueza – e nas várias relações com os meios de produção que ditam essa luta. A consequência última da luta é determinada pelas forças históricas, que podem ser totalmente independentes do aflorar da «consciência»; a superstrutura «representa» a base, sem a afectar séria ou permanentemente. A consciência de uma classe pode, contudo, ter uma certa influência na sua posição económica, visto poder ser adaptada para representar a realidade histórica em termos que satisfarão melhor uma imagem de si mesma e fortalecerão um papel dominante. A consciência, especialmente a consciência burguesa –, está continuamente empenhada na produção de uma «ideologia» para «mistificar» o mundo, negando a verdadeira causalidade da evolução do mundo. A classe dominante é a única classe que pode impor a sua ideologia e, portanto, a única classe cuja ideologia está *estabelecida*. As outras classes, ao aceitarem a ideologia da classe dominante, aceitam como natural o que na realidade é artificial. A sua percepção do mundo é «mistificada» – não vendo a verdadeira causalidade das coisas, estão momentaneamente dispostas a aceitar como inevitável o que, no entanto, pode ser derrubado. A ideologia representa o mundo como «não histórico» – o que, para os marxistas, quer dizer «não sujeito à acção e às mudanças humanas». A «desmistificação» é o processo de devolver aos objectos e, em particular, aos objectos culturais, a natureza histórica de que foram espoliados.

Este breve resumo não pode de forma alguma fazer justiça aos muitos requintes recentes da posição marxista. Mas servirá para guiar a discussão para os mais importantes conceitos marxistas, os conceitos de ideologia e de superstrutura. A arquitectura, como qualquer elemento da «superstrutura», pode tornar-se um instrumento ideológico. Considere-se, por exemplo, a fábrica neogótica de finais do século XIX e princípios do século XX (como a fábrica de Horlicks em Slough). Espera-se que esse edifício seja visto de um modo que não é ditado pela sua realidade – que, na verdade, é completamente independente – social e económica. Foi projectado como edifício público, exprimindo uma ordem social concordada com associações religiosas e narrativas que afirmam a identidade imutável dessa ordem e sugerem uma validade de forma e finalidade para além dos usos especiais que lhe serão dados. A crítica marxista vê como sua principal tarefa desmistificar – pois, nitidamente, a descrição que fiz é ideológica; é uma descrição que separa o edifício da sua realidade económica e o situa num mundo de valores e predilecções que confirmam e consolidam os sentimentos de uma classe dominante – valores de «continuidade histórica», da «ordem social» implícita num edifício «público», de sentimentos religiosos e românticos, com o fim de suavizar a percepção de coisas mais difícieieis de aceitar. Alcança-se a compreensão crítica reintegrando o edifício no seu contexto socioeconómico, assim desmascarando a natureza ideológica da sua mensagem. O significado só poderá compreender-se desta maneira, em termos das condições sociais que lhe deram origem. Neste caso, veremos então que a fábrica não é pública, mas privada, um instrumento essencial na defesa da propriedade privada. O seu verdadeiro *ethos* é individualista, em desacordo com, ou, no melhor dos casos, indiferente à, «ordem social aceite» implícita nas formas góticas. A realidade económica é a da Revolução

Industrial e exibe, portanto, uma ruptura radical com a continuidade histórica que afirma representar, enquanto as associações românticas e religiosas apenas anunciam uma forma defunta de sociedade, uma forma que a própria fábrica contribuiu para destruir. A partir dessa descrição chegamos ao verdadeiro significado do edifício, sendo o significado parte integrante do processo de produção. Ao mesmo tempo, podemos perceber exactamente o que no edifício é ideologia e o que é verdade social.

É errado pensar que a abordagem marxista pode ser rejeitada simplesmente dizendo que todas estas especulações são irrelevantes para a beleza visual do edifício; já vimos que não há apreensão da beleza visual completamente independente da compreensão intelectual. O marxista propõe um método crítico, um modo de determinar o conteúdo intelectual de um edifício que seja também um modo de determinar como vê-lo. Pode dizer, muito razoavelmente, que se insistirmos em separar algo chamado «beleza» (e a «experiência estética», que é o seu correlativo psicológico) dos tipos de consideração a que se refere, seremos incapazes de explicar porque essa «beleza» é importante ou porque se deveria cultivar um gosto por ela. O marxista de bom grado dispensaria aquilo a que se chama «beleza» e, como afirmaram os primeiros construtivistas, que alívio. Renunciar à abordagem em favor de um esteticismo hedonista tem pouco interesse: salva-nos de uma estética marxista por meio da mera poupança de palavras: nada tem de valioso para dizer sobre o seu significado.

As características essenciais de uma estética marxista são: a experiência estética pertence à superstrutura e está, portanto, intrinsecamente aberta à distorção ideológica. A verdadeira compreensão da estética, como de qualquer experiência forçada socialmente, implica uma «reintegração» do objecto nas condições socioeconómicas que o determinaram. Na crítica somos levados a uma compreensão que é, ao mesmo tempo, estética e política; o marxista não tem qualquer problema em mostrar como a má arquitectura pode irritar-nos tanto. Contudo, tendo admitido essa vantagem, temos de salientar que os outros aspectos da teoria estão longe de ser satisfatórios. Não é este o local para problematizar o determinismo socioeconómico em que se fundamenta, excepto no que se relaciona com indicar como é incapaz de explicar aquilo a que Ezra Pound chamou «uma tradição viva» [20]. É claro que a causa primeira da construção de um edifício e do seu estilo pode estar não em factores sociais ou económicos, mas na apreensão de outros produtos culturais. A «superstrutura» tem o poder intrínseco de se gerar e perpetuar a si mesma, independentemente da chamada «base». Quem quer que duvide deste ponto deve considerar a história da música alemã e a alma estável da música alemã como Schönberg e Thomas Mann, de modos diferentes, tentaram descrevê-la [21]. E não há melhor prova da vida autónoma da «superstrutura» do que a própria arquitectura, em que estilos, edifícios, vilas e cidades surgiram e se perpetuaram a si mesmos, independentemente das circunstâncias económicas flutuantes. Pense-se, por exemplo, na história da coluna dórica, do Partenon ao estaleiro de Santa Catarina. De facto, todos os aspectos da arquitectura que imputamos instintivamente à dimensão «estética» da experiência, tudo excepto a simples natureza do edifício construído, participa da rica contingência implícita em cada acto social e sugere uma causalidade intrínseca da superstrutura, uma causalidade em que a tradição e o precedente são, de longe, os factores mais importantes. Que «significado» pode então ser revelado ao «reintegrar» um edifício nas suas circunstâncias económicas? O marxista que sustenta que a fábrica gótica é uma espécie de mentira económica devia dizer o mesmo do helenismo romano, do classicismo do Renascimento, do movimento gótico e, na verdade, de toda a abordagem autoconsciente da arquitectura, incluindo o próprio estilo gótico verdadeiro.

O determinismo económico, mesmo que seja verdadeiro, parece dar-nos acesso ao «significado» estético apenas por causa da dieta pouco saudável de exemplos de que o marxismo se alimentou. O marxismo está à vontade quando lida com o século que o tornou possível – a sua visão restringe-se a essa pequena, como que paroquial, passagem de um governo aristocrático a burguês, da economia agrária à industrial, que dominou o mundo durante uns meros duzentos anos e que deu origem ao estranho mito de uma sociedade «sem classes» em que as necessárias consequências da produção industrial seriam de algum modo afastadas. Mas podemos imaginar uma crítica de um autêntico marxista à catedral gótica ou ao palácio do Renascimento? Como distinguiria um marxista a catedral gótica da românica – como explicaria, por exemplo, as discussões sobre a arte de construir que ocorreram na esteira do primeiro estilo cisterciense e as polémicas de São Bernardo de Clairvaux [22]? A tentativa de Viollet-le-Duc de apresentar uma teoria quase marxista desta transição mostra, pela distorção histórica e ingenuidade crítica, como é desanimadora essa tarefa [23]. Estes conflitos espirituais estão na superstrutura e não se encontra a sua «profundidade» escavando por baixo. O marxista, como o freudiano, é sistematicamente enganado por uma metáfora de «profundidade». Por isso é que, ao lidar com estes exemplos, parece impossível imaginar o que diria um marxista acerca deles.

Mas combater o marxista neste campo de batalha escorregadio é desnecessário. A teoria não tem qualquer possibilidade de emitir juízos estéticos e isto é, por si só, suficiente para a desacreditar. Há uma obscuridade significativa implícita na noção de «reintegração» quando usada como instrumento crítico. Suponhamos que tínhamos de descrever as condições económicas únicas da Florença do século XV: como é que isso afecta a nossa percepção crítica da Capela Pazzi? Não sabemos dizer porque não nos explicaram como a nossa experiência *deste* edifício em particular se deve relacionar com o nosso conhecimento *dessas* mesmas circunstâncias económicas. Mais uma vez não há um método crítico, mas apenas uma hipótese crítica pela qual se tem de lutar e que tem de se estabelecer caso a caso. E, no entanto, quem pode negar que a relação da Capela Pazzi com as suas circunstâncias socioeconómicas – uma relação que partilha mesmo com o mais medíocre dos edifícios seus contemporâneos – é o facto menos significativo a seu respeito e que tudo o que nela vemos mediante a harmonia, a proporção e o repouso digno e solene continua a não ser afectado pelo conhecimento da base económica?

Até agora, localizámos o domínio da experiência estética entre as «impressões imediatas», impressões que podem conter em si mesmas o significado que atribuímos aos seus objectos. O marxista também tem de admitir essa dimensão de significado «imediato», pois é isso que dá significado arquitectural à «superstrutura» e que associa à arquitectura o seu papel social específico. Então que explicação pode dar o marxista para «significado imediato»? Certamente nada de novo para nós. O método marxista não é um método de decifrar o que vemos, mas sim de relacionar com outra coisa os resultados dessa descodificação. A validade do processo depende da verdade da teoria marxista como um todo. No entanto, mesmo que esta teoria seja válida, nada tem de especial a acrescentar à nossa compreensão da arquitectura, nada que não pretenda acrescentar à nossa compreensão de tudo. Num sentido crucial, a teoria marxista tem de deixar tudo como está: por exemplo, deixar como estão a nossa descrição da natureza, de experiência estética e os nossos métodos de esclarecer o significado «imediato» que essa experiência contém. De forma que, se aceitarmos a concepção de significado «ideológico», isso não nos fornecerá um método crítico e um padrão da apreciação estética. Sem conhecimento da base económica da maioria dos edifícios, nunca poderíamos saber, segundo a teoria marxista, o seu valor estético: contudo, isso é algo que sabemos e podemos saber precisamente porque temos olhos.

O verdadeiro leninista pode ter resposta para tudo isto e é ao considerar essa resposta que encontramos a importante semente de verdade presente tanto na abordagem freudiana como na marxista da prática arquitectural. A resposta leninista é a que já atribuí ao meu hipotético construtivista ([24]): abdicar simplesmente dessas sugestões «estéticas» e procurar o verdadeiro significado de um edifício noutro sítio que não no acto de atenção imaginativa que lhe dedicamos – na sua realidade social e económica. Mas qual é essa realidade? Por exemplo, qual é a realidade social e económica de uma casa ou de uma fábrica? Decerto que temos de *incluir* valores estéticos na descrição dessa realidade, ou então temos de os eliminar; e se os eliminamos, o que fica para além da função? A realidade do edifício é a de um meio para um fim específico. Mas vimos que há uma noção inadequada de racionalidade implícita na tentativa de considerar que os edifícios são objectos cujo primeiro significado é determinado por objectivos externos e não pelo «resíduo» do valor estético. É um pequeno passo para o marxista (embora, por razões litúrgicas, seja muitas vezes difícil de dar) ver nessa atitude – a atitude que reduz todo o significado ao meio – um sintoma da condição do homem alienado [25], juntamente com o desejo encoberto de a perpetuar. Essa situação surge precisamente quando uma pessoa não consegue ver o que o cerca em termos de um objectivo que possa identificar como seu e para o qual possa orientar o seu trabalho. É a situação de se ver a si mesmo e à sua actividade como um meio para um fim, estando privado de qualquer compreensão adequada do próprio fim. Visto que o programa construtivista implica precisamente a perda desse sentido do fim de uma conduta e a redução de toda a actividade a uma proliferação dos meios, tem de se adaptar a essa situação alienada, privando das satisfações da «vida de espécie» os que vivem e trabalham nos edifícios resultantes. E sem essas satisfações, de acordo com Marx, nenhum ser racional pode reter um sentido coerente da sua própria identidade. Se é essa a forma como o significado de um edifício pode ser substituído por algo «mais profundo», então é uma forma que não deveria estar aberta ao marxista.

Se considerarmos agora este aspecto do marxismo, o aspecto que é retirado da filosofia do espírito de Hegel, vemos que há qualquer coisa de importante em comum entre as descrições da experiência arquitectural propostas pelo analista marxista e pelo kleiniano. Nenhuma das teorias fornece um método ou doutrina crítica, mas é possível que cada uma delas diga qualquer coisa sobre o aspecto *primitivo* da escolha estética. Como reconhecemos, há na experiência estética uma parte central de escolha primitiva que não surge da reflexão crítica, mas que existe como pré-requisito da crítica. É natural procurar uma descrição «profunda» dessa parte central da escolha, uma descrição que a explique e ao mesmo tempo exponha o seu valor. Ora, é uma das particularidades tanto da psicanálise como do determinismo marxista confundir o que é profundo com o que é inconsciente. Como vimos, entrar no domínio do inconsciente é perder a experiência estética. Mas a teoria hegeliana não tem de cometer esse erro – geralmente, na verdade, procura um paradigma da «profundidade» no autoconhecimento do homem, na forma de se ver a si próprio, o mundo e a acção. E o que o kleiniano pode apresentar como verdade sobre as determinantes inconscientes da experiência, o hegeliano pode igualmente apresentar como verdade acerca da sua superfície. Assim, vimos que Wölfflin, o maior dos críticos hegelianos, se baseava numa teoria do que é «primitivo» que se parece muito com a de Stokes [26]. O que é primitivo é a relação inata entre o nosso modo de perceber a arquitectura e o nosso modo de perceber o corpo humano. Vamos ter de prestar muita atenção a esta verdade (que foi encontrada, perdida e reencontrada através da história da arquitectura). O kleiniano – que pretende explicar o gosto estético pela sua relação com o processo libidinal (como Platão desejava descrever a beleza como emanação do *eros*) – concebe naturalmente os edifícios como representações do corpo humano. Contudo, como Collingwood argumentou persuasivamente contra Platão ([27]), a associação de beleza e *eros* está errada. É errado situar a reacção estética no domínio do apetite e não no da contemplação e retirar do objecto a sua força intelectual e moral. O conceito hegeliano e marxista de auto-identidade pode ser usado para apresentar conclusões semelhantes, evitando a premissa errada. Para o hegeliano, há um sentido em que se deve entender a arquitectura como representação física do eu e esse processo de representação pode implicar a simbolização do corpo humano. Contudo, quando discutirmos a teoria hegeliana deveremos lembrar-nos de que teremos saído do domínio da análise crítica explícita. Ao tentarmos captar o que é primitivo na experiência estética, estamos também a pretender descrever o seu valor. E pode não ser possível passar de uma explicação do valor da experiência estética para um método crítico aplicável caso a caso. Era por esta razão que a crítica de Wölfflin tinha tão pouca relação com a sua base hegeliana. As suas investigações dos *Lebensgefühlen* das várias épocas arquitecturais não implicaram, de forma alguma, a premissa de um *Lebensgefühl* ser uma espécie de percepção do corpo humano.

Mas voltaremos a tudo isso. Por agora temos de concluir que nem a análise freudiana nem o determinismo marxista nos deram um «método» crítico. No entanto, reforçaram a nossa noção do «significado» das formas arquitecturais como de algum modo «imediato», implícito na percepção de um edifício e intrínseco ao objecto dessa percepção. Mas isto sugere outra resposta ao nosso problema. Pois não é desse modo que as palavras têm significado, intrinsecamente, um significado que é captado quando as ouvimos e compreendemos, e que não é redutível a qualquer origem inconsciente ou a qualquer efeito para o qual a sua articulação seja um meio? Agora devemos encarar a arquitectura como linguagem.

7. A linguagem da arquitectura

Se a arquitectura fosse uma verdadeira linguagem (ou talvez uma série de linguagens), saberíamos como compreender cada edifício e o significado humano da arquitectura já não estaria em questão ([28]). Além disso, este significado seria visto como uma propriedade intrínseca dos edifícios e não como uma relação externa e fortuita. As abordagens freudiana e marxista do «significado» falharam, em parte, porque não atribuem à experiência arquitectural um significado que lhe não seja externo – que não consista em algum valor, sentimento ou estado de consciência não relacionado com o edifício intrinsecamente, mas como causa ou efeito. Essas abordagens têm de ficar logo afastadas da compreensão estética. Nem isso nos surpreenderia se a arquitectura tivesse significado como a linguagem tem significado. Considerem-se as teorias freudianas e marxistas correspondentes da «articulação». Essas teorias podem pretender traçar a conexão entre as palavras e as suas determinantes inconscientes, económicas ou ideológicas, mas isso nunca nos podia dizer o que significam literalmente as palavras. Uma teoria freudiana tem de *pressupor* um dado significado: é por causa do significado literal da palavra «leite» que a palavra adquire um significado inconsciente – e não vice-versa. Portanto, é logicamente impossível extrair o significado literal do significado freudiano. E, do mesmo modo, para Marx, «economia» adquire um significado ideológico (o significado de máscara para processos de acumulação e exploração), por causa do significado literal precedente, o significado que a leva a referir o fenómeno de que deriva o significado ideológico. É impossível, portanto, uma explicação marxista do significado literal: nada seria revelado sobre a *compreensão* da linguagem ao reduzir a linguagem à sua base material.

A analogia também mostra como *qualquer* tipo de explicação científica ou causal é irrelevante para a compreensão da arquitectura. Considere-se, pois, uma teoria de psicolinguística tão exaustiva que dê origem a leis que determinem a articulação de cada frase, que nos indiquem, por exemplo, exactamente quando alguém deve dizer «A relva é verde», e exactamente quando deve dizer «algo é verde». Em certo sentido, essa teoria daria uma explicação completa da relação entre essas frases, visto destacar as leis causais que determinam a articulação delas. Contudo, noutro sentido, estaria longe de ser completa. Há entre essas frases uma conexão que não é causal, mas que é de primeira importância: uma conexão de significado. É essa conexão que é captada na compreensão das frases e pode ter-se uma completa compreensão delas sendo ignorante das leis causais que regem o seu comportamento. E também se pode ter um total conhecimento dessas leis e, no entanto, não ter compreensão linguística.

Outra forma de colocar esta questão implica a distinção entre aquilo a que se chamou significado «natural» e significado «não natural» ([1]). Temos de distinguir o sentido do significado em «Nuvens querem dizer chuva», do significado em «João quer dizer que vai chover», ou «il va pleuvoir» quer dizer «que vai chover». O primeiro dá-nos um caso de «significado natural» – um fenómeno que *é a razão para esperar* outro. Refere-se a uma relação natural, causal, externa entre acontecimentos. Só pela mais crua das metáforas é que podíamos, nesta base, falar de uma *linguagem* de nuvens; na verdade, a metáfora seria tão vaga que abarcaria tudo (visto não haver um fenómeno que não dê uma razão para se esperar outro). É no mínimo surpreendente que esse facto tenha tantas vezes escapado à atenção. Alguns aceitariam, por exemplo, que há uma *linguagem* da expressão facial simplesmente porque as expressões são sinais de estados mentais – mas esta noção de sinal nada tem a ver com linguagem. A relação das palavras com o significado não é natural, mas *intencional*, e esta intenção é compreendida por meio de um necessário corpo de convenções e regras ([3]). Estes dois factos entre elas contribuem para desacreditar todas as teorias tradicionais de significado que falam do símbolo como uma «antecipação» do objecto e que tentam descrever a compreensão linguística como uma sofisticada variante da relação de estímulo e reacção ([4]). Por exemplo, podemos recusar a influente explicação da linguagem proposta por C. W. Morris e as muitas teorias de arquitectura que derivaram dela ([5]). Essas teorias definem a noção de «sinal» como uma espécie de «preparação» que se relaciona com o «significado» de uma forma que não pressupõe intenção, convenção nem regra. Um teórico da arquitectura, por exemplo, não consegue discernir a diferença essencial entre o modo como os rastos num bosque têm significado para o caçador e o modo como um edifício tem significado para o homem que o compreende ([6]). Mas, é claro, tratar edifícios em termos do seu «significado natural» é um exercício trivial: é impossível negar, e pouco importante afirmar, que os edifícios são sinais naturais – por exemplo, sinais naturais das suas funções – e que a visão de uma escola pode levar alguém a imaginar um processo de educação dentro dela.

Como avaliamos a analogia linguística? A arquitectura pode parecer-se com a linguagem quer acidental quer essencialmente. Pode partilhar algumas ou todas as características que são linguisticamente dispensáveis; ou ainda, pode partilhar alguns dos traços essenciais da linguagem, mas só, por assim dizer, por acaso, e não pelo próprio facto de ser arquitectura. Só no primeiro caso é que podemos esperar deduzir da analogia linguística uma teoria da compreensão da arquitectura. Mas saberemos o suficiente acerca da natureza e da função da linguagem para podermos resolver essa questão? Um problema é que os defensores das visões «linguística», «semântica», «semiótica», «semiológica» e «estruturalista» da arte e da arquitectura parecem partir todos de suposições completamente diferentes sobre a natureza da linguagem, parecendo igualmente incapazes de encontrar um traço da linguagem que possa decidir a questão. No entanto, todos declaram ter uma compreensão suficiente da linguagem para poderem apresentar um conceito de simbolismo em que caibam tanto a arquitectura como a linguagem. Antes de abordarmos uma ou duas destas teorias, portanto, será necessário dizer qualquer coisa sobre os tipos de factos em que a analogia se pode basear. Evidentemente, não chega falar de arquitectura apenas como uma forma de «simbolismo» ou «significado».

Já mencionei duas características distintivas da linguagem que podem ser importantes aqui: gramática e intenção. Os edifícios, como as articulações linguísticas, são, em todas as suas particularidades, intencionais e devem ser vistos e compreendidos como tal. Além disso, a arquitectura séria tende a ser governada por regras, regras para a combinação e distribuição das partes arquitecturais. O facto de ser difícil afirmar o significado preciso dessas regras não nos deve desanimar. Deparamos precisamente com a mesma dificuldade quando tentamos compreender o papel das convenções e das regras na linguagem. Em ambos os casos, as regras não são inquebráveis, nem dispensáveis, e em ambos os casos ajudam a determinar o grande significado do resultado. A arquitectura parece, de facto, expor uma espécie de «sintaxe»: as partes de um edifício parecem reunir-se de tal modo que o grande significado do todo vai reflectir e depender da maneira de combinar as suas partes.

Alberti descreveu a beleza como uma organização das partes em que nada poderia ser mudado sem detrimento do todo ([7]), definição a que teremos ocasião de voltar. E a teoria clássica das Ordens, que procurava precisamente captar esse ideal de beleza, levava quase inevitavelmente a uma abordagem «gramatical» da arquitectura. As Ordens foram concebidas pelos mestres do Renascimento como conjuntos de restrições mutuamente dependentes; ao obedecer a uma dessas restrições, um arquitecto é forçado pela lógica interna a obedecer a todas. Assim, o uso da Ordem dórica impõe uma relação rigorosa entre as dimensões horizontais e verticais, necessita de um certo tipo de entablamento e de certas aberturas de janelas. Suprime todo o tipo de arbitrariedade da ornamentação, por exemplo, ao dar ao arquitecto uma razão obrigatória para inserir tríglifos no friso, para simplificar as molduras da base da coluna, para cultivar na superfície da parede um certo peso áspero, e por aí adiante. Deste modo, as Ordens permitem controlar o desenho de toda uma fachada, para aplicar restrições gramaticais que permitem que um canto do edifício imponha limites à sua mais distante contrapartida; a qualquer altura um erro pode desfigurar a integridade da estrutura e destruir o fio do significado que percorre os pormenores do todo ([8]). A influência das Ordens estende-se mesmo às partes de um edifício onde estão mais implícitas do que evidentes: uma armação de janela pode ser reconhecidamente dórica e mesmo uma parede lisa pode ter uma articulação jónica, por causa do ritmo das aberturas, da divisão das suas partes e da ornamentação das cristas ou molduras ocasionais. E embora este ideal de ordem gramatical seja muito claramente exemplificado na teoria clássica, há outros exemplos; mesmo o menos clássico dos estilos (como o de Le Corbusier na *Unité d'Habitation*, ou o usado por Voysey em Bedford Park) possui uma gramática reconhecível. Mesmo o mais livre dos arquitectos pode fazer depender o significado dos edifícios, se não da obediência, pelo menos da troca de regras composicionais.

Ora é claro que as Ordens deixam muita coisa por determinar; podem ser usadas mais ou menos fielmente; podem ser alteradas ou variadas sem resultados desastrosos, como na arquitectura dos maneiristas, de Giulio Romano, Peruzzi e Miguel Ângelo. Mas até entendermos o papel da sintaxe na linguagem, essas reservas não vencerão a analogia linguística. E enquanto tivermos essa compreensão, pensamos na sintaxe como uma série de restrições negativas, regras que limitam a forma como podemos continuar o que começámos a dizer. E é precisamente esse papel que, por instinto, atribuímos às regras na arquitectura.

É útil abordar aqui um padrão de pensamento habitualmente conhecido como «semiologia» que se propõe decifrar o significado de todos os produtos sociais ([9]). A semiologia – a ciência geral dos sinais anunciada por Saussure – propõe uma noção de significado que assimila a linguagem, o gesto e a arte, e que pretende deslindar todo o fenómeno humano, trazendo-o para a esfera de uma teoria da significação que inclui tudo. A escola tem muitos objectivos e muitos métodos; mas é claramente esta crença na possibilidade de generalizar o «significado» que devemos analisar. A semiologia parte da analogia entre linguagem e outras actividades e usa, na procura do significado, todos os «métodos» que tem à disposição para os decifrar: a análise freudiana, o marxismo, a antropologia estruturalista e todos os outros ([10]). Mas a base intelectual é mais simples e mais geral do que os «métodos» e depende de duas suposições directas. Primeiro, todo o comportamento humano pode ser visto como expressivo, revelador de pensamentos, sentimentos, intenções, etc. Muitas vezes (como nos sonhos) o comportamento pode revelar sentimentos que não são directamente acessíveis ao sujeito, e este é um ponto que decerto agrada ao semiólogo, uma vez que lhe permite acreditar que o significado descoberto pela sua «ciência» pode ser algo que ainda tem de ser reconhecido mesmo pelos que usam e observam os «sinais». Segundo, pode-se considerar que os modos de expressão humana têm uma certa «estrutura», uma «estrutura» que também se encontra na linguagem ([11]).

Esta contenção «estruturalista» tem uma relação mais imediata com o nosso tópico e, portanto, devemos começar por a abordar.

De acordo com Barthes, por exemplo (que neste ponto segue Saussure) [12], uma frase é um «sistema» composto por «sintagmas». Um sintagma é uma categoria de termos que se podem substituir entre si, sem destruir o sistema – sem tornar a frase «inaceitável» para os que falam a língua. Por exemplo, na frase «João ama Maria», «ama» pode ser substituído por «odeia» ou «come», mas não por «se», «pensa que» ou «nada». Quem entende a linguagem é capaz de reconhecer que palavras podem, e não podem, substituir-se entre si numa frase. Possui certas «categorias sintácticas». Como é evidente, pode encontrar-se uma estrutura semelhante noutras actividades humanas – por exemplo, na arquitectura, onde (conforme o estilo) um arco pode ser seguido por outro do mesmo tipo, ou por um pilar conclusivo, mas não por um arco de tamanho e estilo contrário, nem por uma sequência de colunas partidas. (Daí a correcção sintáctica da Rue de Rivoli e a confusão sem sentido do desenvolvimento no Elephant and Castle.) Ou pense-se no exemplo explorado por Barthes nos *Elementos de Semiologia*, o caso do menu. Qualquer pessoa pode pedir o seguinte: *oeufs bénédictine,* bife com batatas fritas *e baba au rum.* É um sistema «aceitável»; na nossa sociedade a mesma refeição ao contrário seria inaceitável. Há casos comparáveis na arquitectura. Considere-se, por exemplo, o «inaceitável» de uma coluna em que a base e o capitel estão trocados, ou um friso no lugar onde devia estar um pódio. É verdade que a arquitectura é uma actividade especializada e complexa, que a violação de regras pode ser mais ou menos tolerada e mesmo as regras podem ser mais ou menos misturadas. Podíamos aceitar a «mistura» de Ordens, ou mesmo a mistura do clássico e do gótico, como em St. Eustache (figura 3, pág. 21). Contudo, quando os críticos falam de princípios violados, ou de projecto descontrolado, usam muitas vezes uma ideia de «inaceitável» que não está muito longe da que aplicámos ao menu. É nesse sentido, talvez, que se pode querer discutir o inaceitável de armações de janelas clássicas em arcos góticos (como essa composição ocorre, digamos, na arquitectura de Webb). Vamos assumir então que podemos generalizar a partir do caso do menu: os autores da semiologia na arquitectura, do pedante Eco aos acalorados colaboradores de *Konzept e Tel Quel*, não deram certamente uma razão clara ou consistente para distinguir os exemplos [13].

Assim como cada prato pertence a uma «unidade sintagmática» – pode ser substituído por alguns pratos, mas não por outros –, o mesmo se passa com os elementos arquitecturais. O bife e as batatas fritas podem ser substituídos por salada de presunto, mas não por um copo de Tokay – isso seria «inaceitável»; é (gramaticalmente) aceitável substituir um capitel jónico por uma das suas variantes (como o de Bassae, ilustrado na figura 59, pág. 176, ou mesmo o usado por Miguel Ângelo no Palazzo dei Conservatori), mas não por um capitel de linguagem dórica ou gótica. O que não quer dizer que não haja excentricidades arquitecturais, tal como há excentricidades na comida e no vinho, e modos de falar inspirados ou descuidados. O semiólogo vai tirar logo a conclusão: o menu é uma espécie de linguagem; a arquitectura também é uma espécie de linguagem; todas estas actividades têm «significado» na medida em que as frases têm significado e o significado pode ser simplesmente «decifrado» pelos que sabem o código.

Essa conclusão é, evidentemente, injustificada. As «estruturas» observadas no menu ou na linguagem clássica não têm valor semântico. Qualquer actividade sequencial que possa ser julgada «correcta» ou «incorrecta» exibe essa estrutura. (Isso é simplesmente uma verdade necessária.) A estrutura é equivalente à regra. Mas o que é que daí resulta? Considere-se a verdadeira interpretação de Barthes do menu. Bife com batatas fritas supostamente significa «francesismo» ([14]). (Como a coluna dórica pode «significar», digamos, «força máscula».) Suponhamos então que o «significado» de *oeufs bénédictine* é «catolicismo romano» e que o de *baba au rum* é «sensualidade» –, qual será então o significado de todo o sistema? Significará que o catolicismo francês é compatível com a sensualidade? Ou que ser francês é mais importante do que ser católico? Ou que ser sensual é mais importante do que ambas as coisas? Não há possibilidade de responder, visto que, embora o nosso sistema possa ter estrutura, não tem *gramática*. É necessário ter uma gramática para mostrar como os significados das partes determinam o significado do todo. A «estrutura sintagmática» – sendo uma consequência trivial da sequência guiada por regras – não mostra nada disso.

De facto, há profundas diferenças entre significado linguístico e não-linguístico, diferenças que a semiologia até agora foi incapaz de descrever. E pode razoavelmente suspeitar-se de que essa incapacidade provém precisamente da tentativa de fornecer uma ciência *geral* dos sinais. Considere-se o jogo na palavra «aceitável». O sentido em que uma frase é aceitável não é o sentido em que o menu ou uma composição arquitectónica podem ser aceitáveis, apesar de haver em todos estes casos convenções claras que podem ser invocadas para justificar a escolha das partes. «João ama Maria» é uma frase aceitável porque pode ser usada para dizer qualquer coisa e tem esse uso porque pode ser verdadeira ou falsa. Nesto sentido pode ser contrastada com as frases «inaceitáveis», como «João se Maria». O aceitável na linguagem está relacionado com a possibilidade de verdade e não há explicação do significado linguístico que não mostre a sua relação com a verdade ([15]). No entanto, é precisamente essa relação que a semiologia ignora e tem de ignorar se quiser generalizar o conceito de «significado» da linguagem à arte e à arquitectura. Uma pessoa pode exprimir atitudes de todas as maneiras, mas quando usa a linguagem, os conceitos de verdade e falsidade aplicam-se ao comportamento. O que diz pode então corresponder não só aos seus estados interiores, mas também à *realidade*. É disto que trata a linguagem e a sua natureza como forma de comunicação pela qual as pessoas podem informar-se mutuamente acerca do mundo que partilham.

Foi também pelo conceito de verdade que os filósofos foram capazes de dar um sentido à ideia de estrutura «gramatical». O que distingue a linguagem não *é justamente* a relação com a verdade, mas o facto de a sintaxe *derivar* dessa relação. É porque as palavras individuais numa frase dizem que a frase é verdadeira ou falsa e as regras nos permitem retirar, da referência das palavras, as condições para a verdade da frase. Apesar da sua simplicidade, esta observação, feita primeiro por Frege ([16]), veio a ser extremamente importante para a compreensão da linguagem. Permite-nos perceber como as condições para a verdade de uma frase podem ser entendidas por qualquer pessoa que conheça o significado das partes. E se se conhecem as condições para a verdade de uma frase, sabe-se o que ela diz e, portanto, o que significa. Esta teoria da verdade fornece a pedra angular de uma gramática genuína ([17]), uma vez que nos diz como obter o significado de uma frase do significado das suas partes. Justifica, portanto, a divisão intuitiva em partes e mostra como as partes se unem – a sintaxe vem depois da semântica. E é por isso que não podemos considerar o menu um fenómeno linguístico: aqui, falar de «sintaxe» é empregar uma metáfora. Nem pode haver uma sintaxe (visto não poder haver uma teoria da verdade) para roupas, comida, ou qualquer dos outros fenómenos a que o semiólogo dedica a sua atenção errante. O facto de ter voltado a sua atenção para o estudo da arquitectura ([18]) não nos devia levar a supor que nada tem a dizer acerca do seu significado. Se a teoria fregiana, que esboçámos, é verdadeira (e ela tem agora uma vasta aceitação), então toda a «ciência» da semiologia está fundada num erro.

Parece então que não temos, até agora, o direito de falar de «sintaxe» arquitectural. Até a sintaxe se correlacionar com a semântica – isto é, até apresentar uma elucidação, passo a passo, de um significado –, não é mais do que uma regularidade intencional. Por outras palavras, não denota uma verdadeira gramática e não pode lançar luz sobre a compreensão da forma. Mas talvez devêssemos, afinal, estar preparados para apoiar uma genuína semântica da arquitectura. Eco, por exemplo, num livro importante, procurou qualquer coisa que pudesse merecer esse nome ([19]). Foi buscar a John Stuart Mill os termos «denotação» e «conotação» – em termos gerais, uma palavra denota um objecto ou classe de objectos e conota uma ideia ou significado. Eco concluiu que toda a forma arquitectural denota uma função e, ao mesmo tempo, conota uma ideia. Aqui não há uma tentativa de falar em verdade – o conceito de denotação é analisado independentemente ([20]). Compreender a arquitectura desta perspectiva é uma questão de «retirar» do sinal arquitectural os vários significados que contém, em especial as ideias por ele conotadas e a função que denota. (De acordo com Eco, o estilo gótico implica uma ideia de religiosidade, embora denote diferentes funções conforme o uso ([21])). Denotar uma função não é o mesmo que *possuir* uma função – denotar uma função é articulá-la como uma «mensagem», torná-la publicamente acessível e publicamente inteligível. A denotação, por outras palavras, é uma forma de relação simbólica; um edifício pode denotar uma função que não possui (como os contrafortes em forma de fuso de St. Ouen em Rouen, tão veementemente condenados por Ruskin ([22]), ou possuir uma função que não denota (como as colunas do Royal Automobile Club, que na realidade funcionam como algerozes). Uma vez mais, contudo, convém ser céptico. O uso destes termos – «denotação» e «conotação» – não implica necessariamente uma teoria de aplicação deles. Convém perguntar se realmente avançámos para além da ideia de significado «natural», de uma significação «sugerida» por um objecto, por causa de uma relação não-simbólica. Os exemplos que discutimos implicaram relações causais: o «símbolo» natural sugere a causa e o efeito e chega assim a «significá-lo». E não era preciso Baudelaire indicar que todo o objecto é um «símbolo natural». Ora a relação de um edifício com uma função não é causal, mas teológica: a função de um edifício não é a causa, nem o efeito, mas sim o seu objectivo. Todavia, é ainda característica natural de um edifício ele sugerir um objectivo – não um traço «linguístico». Há muitos exemplos de «significado» teológico na natureza. A barbatana do peixe sugere o objectivo de guiar o movimento, como a espiral de uma trepadeira sugere a tendência ascendente. Isto são exemplos de significado não-linguístico porque – uma vez compreendida a relação entre objecto e finalidade – nada mais há para ser entendido e, por certo, nada de simbólico. Não há conteúdo para a sugestão de que a barbatana do peixe também diz qualquer coisa sobre a sua função, de que transmite uma «mensagem» ou funciona como «símbolo». Um objecto natural pode mesmo sugerir uma função que não possui, como os botões pretos numa lula sugerem a ideia de visão, mas não têm função visual. Parece então que, se quisermos usar os termos semânticos propostos por Eco, serão necessários mais argumentos. Quais são esses argumentos?

Temos de voltar às noções de estrutura semântica. Normalmente, quando digo que uma palavra – digamos «João» – representa ou denota qualquer coisa, quero dizer mais do que simplesmente que a palavra «antecipa» ou «sugere» o que denota (o homem João). Quero dizer que a palavra está tão conectada com o João que pode ser usada para falar sobre ele, para dizer coisas acerca dele, coisas que podem ser verdadeiras ou falsas. Dito de outra forma, a palavra substitui João, porque pode representar João na linguagem, tomando parte numa actividade completa de referência cujo fim (no caso central) é dizer o que é verdadeiro. Era por isso que pensadores como Frege desejavam ver a relação de referência em termos de uma contribuição das palavras individuais para as condições da verdade de frases. Frege foi mais longe, na verdade, e afirmava que uma palavra tem referência só no contexto de uma frase: nada é referido até se dizer qualquer coisa ([23]). Não é difícil simpatizar com este modo de ver, uma vez que deriva de uma explicação séria da distinção entre significado linguístico e não-linguístico, uma explicação que tenta mostrar porque são exercidas capacidades diferentes no uso e na compreensão de cada um. Saber como determinar a referência de uma palavra torna-se essencial para a compreender, visto que, de acordo com este ponto de vista, isso faz parte do conhecimento do que foi dito por qualquer frase onde o termo apareça. É, portanto, a relação sistemática entre referência e verdade que nos permite perceber que uma teoria da referência é também uma teoria da compreensão. Uma verdadeira teoria da referência dir-nos-á como se vem a compreender não só as palavras individuais, mas a totalidade do que se ouve e diz.

De acordo com este ponto de vista, tem de ser, decerto, um pouco mais que um trocadilho falar de denotação, referência, ou seja o que for, onde não haja estrutura semântica – uma passagem da referência para a verdade. A denotação de um arco, de acordo com Eco, é a sua função de suporte. Mas o que dizem o edifício completo ou a arcada sobre essa função? Se não pudemos responder a essa questão, não justificámos o uso do termo «denotação» nem demos qualquer explicação da razão por que se deve compreender a «denotação». No entanto, a única vantagem da analogia linguística era sugerir uma explicação do que era compreender e apreciar um edifício. A «denotação» de Eco tem ainda de adquirir esse significado e é um facto curioso que alguns podem notar, mas que outros podem ignorar impunemente.

Ora, é claro que uma forma pode muito bem sugerir uma certa função; pode ter também conotação no sentido de Eco (quase tudo a tem). Mas esses factos têm pouco interesse enquanto não apresentarmos uma análise das duas relações, de «denotação» e de «conotação». No caso da linguagem, a aparente impenetrabilidade da denotação é compensada pela nossa compreensão de uma ligação entre referência e verdade – entre referir-se a qualquer coisa e falar acerca dela (de uma forma que pode ser verdadeira ou falsa). No caso de um edifício, onde essa ligação parece estar ausente, a ideia de «denotação» é pouco mais do que uma lacuna intelectual – uma palavra sem um conceito. Não sabemos simplesmente o que se está a dizer quando se diz que um edifício denota uma função; e descrever a relação em termos linguísticos, devido à natureza quase sintáctica das formas arquitecturais, revela uma confusão.

Mas é provável que o leitor sinta que fica qualquer coisa para a analogia linguística. Afinal, pode bem haver qualquer coisa que se encontre entre o significado natural, tal como o descrevemos, e o significado linguístico, qualquer coisa que não possuiu a estrutura do último e que, no entanto, tal como os símbolos, exprime intenções, convenções e «significados». Podemos não falar de «sinais» ou «símbolos» onde há referência, nem asserção, nem verdade? Veremos que há, na verdade, outras formas de simbolismo e que a arte é um dos seus repositórios principais. Mas primeiro temos de explicar adequadamente as características da arquitectura semelhantes às da linguagem que tornaram a analogia plausível.

Talvez a característica mais importante seja a preponderância na arquitectura de convenções e regras. O que é importante não é a obediência a regras – essa obediência é e deve ser limitada –, mas antes a manifesta influência dessas regras em tudo o que podemos entender como *significação* arquitectural. Considere-se, por exemplo, o mais criticado (e, na maior parte das vezes, injustamente criticado) dos géneros arquitectónicos, o barroco eduardiano, patente na fachada de Norman Shaw do Piccadilly Hotel (1905-6) (figura 54). Aqui encontramos pormenores extraídos por atacado de uma tradição que foi em tempos entendida e tratada com tanto respeito como aquele que poderíamos considerar apropriado para o pormenor da fachada de um edifício moderno. Poderia dizer-se que, seja qual for o defeito do edifício, não é um defeito de *vocabulário:* essas colunas, cornijas, molduras, armações de janelas e *oeillets* derivam todas da mesma «linguagem» clássica e podia esperar-se que ocorressem juntas. Mas há qualquer coisa de errado na maneira como se combinam. Os pormenores estão de alguma forma fora de controlo: não há uma concepção geral em que se ajustem, nada que pareça dar razão à sua existência. E aqui podia bem falar-se de uma desobediência à regra. Por exemplo, a balaustrada de colunas do Piccadilly Hotel nada esconde, não dá abrigo a nada, não suporta nada, é muito desproporcionada, não encontra eco em parte alguma do edifício e sobressai como mera excrescência, irrelevante para o resto da estrutura a que está agarrada por acaso. Podia dizer-se que toda a fachada se encontra sintacticamente deslocada. E seria possível compará-la com a bela composição de Palladio no Redentore (figura 55), onde a balaustrada, que se destina a separar as secções monásticas das laicas do coro, parece continuar uma ordem estabelecida na igreja como um todo, e segue uma regra de composição que pode ser rapidamente entendida em todos os pormenores da nave. No exemplo eduardiano, pelo contrário, a referência clássica tornou-se grotesca: os pormenores estão tão desordenados que não podem desempenhar qualquer papel na nossa compreensão do edifício, tal como o edifício como um todo não pode dar um significado próprio às suas partes.

FIGURA 54: R. Norman Shaw: Piccadilly Hotel, Londres, fachada

É interessante reflectir sobre a ideia de um desvio *significativo* da regra – de um desvio que *exija* a existência de uma ordem preestabelecida. O tipo de significação que aqui surge não pode ser adoptado por qualquer teoria linguística ou semântica; permanece, contudo, no cerne de toda a experiência séria de arquitectura. Compreender isto é ver como a «linguagem» da arquitectura está tão perto e tão longe de qualquer coisa a que se pudesse propriamente chamar sintaxe. Considere-se então o Palazzo Valmarana – uma das melhores casas vicentinas de Palladio (figuras 56 e 57). Aqui, numa fachada elegante e extremamente ordenada, encontramos um surpreendente desvio da regra (um desvio que chocou Sir William Chambers ([24])). A Ordem colossal da fachada – que nos lembra Miguel Ângelo no que tem de mais forte – é subitamente alterada nos cantos, precisamente onde o efeito de força seria normalmente exigido, dando lugar a uma engraçada combinação de frágeis pilastras e langorosos atlantes e alterando os tamanhos e posições das aberturas, mesmo até ao ponto de romper o entablamento. O efeito não é incongruente mas, pelo contrário, vivo e delicioso, conseguindo uma

FIGURA 55: Andrea Palladio: Il Redentore, Veneza, anteparo

harmonia inesperada entre o imponente Palazzo e a arquitectura despretensiosa de ambos os lados. Se o Palazzo não nos impressionou devido a um sentido de ordem guiada por regras, não nos devíamos surpreender por esse desvio da regra, nem extrair dele o significado que tem – o significado, como poderíamos dizer, de uma complacência civilizada, de uma verdadeira falta de auto-aclamação vulgar. O desvio torna-se significativo por causa da ordem contra a qual se afirma. É no contexto de regras e convenções que esses «gestos livres» são capazes de transmitir intenções expressivas.

Este exemplo não é, de forma alguma, invulgar. Pelo contrário, tipifica toda a história da arquitectura ocidental. Embora os arquitectos tenham estado sempre motivados pela procura do momento do seu restabelecimento, as ordens clássicas

FIGURA 56: Andrea Palladio: Palazzo Valmarana, Vicenza

eram mais uma pista para experiências do que um corpo inflexível de preceitos e embora houvesse edifícios com uma perfeição que reflecte uma estrita obediência à ordem e à regra, a sua perfeição não é, por essa razão, diferente da perfeição de um desvio expressivo. O Tempietto de Bramante e o Vestíbulo de Miguel Ângelo da Biblioteca Laurentina são igualmente belos, e belos de forma semelhante, apesar do facto de um quebrar as regras que o outro segue e de alcançar a perfeição mostrando precisamente que o faz.

Parece então que o significado das formas arquitecturais não pode ser explicado apenas pela obediência à regra e que a importância das regras é mal representada pela analogia linguística. No entanto, a analogia é mais útil do que é sugerido pelos exemplos maneiristas. É importante ver que o tipo de «significação» que descobri-

FIGURA 57: Andrea Palladio: Palazzo Valmarana, dos I Quattro Libri

mos na fachada do Palazzo Valmarana é uma característica que se pode ligar não só ao todo da composição arquitectural, mas também às partes, e que muitas vezes há uma dependência do significado entre a parte e o todo e entre o todo e a parte que não é diferente da dependência semântica observável na linguagem. Assim, um dos principais erros em arquitectura é o que já observámos no Piccadilly Hotel: compreender mal a composição por se não ter podido notar que os pormenores têm implicações e não podem ser combinados de qualquer forma sem produzirem o absurdo. Os próprios pormenores impõem uma possibilidade de organização. E isto é verdade não só para os estilos – como o barroco – onde abundam as partes ornamentais e que surgem de uma complicada história de embelezamento. Também é verdade mesmo para os efeitos mais simples do modernismo arquitectural. Os pormenores da primitiva linguagem do Bauhaus são agora bastante conhecidos – o trabalho cuidadoso da alvenaria, os cantos envoltos em vidro, as arestas puras, sistemas de encadeamento de cimento armado e umbrais de porta redondos. Mas quão raramente são usados esses detalhes com algum sentido de organização e quantas vezes desafiam a modesta, mas verdadeira, gramática que Gropius e os seus primeiros associados desenvolveram. A rejeição do ornamento era, para Gropius, um princípio estilístico, uma *forma* de ornamento e pouco tinha que ver com a antiarquitectura não-gramática que se declarou descendente dele e que marcou a primeira tentativa séria de arquitectos para abolir os princípios da sua arte.

Neste sentido, podemos saber que nunca será possível separar a qualidade de um edifício da dos seus pormenores e que uma disposição de pormenores mal trabalhados, por melhor copiados que sejam, pode bem não ter sentido se comparada com uma disposição igual onde os pormenores estejam adequadamente executados. Uma análise superficial podia sugerir que se atribui o mesmo *tipo* de significação à fachada de um edifício como o Palazzo Grimani, em Veneza, e à fachada da estação de Scott em St. Pancras. Em ambos os casos há ritmos estabelecidos e obediência a convenções na combinação das partes e o êxito, em cada caso, é um êxito de composição. Mas é possível argumentar (embora na verdade não seja essa a questão) que a crueza do pormenor no edifício de Scott – a sua natureza pesada de feito-à-máquina – significa que a composição da fachada se limita a transferir para o todo a vacuidade das partes. Essa será também a razão pela qual deveríamos desconfiar das reivindicações do corbusieriano de que proporciona um verdadeiro equivalente moderno do classicismo. A regularidade não é suficiente e a repetitividade da *Unité d'Habitation* só pode contribuir para um estilo arquitectural se os pormenores se tornarem partes vivas dele; e isso significa que devem perder a estúpida e desajeitada característica de matéria modelada e adquirir a articulação de um acto humano. O Palazzo Grimani retira a sua serena harmonia, o seu carácter alegre e repousante, precisamente do facto de a significação viva dos pormenores estar espalhada, devido à intervenção de uma «gramática» estrutural, por toda a fachada.

Esta dependência mútua entre parte e todo, e o sentido de que uma «significação» pode surgir da sua acção, é a característica da arquitectura que mais se assemelha à linguagem e qualquer teoria que pretenda fazer justiça aos factos e fornecer uma análise do significado arquitectural tem de a ter em consideração. É disto que depende o lugar especial de Ruskin e Viollet-le-Duc entre os que escreveram sobre arquitectura. O seu objectivo expresso era mostrar como surge o significado de um edifício e como este depende da compreensão das partes. E a mesma consciência da «gramática» arquitectural motivou Pugin, que (como Viollet-le-Duc) tentou dar um cariz funcionalista à ideia do revivalismo gótico, simplesmente com a finalidade de chegar à noção de pormenor *válido*, a um modo de determinar as *implicações* das diferentes partes arquitecturais.

Contudo, ao considerarmos a crítica destes autores, compreendemos que o que está a ser discutido não é a linguagem, mas o estilo. Pugin estava a reagir contra a ideia ([25]) de que apenas se pode encontrar valor estético em associações emocionais e narrativas, associações que podem sobreviver à percepção de um edifício, do mesmo modo que as associações de Culloden persistem no espírito muito depois de se ter saído de cena. Pugin esforçou-se ao máximo para mostrar que essas associações não podiam, de forma alguma, constituir um guia para o arquitecto ou um padrão sério de gosto, e (como vimos) a sua tese é convincente, pois é necessário um padrão de gosto para criar um estilo e até haver um estilo não pode haver associações que lhe atribuam um significado. Ora Pugin optou por se exprimir em termos funcionalistas, argumentando que o pormenor válido é aquele que é estruturalmente significativo, que tem ou cria uma carga, como o arco e o pináculo gótico. Mas o seu conhecimento não depende disso. É o conhecimento de que não pode haver estilo sem o sentido da «gramática» arquitectural, das partes que se ajustam às partes e das partes dominadas por uma concepção do todo.

Neste momento temos de deixar a analogia linguística. O «estilo» denota uma ordem que não é a ordem da «sintaxe». Um estilo cria harmonia, onde nenhuma sintaxe se poderia aplicar. Uma frase incompleta não tem sentido: a sintaxe só dá significado ao que é inteiro; a sintaxe é escrava da semântica; só pode haver unidade sintáctica naquilo que for semanticamente um todo. Mas um edifício incompleto pode apresentar uma unidade estilística e todo o significado que daí deriva. A fachada de Alberti do Palazzo Rucellai, por exemplo, que representa uma das maiores realizações estilísticas do início do Renascimento, não é desprovida de sentido por estar incompleta. A ordem e a serenidade pelas quais é admirada estão presentes no fragmento inacabado. Se a regularidade estilística equivalesse a uma forma de «sintaxe», teríamos de rejeitar a fachada como uma balbúrdia arquitectural. E, uma vez mais, o estilo actua de formas surpreendentes. Pode ter uma função puramente aditiva, permitindo ao arquitecto continuar a acrescentar partes às partes (como poderia acrescentar vãos a uma parede), na certeza de que nunca chegará a um absurdo. Pense-se, por exemplo, nas séries de rendilhados góticos na fachada oeste da Catedral de Peterborough (figura 58). Não se trata de um absurdo, por muito difícil que seja tentar vê-lo sob o aspecto de uma regra sintáctica. Os rendilhados, ao obedecerem a restrições estilísticas semelhantes, podem ser combinados com êxito apesar das formas contrastantes e apesar de não haver uma composição bem-sucedida (exceptuando a da concha mais exterior) que seja conseguida desse modo. O resultado não é «significativo» – pelo menos como no Palazzo Valmarana –, mas também não é absurdo. Tudo o que podemos dizer é que, apesar das dificuldades que o arquitecto teve de enfrentar, ressalta deles uma unidade estilística.

FIGURA 58: Catedral de Peterborough, fachada oeste

Um outro ponto que deve ser mencionado é a diferença radical entre as duas tarefas de combinar linguagens e combinar estilos. Este é um acto de esforço criativo que mostra mais qualquer coisa do que a compreensão dos vários estilos. Se compreendo francês e inglês, posso terminar sem dificuldade em francês o que comecei em inglês: o sentido do que estou a dizer transfere-se de uma língua para a outra. (Se assim não fosse, seria difícil imaginar como podia ter começado a literatura medieval inglesa.) Mas é uma façanha, por exemplo, continuar um edifício gótico no estilo do barroco. Hawksmoor foi bem-sucedido ao fazê-lo na torre oeste da Abadia de Westminster, mas mesmo aí é possível ver as torres mais como um acessório separado da abadia do que como uma conclusão integrada do seu movimento longitudinal. E considere-se a enorme diferença que existe entre uma linguagem autoconscientemente «mista» (como nos versos macarrónicos: «A celuy que pluys eyme en mounde,/Of all tho that I have founde,/Carissima...»), e um estilo arquitectónico autoconscientemente «misto». No Museu Ashmolean, Cockerell combina meias-colunas romanas, capitéis gregos, janelas palladianas, cornijas vignolescas, relevos e ornamentos gregos, frontões barrocos e armações de janelas à Miguel Ângelo, com muitas invenções originais dele próprio, tudo num dos mais harmoniosos edifícios ingleses. Esta realização estilística notável desafia a descrição. É certo que mostra ordem, desenvolvimento, significação. Mas não é a significação da articulação linguística, nem a ordem da regra sintáctica. O arquitecto aplica cada regra apenas para a emendar ou lhe desobedecer. E, no entanto, de uma forma indescritível, um estilo emerge da síntese e cada detalhe dá ênfase à viva serenidade da concepção (figura 59).

Esse exemplo mostra a distância a que estão todos os empreendimentos artísticos (incluindo a arquitectura) da actividade linguística normal. Talvez uma das causas de as teorias semânticas e semiológicas da arte terem estado tão em voga seja o desejo de encontrar um conceito único ou conjunto de conceitos em que todas as artes se possam reunir. Mas, mesmo no caso da literatura – para a qual uma explicação semiológica pode parecer particularmente adequada –, duvida-se que os valores e significações «estéticos» possam ser descritos em termos semânticos. Mesmo na literatura, a criação de significação estética depende, em última análise, da descoberta de detalhes «correctos» e «apropriados» e não podemos associar esta ideia de correcção a uma regra semântica. A capacidade do poeta é a capacidade de escolher entre palavras *apesar* das suas propriedades semânticas idênticas, de escolher, por exemplo, a palavra *sans* em vez da palavra *without,* como num famoso exemplo shakespeariano. É, como diria Frege, a capacidade de escolher entre palavras com o mesmo sentido, mas tom diferente. E não podemos associar «tom» a qualquer categoria semântica. Uma palavra adquire o tom a partir do seu uso e das regras que a governam. O tom não pode, portanto, ser o *tema* de uma regra.

É por esta razão que, mesmo em literatura, devemos distinguir estilo e competência linguística. Um estilo pode ser imitado, mas já é uma realização estética, não acessível a qualquer utente da linguagem independentemente dos seus poderes criativos. Daí que o estilo se aprenda por meio de uma aprendizagem completamente diferente da implicada na aprendizagem de uma língua. É o caso da arquitectura: o estilo adquire-se visualmente, sem a ajuda de qualquer tradução ou dicionário. Talvez a coisa mais estranha na teoria de que a arquitectura é uma linguagem seja a tendência dos que melhor entendem a arquitectura para negar que o seja. O que é que eles negam? Naturalmente, negam a presença de «estrutura semântica».

FIGURA 59: C. R. Cockerell: Museu Ashmolean, Oxford, detalhe da fachada

Mas há formas do que é vagamente chamado «simbolismo» que não são linguísticas. Considerem-se, por exemplo, sinais codificados, como os sinais rodoviários e os brasões heráldicos. Estas formas apresentam apenas uma gramática fragmentária e uma «ligação» parcial com o mundo. Duvida-se que uma «ciência geral dos sinais» pudesse ser alargada para os incluir – pelo menos sem fornecer uma teoria para separar códigos de linguagens. No entanto, têm uma espécie de função simbólica; «representam» qualquer coisa e, ao fazê-lo, disponibilizam informação ao observador. Além disso, há formas de «articulação» simbólica que não apresentam uma gramática, nem contêm informação definitiva e que, no entanto, por várias razões, poderíamos ainda querer considerar formas de simbolismo. Contudo, só seremos capazes de compreender estas formas de simbolismo se ignorarmos a analogia linguística. Como vimos, é uma analogia obscura e incerta e não contém um conhecimento teórico das coisas que nos permita aplicá-la de forma esclarecedora à arquitectura. Vamos então explorar essas outras formas de «simbolismo» sem a hipótese de qualquer «ciência geral dos sinais».

8. Expressão e abstracção

Os argumentos que apresentei para dizer que a arquitectura não é uma linguagem podiam aplicar-se *mutatis mutandis* ao meio representativo da pintura e ao meio expressivo da música ([1]). No entanto, «representação» e «expressão» podiam também ser pensadas como modos de simbolismo – pelo menos se atribuirmos uma vasta extensão a esse termo. Na verdade, é pela compreensão da representação e da expressão que seremos capazes de apreender o sentido do que se entende por esse conceito generalizado de «simbolismo». E temos de descobrir se qualquer dessas propriedades pertence à arquitectura.

É habitual descrever a arquitectura como arte «abstracta». Pretende-se com isso fazer supor um contraste com as artes «representativas»: poesia, ficção e pintura. Que contraste é este? Sabemos que há *alguma* diferença – e uma diferença da maior importância – entre obras como *Middlemarch* e *Le Déjeuner sur l'Herbe,* por um lado, e obras como *A Arte da Fuga* e as pinturas abstractas de Mondrian, por outro. Mas uma descrição precisa da diferença mostrou-se difícil ([2]), em parte porque os filósofos atenderam não ao que é comum aos vários modos de representação, mas ao que os distingue. (Uma notável excepção é Nelson Goodman, que descreve a característica comum na representação como «denotação», uma espécie de referência. E ao generalizar assim o conceito de referência, cobrindo todo o campo do simbolismo linguístico e artístico, tenta provar a posição, contra a qual já argumentei, de que há um importante sentido de linguagem segundo o qual toda a arte é linguagem. Mas parece-me que Goodman chega a esta conclusão ao generalizar a noção de referência até ao ponto da trivialidade ([3]).)

Para falar de forma muito simples, uma obra de arte representativa exprime *pensamentos* sobre um *tema*. Por «pensamento» entendo mais ou menos o que o moderno lógico entende: o conteúdo de uma frase declarativa, que pode ser verdadeiro ou falso ([4]). É claro que não é sempre a verdade ou falsidade do pensamento o que nos interessa na apreciação estética. Mas é nesta relação com a «verdade» – a relação definitiva de pensamento – que consiste a representação.

Os exemplos deviam ilustrar este ponto. Entre os pensamentos que dão origem ao meu interesse pelo Rei *Lear,* e que dão uma razão para esse interesse, encontram-se os pensamentos sobre Lear. Estes pensamentos são comunicados pela peça e são propriedade comum de todos os que a compreendem. Algo de semelhante ocorre na apreciação de uma pintura. Mesmo na mais ínfima representação – digamos, de uma maçã sobre uma toalha – a apreciação depende de determinados pensamentos que se podiam exprimir em linguagem, sem referência ao quadro; por exemplo, «Aqui está uma maçã; a maçã está sobre uma toalha; a toalha é aos quadrados e está dobrada na borda», etc. É claro que há muito num quadro que não é tão traduzível; há um conteúdo que não é tanto *afirmado* como *mostrado* e é, em parte, com a finalidade de separar os dois tipos de conteúdo que vou desenvolver a distinção entre representação e expressão. Representação, como vou defini-la, é essencialmente proposicional. (A definição é, evidentemente, ajustável; mas a intenção vai ser mostrada em breve.) Uma pessoa só compreende uma obra de arte representativa se tiver alguma consciência do que ela representa e alguma consciência do que é dito sobre o assunto. Essa consciência pode ser incompleta, mas deve ser adequada. Pode não ver o *Dinheiro dos Tributos* de Masaccio como uma representação da cena do Evangelho; mas para o compreender como representação tem pelo menos de ver o fresco como um grupo de homens fazendo gestos. Se não vir o fresco dessa maneira – digamos, porque só o pode apreciar como um arranjo abstracto de cores e linhas –, então não o compreende.

Este ponto é importante, pois mostra que a questão de a arquitectura ser uma arte representativa não é uma questão sobre as propriedades intrínsecas e a estrutura da arquitectura, mas uma questão sobre como *a compreendemos* e devemos compreender. Não basta mostrar, por exemplo, que um dado edifício *copia* a forma de qualquer coisa – da Santa Cruz, digamos, ou (mais profanamente) de um hambúrguer, pois a representação e a imitação são coisas muito diferentes. A questão é realmente como este acto de «copiar» deve afectar a nossa compreensão arquitectural. E isso, por sua vez, é uma questão de como devemos sentir o edifício, pois não há uma ideia adequada de compreensão estética que não mostre a relação dela com a experiência.

Evidentemente que é verdade, em primeira instância, que *o São Jorge* de Rafael (figura 60) representa qualquer coisa, por causa de uma semelhança intencional entre o quadro e tema. Contudo, como referiram muitos filósofos, a semelhança – mesmo a semelhança intencional – não é aqui suficiente [5]. Simplesmente não é possível compreender uma pintura como o *São Jorge* de Rafael ignorando ou sendo indiferente à sua capacidade representativa – à sua «referência» a um assunto. Sugerir isto é sugerir que o Rafael podia ser entendido como uma obra de arte puramente abstracta. E, no entanto, podia notar-se a semelhança e não ter presente qualquer «referência», tal como se pode, como Freud, notar uma semelhança entre as dobras no vestido de Santa Ana e um abutre, sabendo que a pintura de Leonardo não contém uma representação de um abutre.

FIGURA 60: Rafael: *São Jorge*

Aqui, alguém pode reclamar que se pode obter uma compreensão, pelo menos *parcial*, da pintura estudando-a como peça de arte abstracta. Pode compreender-se, dirá, a composição da pintura, o equilíbrio de tensões entre linhas ascendentes e descendentes, a sequência de planos espaciais, etc., e em nenhuma destas coisas se ter consciência do assunto. Mas essa resposta é totalmente disparatada pois parece sugerir que essas importantes qualidades estéticas do quadro de Rafael – composição, equilíbrio e ritmo espacial – são completamente independentes da representação, e não é assim. Por exemplo, só percebemos o equilíbrio entre o impulso ascendente das pernas traseiras do cavalo e a lança porque vemos as duas linhas ocupadas com as forças das coisas pintadas – com os músculos do cavalo e a pressão descendente da lança do cavaleiro. Se se puser de parte a representação, o equilíbrio também se dissolve. E o mesmo se passa com a composição. Se se alterar o significado representativo do cavalo (feche-se-lhe o olho, por exemplo, ou ponha-se-lhe um bracelete no casco), a composição fica totalmente destruída. Nada aqui é compreensível sem a representação ser entendida.

Acontece que há uma distinção entre representação e imitação. É claro que há muita imitação na arquitectura; o restaurante em forma de hambúrguer é apenas um exemplo extremo e ridículo de algo que é muito respeitável; outro exemplo é o da janela desenhada para parecer uma cara, como vimos na figura 61. Estes exemplos são grotescos porque mostram a imitação tomada até ao ponto onde se tem de tornar uma representação genuína ou então ser completamente estranha, uma espécie de piada monstruosa. Visto que a compreensão arquitectural impossibilita a primeira, a imitação a esta escala leva naturalmente à segunda. A monstruosidade resiste pelo facto de sermos confrontados não com uma representação, mas com uma máscara

FIGURA 61: Palazzo Zuccari, Roma

– o edifício está mascarado de qualquer coisa. *O David* de Miguel Ângelo não é uma peça de pedra mascarada de forma humana; a relação com a forma humana esgota a identidade estética. Aqui a representação é completa; a pedra foi transformada numa coisa viva. A representação na arquitectura não pode ser completa: o edifício continua a ser essencialmente *algo diferente* da máscara que tenta usar. Uma excelente ilustração é a ponte que Boullée desenhou para o Sena, em Paris, cujos pilares têm a forma de barcos (figura 62). Aqui a representação não podia, de forma alguma, ser levada à consumação. No melhor dos casos, tem o aspecto de uma ponte *apoiada* em barcos, mas nenhum barco podia alguma vez suportar tanta alvenaria ou ficar imóvel numa corrente rápida. O efeito de calma e segurança que uma ponte exige é, aqui, completamente abolido e a tentativa de representação milita claramente contra os valores arquitecturais.

Por outro lado, as imitações de folhas e grinaldas, de gotas e botões, mesmo de figuras humanas na forma de atlantes ou cariátides, são objectos habituais de uso arquitectural. Então quando é que a imitação se transforma em representação? A resposta óbvia é que se toma representativa quando o conhecimento da coisa imitada é uma parte essencial da verdadeira compreensão arquitectural. E parece razoável sugerir que raramente é assim. Podemos compreender e usar eficazmente um cartucho de bomba, por exemplo, e não ter a referência imitativa, tal como podemos atribuir um significado arquitectural ao tríglifo dórico, embora estejamos na dúvida se começou como imitação de extremidades de vigas de madeira ou de outra coisa qualquer. A imitação pode ser parte da génese de padrões arquitecturais sem ser parte da sua análise.

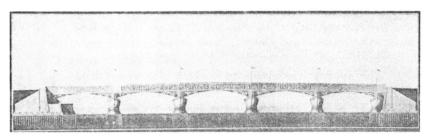

FIGURA 62: Étienne-Louis Boullée: projecto para ponte sobre o Sena

Outros exemplos sugerem uma analogia mais séria com as artes representativas – exemplos como a cariátide, como a alusão a velas na Sydney Opera House, e a vegetação na abóbada do gótico tardio, ou como a imitação mais directa de vegetação nas molduras góticas (veja-se a figura 63 a e b). Não é absurdo sugerir que essas formas só se podem entender se a sua referência ao assunto for tomada em consideração: até se ver a semelhança, não haverá compreensão. Isto é talvez menos verdade no caso das múltiplas alusões nas formas de uma abóbada gótica do que o é no caso das molduras de folhas cujo significado arquitectural não se pode descrever sem uma referência ao que «representam». É apenas como imitação que a delicadeza da linha e o intrincado do padrão são compreensíveis. O que dá a este padrão delicadeza e coerência é precisamente a relação percebida com certas formas naturais. E o mesmo se passa com tudo aquilo que consideramos ornamento genuíno na arquitectura, desde a escultura mais servilmente imitativa ao mais audaz arabesco. Este processo de imitação pode ser essencial ao tratamento arquitectural da pedra, se não do estuque, tijolo ou cimento. Mesmo os efeitos arquitecturais mais sublimes e envolventes podem depender, para impressionarem, de uma compreensão de diminutas formas imitativas – como na flo-

FIGURA 63a e b: Moldura
de folhas da Catedral de
Rouen

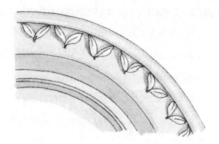

rescência do trabalho de pedra na Catedral de Rouen. De igual modo tem de se apreciar a Ordem Coríntia da base para o friso – a culminação em representação escultórica directa não é uma adição arbitrária, mas uma expressão própria da vida intrínseca da pedra ao ser desvendada pela Ordem. O efeito arquitectural, aqui, depende de se ver uma ascensão para a representação, uma lenta e cuidadosa passagem da mera imitação para a narrativa desenvolvida.

Mas devemos pensar melhor antes de passar destes exemplos para a conclusão de que a arquitectura pode ser uma arte representativa da mesma maneira que a pintura ou a escultura, pois a representação, sendo a expressão do pensamento, contém um elemento essencialmente «narrativo», uma elaboração de uma história ou descrição. A pintura representativa não só apresenta um assunto, também o descreve e explora, exactamente como uma passagem de prosa pode descrever e explorar o assunto. A arte representativa requer o *desenvolvimento* do pensamento. E aqui pode, penso eu, distinguir-se adequadamente a referência ornamental da referência narrativa. Um edifício não descreve tanto um assunto como se aproveita dele: aproveita-se da nossa familiaridade prévia com uma certa forma a fim de se tornar inteligível ao olhar humano. Quando a descrição *está* presente – como no friso grego – temos uma escultura enfeitada e, embora isso possa ser, na verdade, um aparte do efeito arquitectural, em essência não é mais arquitectura do que os frescos pintados no estuque do exterior de uma casa.

Esta distinção entre uso ornamental e representativo da imitação pode ser entendida através de um simples exemplo. Entre os capitéis da ordem inferior da fachada de Santa Caterina dei Funari (figura 64) imitam-se grinaldas. Parece que estas grinaldas foram penduradas de um capitel para o outro. Se isto fosse um caso de representação, teríamos, com efeito, de compreender este ornamento como uma representação de uma sequência de grinaldas a balançarem-se entre colunas (sendo a própria pilastra uma «representação» de uma coluna). Mas não o podemos ver assim. E isso é óbvio logo que nos voltamos para o vão central, acima da porta, onde, visto não haver pilastra

FIGURA 64: Giacomo della Porta: Santa Caterina dei Funari, Roma, fachada

para as suportar, as grinaldas continuam no mesmo ritmo, mas sem aparentes pontos de fixação. Ver isto como uma representação seria ver uma ponta de uma grinalda de flores fixa num ponto do ar – uma concepção absurda. (Pode observar-se um efeito semelhante em muitos edifícios do Renascimento, por exemplo, na fachada do jardim da Villa Medici.) Quase toda a imitação arquitectural é, neste sentido, ornamental e a sua eficácia não depende de um pensamento representativo desenvolvido. É claro que não interessa muito como usamos a *palavra* «representação»: o que interessa é que não devemos assimilar apressadamente os vários fenómenos sob pena de obtermos uma imagem distorcida da compreensão arquitectural.

Porque devemos, então, definir a representação como eu a defini? Em breves palavras, a resposta é esta: precisamos de fazer uma distinção entre duas espécies de interesse estético. Em ambos os casos há um objecto de interesse central para além do qual a atenção não se desvia. Mas num tipo de interesse estético não se pensa só na obra de arte; ou antes, ao pensar na obra de arte pode-se estar também a pensar noutra coisa, no seu tema. Aqui a atenção está focada na obra, embora, em certo sentido, o pensamento não o esteja. Isto acontece quando os pensamentos não são sobre a obra de arte e, no entanto, derivam dela e continuam sob o controlo da obra. Aqui o pensamento não é uma mera associação mas, pelo contrário, é veiculado e desenvolvido pela obra a que se presta atenção. O verdadeiro tema do pensamento é o tema da obra. Ao reflectirmos sobre Eneias e as suas aventuras, contudo, podemos estar também a prestar atenção à *Eneida* – e não há aqui dois actos de atenção envolvidos. É por isso que é correcto dizer que a *Eneida* é a representação das aventuras de Eneias. O tema de uma obra de arte representativa é também o tema dos pensamentos do homem que a vê ou lê com compreensão; apreciar a obra é, portanto, reflectir sobre o seu tema. Aí vemos a importância desse interesse estético, em que o pensamento de um tema fica inteiramente sob controlo de uma obra de arte. Vemos também porque devemos desejar distinguir o tipo completamente diferente de interesse estético, em que a atenção à obra de arte não é limitada por um interesse no seu tema e porque devemos dizer que «compreender» a obra é uma questão diferente em ambos os casos. E por muito que possamos estar persuadidos de que, em certos casos, o conhecimento de um «tema» pode ser importante para a compreensão arquitectural, é difícil defender que a compreensão arquitectural pode ser, em si mesma, um modo de interesse num tema. Aqui está a principal razão para se dizer que a arquitectura é, afinal, uma arte abstracta.

As observações do último parágrafo ajudam a explicar porque tantos filósofos desde Hegel tentaram, de diversas maneiras, distinguir a representação da expressão ([6]). Mesmo no segundo tipo de interesse estético – de que o elemento narrativo ou anedótico está ausente – é possível que a nossa apreciação da obra nos inspire pensamentos sobre outras coisas. Esses pensamentos, no entanto, não têm carácter narrativo ou descritivo; são mais semelhantes à ostensão do que a um enunciado, consistindo numa referência ou reminiscência de coisas que não são descritas. Um monumento fúnebre pode parecer referir um desgosto, digamos, a eternidade ou a transitoriedade, ou qualquer coisa que não se sabe o que é. A característica dessa referência é a frequente dificuldade que se tem em exprimir por palavras os «pensamentos» transmitidos pela obra de arte. Uma pessoa pode sentir que qualquer coisa é dita, por exemplo, pelos túmulos de Miguel Ângelo na Capela Medici (figura 65), mas ser completamente incapaz de dizer o que é. Essa incapacidade não é, de forma alguma, um sinal de que não compreendeu os túmulos, tanto no significado escultórico como no arquitectural. Neste caso talvez seja preferível falar não de representação, mas antes de expressão. A característica da expressão é a presença de «referência» sem afirmação: a tristeza é expressa pela escultura, mas nada se diz sobre tristeza; a eternidade está presente nas figuras pensantes de Michelangelo, mas não é descrita ([7]).

Expressão e abstracção 191

FIGURA 65: Miguel Ângelo: túmulos dos Medici, San Lorenzo, Florença, nova sacristia

Nesta noção de expressão, portanto, parecemos estar a aproximar-nos do ideal de «referência» sem descrição (referência sem estrutura semântica) que os semiólogos procuram na sua muito genérica «ciência» dos sinais. Aqui temos o núcleo residual da controvérsia de que a arquitectura é uma linguagem. Além disso, parecemos ter também acesso ao «imediatismo» do significado arquitectural. Se «expressão» em arquitectura tem algo que ver com a expressão de um rosto ou gesto, então estamos a referir-nos a qualquer coisa que é o objecto da reacção imediata – não *inferimos* a expressão pelos traços do rosto, nem a vemos como algo de independente que deve ser transmitido pelo rosto. A «expressão» num rosto faz parte do seu aspecto e tentar subtrair o rosto da expressão seria como tentar separar o gato Cheshire do seu sorriso.

É então importante saber exactamente o que queremos dizer ao descrever as qualidades «expressivas» das formas arquitecturais. A primeira coisa a notar é que a expressão pode ser – e no caso da arquitectura geralmente é – impessoal. Quer isto dizer que não precisa de incluir a expressão de qualquer sentimento pessoal ou de qualquer outro estado de espírito (real ou imaginado) por parte do arquitecto. É claro que uma obra de arte *pode* ser expressiva por ser uma manifestação de emoção pessoal. Mas isso é apenas *uma* maneira de ser expressiva e as teorias estéticas que tentam torná-la a maneira principal não entendem o conceito com que têm de lidar. (Para começar, a maioria das manifestações de emoção é inexpressiva: a expressividade, ao contrário da auto-expressão, requer distância e disciplina.)

Há uma outra fraqueza nessas teorias, contudo, que merece mais consideração. A impessoalidade pode significar duas coisas bastante distintas: a impessoalidade da escultura expressiva ou a da arquitectura expressiva, e, tal como referi no capítulo 1, estas derivam de fontes diferentes. Mesmo quando distinguimos, como devemos, expressão artística e auto-expressão, temos de distinguir o tipo de expressão estética que tem de ser *visto* como pessoal (o estigma exemplificado na poesia lírica, nos *lieder* e, acima de tudo, no monólogo dramático), da que tem de ser vista como abstracta e desligada. No último caso não atribuímos, mesmo em imaginação, uma *emoção* a um *sujeito* pois não há um sujeito a imaginar e raramente há qualquer emoção a atribuir. A expressão é mais uma exposição de atmosfera, uma apresentação abstracta de carácter. A distinção não é nítida, mas penso que é real e pode ser compreendida comparando a arquitectura com a música.

Suponhamos que ouço um fragmento de música expressiva e o ouço como se exprimisse desgosto. Esta percepção está ligada a pensamentos de sofrimento e de desprendimento pessoais. Ouço suspiros e soluços, imagino uma perda e interpreto a música como uma reacção à perda. É como se a minha percepção fosse determinada pelo pensamento: «Se tivesse sofrido essa perda, seria *assim* que me sentiria»; e nesse pensamento de emoção partilhada pode haver um poder consolador inexprimível. Há imenso que dizer sobre a «profundidade» desta experiência de emoção partilhada. Mas talvez seja evidente que a experiência da «expressão» na arquitectura não é assim. Como observei de início, a arquitectura é uma actividade pública; aspira a uma objectividade e a uma acessibilidade pública que podem estar ausentes de obras de música e de poesia sem detrimento do seu valor estético. Um edifício é essencialmente um objecto público, para ser olhado, se viver nele e caminhar para lá em qualquer altura, em todas as condições e com todas as disposições. Normalmente o observador não adopta um determinado estado de espírito, nem o olha, como pode fazer a um livro, uma pintura ou uma escultura, como objecto de atenção privada e pessoal. Há, de certo modo, portanto, qualquer coisa de intrinsecamente antiarquitectural na perspectiva – conhecida por vezes como expressionismo [8] – que vê a arquitectura como um termo médio num processo de comunicação pessoal, o processo de passar a emoção (ou seja, emoção imaginada) do artista para o público. Encontrar um edifício expressionista na vida do dia-a-dia é como ser constantemente incomodado por um maçador gabarola que deseja urgentemente que se saiba o que *ele* sente e que sente exactamente o mesmo todos os dias. É assim na arquitectura de Rudolf Steiner, que mostra, como poucas no mundo da arquitectura, uma enorme confusão de pensamento e uma enorme depravação da emoção. O expressionismo só se torna plausível quando a arquitectura se aproxima do ideal da escultura, começando então a fazer exigências quase escultóricas, como podem ser feitas, por exemplo, no projecto de um monumento. O expressionismo dá-nos um motivo inteligível para um «edifício» como a famosa «Torre da Paz» de Tokuchika Miki em Hiroshima mas, como arquitectura, esta torre é extremamente grotesca.

Há estruturas ambíguas que ficam entre o mundo da escultura e o mundo da arquitectura, estruturas como a coluna votiva, que parecem desafiar a interpretação arquitectural e, no entanto, se prestam ao projecto arquitectural – na verdade, Fischer von Erlach, numa surpreendente composição, conseguiu representar duas colunas votivas como partes integrantes de uma fachada de igreja (ver figura 66). Mas é claro que mesmo esse grande arquitecto teve alguma dificuldade em conseguir a unidade que observamos, e apenas evitou reduzir totalmente as colunas a minaretes ou torres. Além disso, é interessante notar que o uso de Fischer dos elementos quase escultóricos deriva de um complexo significado iconológico e que o arquitecto

FIGURA 66: J. B. Fischer von Erlach: Karlskirche, Viena

esteve sempre a trabalhar com um fim monumental (⁹). E quando um arquitecto tem esse fim monumental, acha difícil dar à sua obra uma expressão de tipo pessoal. Mesmo um monumento funerário, se se quer que tenha significado arquitectural, deve visar mais um sentimento público do que privado: e é essa a razão por que deve ser um *monumento*. A expressão arquitectural do desgosto atribui ao objecto uma importância pública que este pode não merecer: trata a vida individual e a perda individual como um símbolo de qualquer sentimento nacional ou religioso: como no pretensioso monumento a Victor Emmanuel II, em Roma, nas lajes cinzentas

FIGURA 67: Hans Poelzig: cenário de filme para *Der Golem*

do mausoléu de Lenine, ou na conseguida tranquilidade do Taj Mahal. Em todos estes casos a expressão foi desligada da emoção pessoal e identificou-se com os valores – valores implícitos na representação pública da vida humana – implícitos em todo o trabalho arquitectural. A rebuscada pomposidade do monumento de Victor Emmanuel, tal como a opressiva falta de vida do mausoléu de Lenine, não falam de desgosto nem de qualquer outra dor pessoal, mas antes da ordem social e da sua imagem. Mesmo Hans Poelzig, o expressionista dos arcos, estava ciente desta natureza pública do simbolismo arquitectural e dedicou muito do seu tempo à projecção de monumentos, não executados, a grandes homens mortos. Na verdade, Poelzig é provavelmente mais conhecido (ou pelo menos mais apreciado) pelos cenários de fundo para filmes expressionistas, em especial para *Der Golem* de Paul Wegerner (figura 67). Aí encontramos o verdadeiro *telos* da concepção expressionista na arquitectura. Neste caso o público é necessariamente um público de teatro, preparado para tratar o fundo como uma parte de um mundo irreal em que não vive e de que só pode ser espectador. O «edifício» é subsidiário da expressão dramática. Como arquitectura, estes cenários são incaracterísticos, mas prestam-se à expressão dramática, por muito absurdos que possam parecer numa rua.

No entanto, há uma característica importante dos edifícios que tem grande peso no seu carácter expressivo e que devemos ter aqui em mente – a divisão entre a disposição exterior e interior. Entrar num edifício é mudar de uma fachada para um ambiente, do público para o privado e, a não ser que o edifício seja ele próprio um edifício público, não é de estranhar que o interior faça exigências muito especiais – mesmo quase escultóricas – ao visitante. Uma pessoa que entra numa igreja, numa cripta ou num monumento, prepara-se para o que aí vai encontrar. É muito possível que o interior de uma capela funerária, por exemplo, exija uma apreciação em termos que estejam mais próximos da escultura que da arquitectura. Na Capela Medici, de Miguel Ângelo, não se trata de um uso público, nem de uma intenção funcional, cerimonial ou doméstica. A Capela demarca um espaço conscientemente *interior;* é quase uma escultura côncava. Não é o espaço aberto de um salão público ou o espaço privado de um lar doméstico: estes dois espaços – o privado e o público – são formas do que é exterior, formas da vida objectivamente realizada. Na Capela Medici, os traços arquitecturais são usados com uma especial *innigkeit,* simbolizando a vida interior precisamente porque lhes foram retiradas as suas formas objectivas. Considere-se, por exemplo, a agitada articulação das paredes, como é revelada na projecção horizontal (figura 68), o constante avançar e recuar dos planos verticais, tão inimigo da linguagem clássica que o artista retoma aqui, mas tão perfeito como enquadramento da sombria estatuária. Considerem-se também as portas, juntas nos cantos, com as suas belas molduras continuadas à volta nos quatro lados, de forma que se deve entrar na capela com um súbito baixar do pé, fazendo o visitante cair com um movimento que surpreende na concavidade do *chão;* e os tão admirados nichos da edícula que se encontra sobre as portas, que ocupam uma área da empena (figura 69), mostrando a resoluta interpenetração de todas as partes estruturais e decorativas e um desafio parcial de qualquer significado puramente arquitectural. Aqui a expressão pessoal é da escultura: as exigências da arquitectura foram refinadas de forma a quase desaparecerem inteiramente – a Capela Medici não é tanto arquitectura como um enquadramento monumental, um enquadramento que se transforma em espaço completo como um nicho de quatro lados.

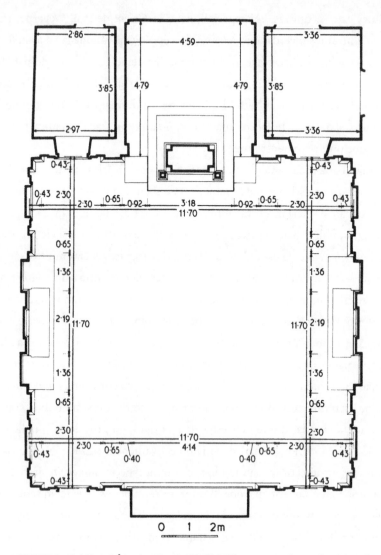

FIGURA 68: Miguel Ângelo: Capela Medici, Florença, projecção horizontal

O exemplo mostra que a arquitectura pode ter usos expressivos que a colocam numa relação directa com os valores escultóricos. E não é só em monumentos funerários que encontramos estes usos. A ideia de Bernini de um *concetto* unificado – em que a arquitectura, a luz, o material, o ornamento e a escultura estão combinados numa exposição essencialmente dramática do sentimento – exibe a mesma continuidade entre expressão pública e privada. No entanto, quando verdadeiramente «interior», a arquitectura torna-se um cenário dramático, um elaborado enquadramento articulado que encontra o verdadeiro significado num centro representativo – sendo o exemplo clássico o elaborado enquadramento da Capela Cornaro, que expõe a escultura de Bernini de uma Santa Teresa em êxtase, banhada por uma luz sobrenatural (figura 70). O efeito desta notável composição foi descrito com as seguintes palavras por Sir Nicholas Pevsner:

> A capela... é forrada de mármores escuros cujas superfícies cintilantes de âmbar, ouro e rosa reflectem a luz em padrões sempre variados. No meio da parede, em frente à entrada, está o altar da santa. É flanqueado por pesadas colunas emparelhadas e pilastras com um frontão quebrado com uma inclinação que os faz aproximar de nós e depois recuar para focar a nossa atenção no centro do altar, onde se esperaria encontrar uma pintura, mas há um nicho com um grupo escultórico, tratado como um quadro e dando a ilusão de realidade, tão impressionante hoje como o era há trezentos anos. Tudo na capela contribui para esta ilusão de *peinture vivante. Ao* longo das paredes, à direita e à esquerda, há também nichos abertos nas paredes da capela e aí Bernini retratou em mármore, por detrás de varandas, membros da família Cornam, os doadores da capela, olhando connosco a cena milagrosa, precisamente como se estivessem nos camarotes e nós na plateia de um teatro ([10]).

FIGURA 69: Miguel Ângelo: Capela Medici, Florença, edícula lateral

FIGURA 70: G. L. Bernini: Capela Cornaro, Santa Maria della Vittoria, Roma

Um mundo desses monumentos, de ilusões teatrais, espaços que olham para dentro, de ambientes agitados ou pesarosos, seria visualmente intolerável. A arquitectura pode atingir isto mas em essência é diferente. (A arquitectura na capela de Bernini é quase tão irreal como as pessoas: não é tanto construída como representada.) De qualquer modo, não podemos concluir que a arquitectura, mesmo como é habitualmente entendida, não tem carácter expressivo. Podemos apenas concluir que o carácter expressivo da arquitectura não é subjectivo – não reside na versão imaginativa do sentimento individual. Os edifícios têm expressão como têm as caras; a sua individualidade não é a de um sentimento particular que exprimem mas a do seu aspecto público. Pode ser que o termo «expressão» não seja o melhor para nos referirmos a este aspecto público – não há qualquer palavra que nos obrigue a continuar (facto que nada significa, visto que sugere que os fenómenos têm de ser ainda claramente identificados). No entanto, a intimidade da ligação entre um edifício e o seu «carácter» é muito parecida com a intimidade das relações a que normalmente se chama «expressão» – e isto é suficiente para justificar a transferência do termo. Um edifício não exprime tanto uma emoção como usa uma certa expressão: tem expressão naquilo que foi chamado (talvez um pouco enganadoramente) um sentido «intransitivo» ([11]). Isto quer dizer que consideramos o edifício «imbuído de carácter» e esse «carácter» não é apenas imediato – parte do aspecto que o edifício tem –, mas também observável, em princípio por qualquer pessoa. A atribuição de «carácter» é tão pouco separável da nossa experiência da arquitectura que Vitruvius – ao tentar explicar o carácter feminino da coluna coríntia – se referiu a um relato lendário da sua descoberta, assumindo talvez, à maneira de Hume, que é a lembrança dessa lenda que se agita sempre que essa coluna é vista ([12]).

Os edifícios podem parecer femininos; podem também parecer tranquilos, íntegros, intimidatórios, divertidos. A casa urbana georgiana tem uma expressão graciosa e jovial, o palácio barroco é estatal, orgulhoso mas genial, o prédio muito alto é frio e distante. Estas apreciações não devem ser tomadas em sentido literal; um edifício não pode *ser* jovial ou orgulhoso como uma pessoa. Nem queremos falar simplesmente de parecença. As parecenças não são importantes para nós na mesma medida em que o carácter expressivo é importante; além disso, não há uma parecença séria entre uma casa urbana georgiana e um homem delicado e jovial ([13]). Estamos antes a usar a linguagem indirectamente, para localizar o carácter da nossa experiência da arquitectura: a maneira como os edifícios aparecem, soam e se sentem. Dizemos que o edifício tem um aspecto tranquilo, ou mesmo que «parece a tranquilidade», como na seguinte passagem de *The Mourning Bride:*

> ... esta elevada torre
> Cujos antigos pilares erguem as cabeças de mármore
> Para suportar lá no alto o arqueado e pesado telhado,
> Pelo seu próprio peso tornado firme e imóvel,
> Parecendo a tranquilidade!...

É claramente inútil, ao elucidar o conteúdo desta passagem, afirmar que Congreve quer dizer que o edifício parece tranquilo. Isso seria como dizer que a música triste soa como se fosse triste, embora *triste* seja algo que não pode literalmente ser. A tranquilidade, como a tristeza, pertencem unicamente a uma aparência – é assim que *vemos* o edifício. Aqui parecemos estar a aproximar-nos mais do ideal de «significado imediato» que a nossa análise da apreciação estética nos sugeriu.

Mais uma vez, contudo, temos de enfrentar o problema de como estabelecer a relação entre a experiência do edifício e o significado que ele tem para nós. Se o carácter expressivo não é uma questão de expressão *pessoal,* então o que se verifica não é uma relação entre a aparência de um edifício e as emoções do seu arquitecto, embora essas relações – como o evidencia amplamente a experiência diária – possam ser parte da percepção imediata do nosso mundo. (Vê-se o desgosto de uma pessoa *na* sua cara. E este «imediatismo» nas nossas percepções da vida mental dos outros é nitidamente parte do que *transferimos* para a nossa experiência da arquitectura; mas as duas experiências, e os pensamentos que elas envolvem, não são, por esse motivo, o mesmo.) Parece que temos aqui, mais uma vez, aquela «fusão» primitiva de conceito e experiência – uma fusão que não depende de uma crença ou apreciação específica – que vimos ser característica da atenção imaginativa. Temos assim de evitar a tentação de pensar no reconhecimento desta relação íntima entre experiência e conceito em termos da associação de ideias ou de um «sentimento» destacável originado pelo edifício.

É neste ponto que podemos voltar à discussão de gosto que interrompi no fim do capítulo 5. Ao concluir aquele capítulo, indiquei que tinha dado ênfase ao espaço do raciocínio crítico e da deliberação, mas que pouco tinha dito sobre o que é primitivo na escolha estética. De novo, ao considerar as várias teorias «explicativas» na apreciação estética, em particular as teorias associadas a Marx e Freud, argumentei que, embora não fornecessem uma explicação do raciocínio crítico, pareciam dar uma explicação rudimentar do aspecto primitivo da escolha estética. Aqui o raciocínio não está em questão; o melhor que podemos fazer é procurar uma descrição suficiente dos factos. Agora vemo-nos obrigados a voltar a reflectir sobre o que é primitivo, pois é ao nível do primitivo que o conceito de «expressão» deve ser entendido primeiro.

Devemos começar por rejeitar (como implicitamente já rejeitámos) a teoria de que podemos esclarecer o conceito de expressão através da noção de «associação» ou «provocação». Considere-se a seguinte teoria: as coisas tranquilas, coisas tristes, ou coisas nobres provocam em nós certas sensações e quando uma dessas sensações nos é causada por um edifício descrevemo-lo como tranquilo, nobre ou triste. O que realmente *queremos dizer é* que o edifício nos provoca certas sensações. Hesselgren, por exemplo, compara dois interiores, um com um prato de bolos pegajosos e o outro com uma fatia de pão escuro, e observa que a percepção visual de um interior é «acompanhada de» uma sensação semelhante à que acompanha a percepção dos bolos, e que a visão do outro dá a «mesma sensação de aspereza» que a visão do pão ([14]). Não é difícil ver porque é que isto está errado: não há uma descrição da «sensação» que é «dada» por esses interiores, excepto em termos da experiência de os ver. Entenda-se aqui «sensação» como acto de atenção que tem vida na experiência particular e não se pode dizer que lhe sobreviva. Falar de dois objectos que provocam uma «sensação semelhante» é falar como se eles fossem tratados como um meio para esse fim (como se podia descrever a heroína e a cocaína como meios para o mesmo fim de esquecimento). O objecto estético é diferente da droga porque a «sensação» que provoca se esgota completamente no acto de atenção de que é objecto. Não podemos esclarecer a natureza da nossa experiência de um quarto com «farinha de aveia», como não podemos esclarecer a nossa experiência da comédia ao dizer que é um meio de diversão. Em ambos os casos, o que queremos dizer com «sensação» tem de ser descrito em termos do modelo particular de atenção que se aplica a este tipo de coisa.

No entanto, a experiência estética não é sempre, nem normalmente, tão primitiva como sugerem estes exemplos. Como já indicámos, há um processo de reflexão e comparação que pode ter a «experiência da expressão» como conclusão. Por outras palavras, não devemos tornar a experiência da expressão tão primitiva ao ponto de parecer incapaz de justificação racional. Pelo contrário, assim que falamos de expressão, o conceito de justificação parece imediatamente ser necessário. Considere-se o «excitante, extático e inebriante» que figura na descrição do barroco de Wölfflin ([15]). Estes termos não relatam um efeito psicológico – pelo menos quando são usados para apoiar uma apreciação estética. Dizem-nos que um certo meio de ver os edifícios é apropriado independentemente da forma como reagir um determinado observador. Pode argumentar-se que Wölfflin estava errado ao ver dessa maneira o estilo barroco, que devia ser visto mais em termos de viva adaptabilidade do que de grandeza inebriante: então não seria possível a Wölfflin replicar que era assim que *ele* o via – pelo menos sem ter desistido da tese. O edifício não é exactamente a causa dessas reacções; é o objecto delas e, visto elas brotarem do acto de atenção imaginativa para se formarem e pormenorizarem, a questão de serem ou não apropriadas não surge apenas por acaso mas sim essencialmente, e não pode ser posta de parte.

Considere-se então a pergunta «porquê?» usada por estes traços expressivos. Faz sentido perguntar porque é que um edifício é excitante, e a pergunta pede uma razão, não uma causa. Na medida em que se possa falar de um edifício que «provoca» certas sensações e na medida em que essas sensações sejam consideradas parte integrante de uma reacção estética, elas procuram enraizar-se no objecto estético. O que quero dizer com uma sensação de «farinha de aveia» só podia ser explicado apontando para esse tipo de coisa e para as suas características que ocupam particularmente a minha atenção. Nesse processo de sensação de «enraizamento» também estou a apresentá-la como «apropriada» para o objecto. Reconhecer um aspecto açucarado ou de farinha de aveia é, primeiro que tudo, uma questão de impressão imediata; mas é, desde logo, mais do que isso. Pode passar-se desta impressão para a percepção da correspondência detalhada entre os elementos visuais. Justifico esta atribuição de carácter de farinha de aveia ao descrever não só a impressão fugaz de um quarto, mas também a correspondência de texturas, cores, formas. Posso tentar articular uma certa ideia moral que a fundamenta (uma ideia de simplicidade saudável, de limpeza não assumida), que pode mostrar-se em tudo, desde o veio das tábuas do soalho e a textura da colcha, às cores, ao tema, à moldura e posição de um quadro na parede. Não é mera extravagância fazer estas apreciações, aprender a ver objectos como se estivessem decorados com o carácter moral de outras coisas e, assim, ver essas outras coisas – sejam elas farinha de aveia ou coragem, bolos ou desespero – como expostas simbolicamente com um aspecto arquitectural. Pode ser difícil exprimir todos os valores implícitos num aspecto de farinha de aveia, mas é decerto verdade que esses valores são muito mais importantes do que se reconhece muitas vezes. Saber como perceber um aspecto de farinha de aveia, como reconhecer a totalidade das implicações visuais e emocionais, é simplesmente uma parte de saber como vestir, como mobilar, como decorar, como encantar, como compreender uma pessoa ou identificar uma aparência, por outras palavras, é uma pequena, mas importante, parte de saber como viver. Não é surpreendente que o fenómeno pareça participar de tudo o que é mais primitivo, assim como de tudo o que é mais reflectido, na escolha humana.

Parece então que não podemos admitir o reconhecimento primitivo do carácter expressivo na estética sem permitirmos ao mesmo tempo a pergunta «porquê?» – construída como um pedido de razões – como consequência. E se dou razões para a minha maneira de ver, penso que essas razões são razões tanto para os outros como para mim mesmo. Mesmo quando suponho que me estou a explicar, as minhas razões só me parecem apropriadas se achar que me põem no caminho certo. Além disso, justifico a minha reacção de uma forma particular: o ponto final do raciocínio é sempre uma experiência, uma maneira de ver: é em parte porque justificamos a nossa descrição de um edifício em termos da aparência dele que a descrição deixa de ser uma mera «associação» – pois neste processo ganha *o conteúdo* da experiência. Mas, é claro, a existência desse processo de justificação não é, em si mesma, suficiente para explicar a ligação do pensamento à experiência. Como anteriormente argumentei, essa «ligação» não pode ser explicada; é o que é «dado». Considere-se o bem conhecido fenómeno da «expressão ambígua». Um edifício pode ter um carácter ambíguo. Num momento parece ameaçador e claustrofóbico, no momento seguinte, calmo e solene. (Isto passa-se, penso eu, com o claustro de Borromini em San Carlo alle Quattro Fontane (figura 71).) Cada um destes caracteres pode ser considerado apropriado, mas só um deles será visto em determinado momento. Acontece que há sempre algo mais que pode ser aduzido à experiência do significado para além do processo de justificação. A justificação nunca pode *constituir* a reacção ou a experiência que suporta. Para aceitar completamente o processo de raciocínio que pode ser utilizado para se ver o claustro de Borromini como ameaçador, tem de se aceitar não só um argumento, mas uma maneira de ver.

FIGURA 71: Francesco Borromini: claustro de San Carlino, Roma

Mais uma vez, parece que somos atingidos pela impenetrabilidade desta relação entre significado e experiência estética. Eliminámos todas as teorias que pretendem diagnosticar o significado; ficámos com um significado que é tão imediato, que é tanto parte integrante do que vemos que nenhum diagnóstico simples será suficiente para descrever a sua natureza. Ao mesmo tempo, estamos nitidamente perto da compreensão da arquitectura, do seu valor e sucesso. Explorar este fenómeno da expressão é, portanto, a tarefa que temos diante de nós. Mas porque nos achámos confrontados com a parte primitiva da escolha estética, teremos de negligenciar as questões de análise e, em vez disso, de nos concentrar na *génese* da apreciação estética. Durante o resto deste livro, deixarei a análise reafirmar-se gradualmente e, assim, chegar a uma conclusão.

Vamos começar pelo que é mais primitivo. Imaginemos que alguém deseja construir uma porta e que recua enquanto outro traça o possível contorno dela numa parede (o exemplo é de Wittgenstein ([16])). A sua resposta será «Muito alto! Muito baixo! Agora está bem!» (aqui o uso da palavra «bem» é o que é mais significativo). Isto é um exemplo primitivo da escolha estética, sem intervenção de reflexões estranhas, uma escolha completamente abstracta e desligada mesmo de ideias de significado e expressão. Supomos que as exigências de utilidade já estão satisfeitas: continua por fazer uma escolha entre muitas formas. Isso pode explicar-se, talvez, mas não tem, pelo menos inicialmente, outra base. No entanto, é da índole deste tipo de preferências – fundadas, como são, num acto de atenção autoconsciente – procurarem uma justificação. Será a altura de confrontar o nosso construtor com a pergunta «Porquê?» – «Porque está a porta muito alta?» Ao procurar uma resposta, ele talvez faça comparações com outras portas; apresente precedentes e exemplos. E provavelmente extrairá desse conjunto de precedentes um sistema de princípios, uma série repetível de respostas para os problemas constantes da construção – para o problema posto pelo seu desejo de fazer o que «pareça bem». Imperceptível e inevitavelmente, desenvolverá padrões que guiarão as escolhas; e, ao fazê-lo, adquirirá os princípios de um estilo. Mas a sua obra estará aberta à crítica; não é uma execução privada apenas para seu proveito. Precisará de persuadir os companheiros a aceitarem o produto do seu trabalho e tem, portanto, de procurar razões com uma autoridade que transcenda o apelo da preferência individual. Um estilo não é invenção de um só homem e só tem valor quando é reconhecidamente «bom» para outros além de si mesmo. Só então um estilo cumpre o seu papel de dar uma ordem a escolhas de outro modo nebulosas, de situar as preferências primitivas numa estrutura de possibilidades resistentes. O estilo enobrece as escolhas, dando-lhes um significado que de outro modo não têm. Só em circunstâncias excepcionais pode um artista criar totalmente o seu próprio estilo e, mesmo então, ignora a prática estabelecida por sua conta e risco: quando há uma «livre» escolha de estilos, deixa de haver qualquer estilo e, portanto, uma verdadeira liberdade.

Mas isto traz-nos de novo à analogia linguística, ao ponto onde a deixámos. O argumento – que estabelece não a indispensabilidade do estilo, mas apenas a sua naturalidade e o seu papel central na articulação da escolha estética – tem um corolário importante. Mostra que há, afinal, uma conexão perfeitamente legítima, mesmo no caso de uma arte abstracta, entre convenção (na forma do estilo) e significado. Pensadores como Sir Ernst Gombrich e os seus seguidores explicaram o estilo em termos quase semânticos ([17]). A convenção, ao limitar a escolha, torna possível «ler» o significado nas escolhas que são feitas. Mas nessa exposição, o estilo não devia ser mais do que um ornamento supérfluo até se subordinar a objectivos representativos. Isto está nitidamente errado, mesmo no caso das artes representativas a que a teoria se aplica directamente. O estilo é simplesmente a cristalização natural de todo o esforço estético e, se contribui para o «significado», é em virtude da sua natureza independente, uma natureza que é claramente visível na arte abstracta, como o é na arte representativa. E dá mesmo uma contribuição, como mostra o nosso exemplo, pois o estilo «enraiza» os significados que são sugeridos à compreensão estética, liga-os à aparência de que derivam.

Ora, na apreciação do gosto, a preferência estética pode ser posta em relação com ideias cujo conteúdo não seja apenas visual. Para o nosso construtor, a dimensão que escolhe pode vir a ter um «aspecto confortável»; é assim executada para encarnar um valor e esse valor pode encontrar as coordenadas através da sua experiência; não é especificamente «estético» no significado. Podemos ver a aquisição de gosto da seguinte forma, como edificado por sucessivas camadas de escolha sensível e intelectual. Certas formas atraem-nos – escolhemo-las de preferência a outras – e este fenómeno é primitivo no sentido em que não há inicialmente uma razão para o fazermos, embora, como vimos, a experiência que determina a nossa preferência, como a própria preferência, seja como a experiência a que se podem aduzir, significativamente, razões. Começamos por procurar essas razões e, enquanto o fizermos, daremos um significado às nossas formas escolhidas. Conseguimos então ver essas formas de maneira diferente, um pouco como alguém ouve as inflexões de uma língua estrangeira de maneira diferente depois de ter aprendido a associá-las a um certo significado. O processo pode repetir-se, podem encontrar-se outras razões e emerge uma nova maneira de ver. O resultado pode ser a descoberta de um estilo não como um corpo de regras rígidas, mas antes como criação de um «vocabulário» arquitectural cujo fim é tornar uma aparência não só confortável para os não instruídos, mas também «inteligível» para os olhos instruídos. A linguagem pode ser ela própria suportada por razões que, por sua vez, requerem outras razões, até que finalmente o processo se esgota, como as explicações de Vitruvius se esgotam no que se refere à religião, história, moralidade ou mito.

A consequência deste desenvolvimento é um sentido da «validade» de certas formas arquitecturais, um sentido que se comunica como experiência visual. Certas formas parecem bem e, ao parecerem bem, tranquilizam-nos sobre os valores que parecem implícitos nelas. A arquitectura é simplesmente uma actividade entre muitas em que este fenómeno do gosto encontra expressão. Há uma tentação para ver o exercício do gosto como *simplificando* o problema visual do arquitecto, desistindo de regras que reduzem o número de alternativas. Sugiro, pelo contrário, que devemos ver o gosto mais como um meio de complicar do que de simplificar as nossas escolhas visuais, pela acumulação de um sentido de «conveniência». Se as regras estritas são inicialmente importantes neste processo, é porque, até qualquer coisa estar fixada e legítima, nada parece bem ou mal, excepto de uma forma desinteressante. Em geral, os rabiscos das crianças não têm qualquer concepção de forma desenvolvida; tendem a representar figuras ingénuas e aerodinâmicas sem uma autêntica concepção do pormenor (excepto na medida em que o pormenor for concebido como representativo) – vemos foguetões a moverem-se ou massas fluidas de cola transparente. É possível não emergir nunca deste estado infantil de preferência visual, ficar ligado a um tipo de «princípio de prazer» visual, sem capacidade para separar o objecto exterior e a fantasia interior. Como vou demonstrar, o exercício do gosto chega à objectividade ao dotar o mundo dos materiais de exigências próprias: os materiais do arquitecto não se adaptam simplesmente à concepção independente deles, mas ajudam a formar essa concepção. O arquitecto deve aprender a ver os materiais (para usar uma frase kantiana) não como meios, mas como fins. Deve vê-los não apenas como veículo da sua vontade, mas também como seres parcialmente autónomos que já evocam objectivos humanos. Não surpreende, então, que o gosto leve à criação de um repositório de formas. Só quando esse repositório se desenvolve é que o nosso sentido do pormenor «apropriado» ou «adequado» pode conseguir uma expressão total.

Se este inventário da génese do gosto está correcto, parece então que não poderia haver um sentido estético que não implicasse, ao mesmo tempo, uma apreensão das qualidades expressivas, uma «leitura» de objectos em termos de conceitos que tenham verdadeira aplicação na descrição da vida humana. É inevitável que o movimento primitivo de gosto estético, o desejo de escolher e construir de acordo com uma percepção do que é «bom», conduza ao reconhecimento do significado expressivo. Mesmo na apreciação estética da natureza, atribuímos um carácter ao que vemos: as cavernas parecem majestosas ou tenebrosas, os penhascos parecem fortes ou hostis, árvores, parques ou avenidas parecem amistosos, espairecidos, harmoniosos. Mas – embora se opere nestes a mesma transferência imaginativa que descrevi – pertencem a um nível medianamente primitivo da experiência estética. Ao mesmo tempo, a própria tendência que levaria da escolha primitiva ao reconhecimento do carácter aponta progressivamente para a incorporação na experiência estética de todas as outras influências intelectuais onde a escolha estética é elevada ao nível da compreensão racional. Parece então que a escolha primitiva e a apreciação crítica fazem parte de um espectro contínuo e, tal como o segundo dá razões para o primeiro, também o primeiro prefigura e justifica o segundo.

Na ilustração desta transição de níveis inferiores para superiores da compreensão estética, é valioso pôr em contraste duas noções de expressão estética. Até agora usei o termo «expressão» de forma bastante vaga, para cobrir os casos em que um objecto é visto com um carácter que não é o dele. Neste sentido, reconhece-se expressão ao ouvir um trecho de música como frenética ou melancólica. Mas há uma distinção entre ouvir uma coisa como melancólica e ouvi-la como uma expressão de melancolia. Não dizemos que as paisagens são expressivas da mesma maneira que dizemos que as obras de arte (ou pelo menos as formas de arte mais elevadas) são expressivas. E isso acontece porque não podemos ver as paisagens como articuladoras ou exploradoras dos conceitos que lhes associamos. A nossa experiência delas não implica *a procura* de significado; aqui, não há qualquer infusão deliberada de matéria com as exigências da nossa vida moral, a dotação deliberada de um objecto com a carga de uma mensagem que vemos na arte. Quando temos expressão a esse nível mais elevado, é como se as formas e os materiais tivessem tomado a vida das mãos do artista, como se nos falassem com essa vida emprestada e se recusassem a acomodar-se às fantasias tanto do artista como do público. Se falamos mais de *significado* do que de mero «carácter» é, em parte, pela correspondência pormenorizada entre forma visível e significado moral – o tipo de correspondência apontada quando discutimos o exemplo do Oratório, no capítulo 5. É esta correspondência pormenorizada que nos permite ver um edifício como constituindo uma espécie de elaboração ou articulação de um carácter ou de um conceito. Parece que o edifício explora um estado de espírito e o próprio edifício, longe de ser uma mera casca que se pode rejeitar, por assim dizer, quando dele se extrai o significado ([18]), torna-se o objecto central do acto de atenção em que se capta o significado. A experiência de Chartres é a apreensão de uma luz divina que tudo penetra, de matéria que se torna permeável à Alma, de uma harmonia universal que transforma cada pedra na sua rudeza material num símbolo minúsculo do amor intelectual de Deus. Mas para compreender esse significado – compreendê-lo totalmente, em toda a sua complexidade – será necessária uma visita a Chartres e nenhuma descrição pode compensar a experiência radiante em que o significado é incorporado. Por muito intelectual que seja o conteúdo da experiência estética, é a experiência que continua a ser importante.

Por esta razão, não devemos pensar que, se queremos compreender a arquitectura expressiva, devemos ser capazes de nomear ou descrever o carácter que ela apresenta. Se há aqui conhecimento, é o que os filósofos chamaram «conhecimento por tomar conhecimento», uma súbita «familiaridade» com qualquer coisa em relação à qual se pode, na verdade, sentir relutância em dar um nome ([19]). A referência do crítico ao significado mais não é do que uma *ajuda,* uma maneira de atrair a atenção do observador para toda a complexidade do que vê. O observador tem de ver o que está ali e reagir apropriadamente: é irrelevante que seja também capaz de nomear o edifício ou o seu significado. A compreensão estética é uma matéria *prática;* não consiste no conhecimento teórico, mas na organização da percepção e das sensações. Apreender o carácter expressivo de um edifício *é sentir* o seu significado, conhecer o seu carácter, sentir a ressonância interior de uma ideia ou modo de vida e, com a força disso, saber como reconhecer e reagir às suas outras manifestações. Não se aprende teologia medieval em Chartres: mas aprende-se como é acreditar nela, como é ver e sentir o mundo como o povo de Chartres outrora o viu e sentiu. Alguém incapaz de «entrar» assim no carácter de um edifício nunca se sentirá bem com as formas mais elevadas da arquitectura, por muito articulado que possa ser ao descrever o que vê. Será como a pessoa que é capaz de dar friamente nomes aos sentimentos que lê nos rostos dos companheiros, mas que não tem conhecimento do que fazer em relação a eles, de como se comportar apropriadamente, de como sentir, por sua vez. Para compreender a expressão na arte é necessário empatia; é uma matéria tão prática como o próprio senso moral.

Só compreendemos um edifício se a nossa experiência for persuasiva para nós: só se ocupar um lugar em que podemos sentir a relação dela com o funcionamento da vida moral. Mas qual é esse lugar? Devemos responder à pergunta se queremos uma caracterização completa do significado dos edifícios. Pelo que disse neste capítulo, pareceria que a operação central em todo o gosto estético, seja na forma primitiva ou intelectual, é o sentido do pormenor. É mediante a intervenção deste sentido que as formas e os materiais se tornam objectivos, prenhes de exigências e significados que tanto restringem como libertam o arquitecto, o restringem para o estilo e o libertam da fantasia. É através do sentido do pormenor que os significados arquitecturais se tornam «enraizados» na experiência, e é no adequado uso do pormenor que mesmo o construtor mais irreflectido sente confiança no que faz. No próximo capítulo vou descrever este sentido e mostrar o seu lugar central em toda a prática e crítica de arquitectura. Nesse contexto, vou sugerir uma explicação do significado de certos termos estéticos e uma teoria da estrutura do raciocínio crítico.

9. O sentido do pormenor

Ter um interesse estético num edifício é prestar-lhe atenção em toda a sua plenitude, vê-lo não em termos de funções estreitas e predeterminadas, mas em termos de todo o significado visual que terá. Este acto de atenção estética não é uma coisa rara ou sofisticada, um gesto desprendido de um conhecedor que requeira uma atitude especial de «afastamento», de «desprendimento», ou de «abstracção» ([1]). Como qualquer acto de atenção, pode existir mais ou menos intensamente, mais ou menos completamente, em qualquer momento e em qualquer estado de espírito. Separá-lo da vida prática, descrevê-lo como algo fora de todas as considerações de função, utilidade e valor, é representar mal a sua natureza. Mas seja qual for o grau de atenção estética exercido terá como objectivo abarcar o significado e a interdependência de cada parte e aspecto do que é visto. O sentido do pormenor é, portanto, uma componente indispensável na atenção estética, sendo fundamental tanto para o acto elementar da escolha estética como para o processo sofisticado da reflexão crítica, onde o significado está «enraizado» na experiência. Ao explorar este sentido do pormenor, vamos aproximar-nos do funcionamento real da compreensão arquitectural, não só na forma auto-reflexiva, mas também na primitiva.

Convém começar, contudo, como uma nota de cepticismo. Alguém poderia dizer que o «sentido do pormenor» não existe como parte separada ou separável do apetrechamento intelectual do arquitecto. Pois o que é um «pormenor»? Uma urna é um pormenor? Uma pátera é um pormenor, um entalhe, o modelo prensado de um molde de madeira? O que é um pormenor, se não uma pequena forma completa? Então como se compreende um pormenor? Em termos dos outros pormenores que o compõem? É claro que esse processo podia não acabar nunca e dar ênfase ao sentido do pormenor à custa do entendimento abrangente é correr o risco de tornar a arquitectura totalmente ininteligível. Pelo contrário, explicar o pormenor em termos do seu contributo para uma forma completa e, portanto, colocar o sentido do todo antes do sentido das partes parece sugerir uma explicação menos paradoxal da atenção estética. Assim não há uma procura interminável da minúcia, um «regresso infinito» de observações de olhos hesitantes, mas uma contemplação solta do todo acabado. Voltando à analogia com a linguagem, é certamente mais razoável considerar a «unidade de significado», o edifício completo e os pormenores como retirando o significado que têm das totalidades em que podem ser combinados ([2]). Na verdade, não

FIGURA 72: Luis de Areválo e F. M. Vasquez.: Igreja Matriz de Granada, pormenor da sacristia

há nada mais sem sentido e repugnante em arquitectura do que o pormenor usado a esmo, fora do controlo de qualquer concepção ou projeto orientador. (Considere-se aquela versão do barroco espanhol conhecido, em virtude das mãos que foram os seus expoentes máximos, como o Churrigueresco, visto no seu mais fantástico na Igreja Matriz de Granada, figura 72.)

Há duas razões para ignorarmos este cepticismo. Primeiro, coloca mal o problema. Não faz parte da minha tese que o sentido do pormenor seja o todo da compreensão estética, ou que possa ser totalmente descrito independentemente de toda a actividade a que pertence. Vamos explorar o sentido do pormenor não só porque foi erradamente descrito na teoria da arquitectura, mas também porque exibe a conexão entre apreciação estética e prática. Segundo, a própria analogia com a linguagem que pode parecer diminuir o sentido do pormenor também podia ser usada para o elevar acima de qualquer outra coisa. É verdade que, na linguagem, a frase é a unidade de significado – é pela frase completa que se *diz* alguma coisa. Mas também é verdade que o significado de uma frase é determinado pelo significado das palavras que a compõem. É porque as frases têm significado que as palavras o têm; e é porque as palavras têm significado que se pode compor a partir delas frases significantes. Parece então que podemos seguir a pista do significado linguístico até ao «pormenor significante». E o processo é finito: há um ponto além do qual deixa de haver significado. É assim, de facto, que distinguimos as palavras dos sons que as compõem. Na arquitectura, também a procura do significado chega a um fim. Há «unidades» genuínas de significado arquitectural – as molduras clássicas e góticas, os tipos de pedra do edifício, a vertical não adornada, etc.; num certo sentido, são como palavras numa língua, pois o seu significado não pode ser extraído do significado das partes. Não há razão para pensar que, ao explorar o pormenor, estejamos a ser levados cada vez mais longe por um caminho infinito. Se resta alguma coisa para a analogia linguística, o pormenor e a forma devem ser complementares.

Como vimos, a arquitectura não é uma linguagem e a relação entre o todo e a parte não pode ser definida nem semanticamente nem sintacticamente. No entanto, há uma longa tradição de pensamento que defende que a relação entre o todo e a parte revela a essência do êxito arquitectural. Alberti, por exemplo, considerava que a beleza de um edifício estava numa «harmonia *(concinnitas)* de partes, reunidas com tanta reflexão, de uma tal maneira que nada pudesse ser acrescentado, diminuído ou alterado senão para pior» ([3]). Portanto, não há apreciação da beleza de um edifício que não implique uma consciência e compreensão das suas partes.

Como *definição* de beleza, as observações de Alberti estão longe de ser satisfatórias. A frase «para pior» convida naturalmente à pergunta «pior em que aspecto?» e se a resposta for «no aspecto da beleza», então a explicação é circular. Além disso, a concepção «orgânica» de beleza que fundamenta a definição de Alberti será realmente assim tão persuasiva? O Palácio dos Doges em Veneza podia certamente ser alterado para melhor, pondo as janelas para a lagoa alinhadas, como o podia o Tempietto de Bramante, cujo zimbório (devido a posteriores interferências no plano hemisférico de Bramante) é sem dúvida demasiado alto. E, no entanto, estes edifícios estão entre as nossas pedras de toque da beleza arquitectural. De igual modo pode haver um pormenor encantador ou vivo em conjunção com a mais medíocre das formas e continuar a ser belo; pense-se no friso e na coroa que Borromini acrescentou à insípida e pequena Igreja de San Giovanni in Oleo (figura 73).

FIGURA 73: San Giovanni in Oleo, Roma

Na verdade, Alberti estava a referir-se não a uma propriedade definível de beleza mas ao sentido de beleza e aos pensamentos e percepções implicados no exercício desse sentido. Pode ser que se *possa* alterar o Palácio dos Doges para melhor; mas vê-lo como belo, mesmo no estado presente, é ver uma adequada correspondência da parte para parte, uma harmonia de pormenores, um acabamento visual que se sente como intrinsecamente correcto. O conceito de beleza é, assim, absorvido num certo modelo de raciocínio cujos termos são imediatamente intelectuais e visuais. Como Alberti parecia reconhecer, as definições nesta área provavelmente não funcionam bem. O que é importante é investigar, como fizemos, os fenómenos mentais da percepção estética e o raciocínio que lhe é intrínseco. Como já sugerimos (seguindo de novo Alberti), uma exposição adequada do raciocínio estético deve pôr conceitos como «apropriado» no centro intelectual. Mas esses conceitos esquivam-se a uma definição explícita. Parecem ter em si mesmos a subjectividade da pessoa que os usa e, na verdade, podemos ser tentados a procurar o seu verdadeiro significado não nas propriedades do objecto, mas no estado de espírito da pessoa que o observa. Ao mesmo tempo, contêm uma intimação de objectividade: o sentido do apropriado parece apontar sempre para uma forma de raciocínio pela qual ele se enraíza no objecto. E seria impossível conceber o que podia ser esse raciocínio se sentíssemos que a essência da arquitectura estava noutro sítio e não na dependência das partes.

Depois de reconhecermos isso (e já apresentámos argumentos que indicam a sua verdade), parecemos também ser empurrados para a perspectiva (implícita no classicismo de Alberti) de que a compreensão e execução do pormenor devem constituir um traço básico em toda a prática arquitectural e de que um estilo que pretendesse tratar o pormenor como um simples meio para a obtenção da «forma» teria compreendido mal a natureza do sentido estético e, portanto, a natureza estética da própria forma. É bem sabido, na verdade, que os homens toleram todos os tipos de composições mal pensadas ou desequilibradas desde que as partes sejam vivas, empáticas e inteligíveis; enquanto as mais perfeitas «proporções» obtidas com pormenores insignificantes ou feios serão sempre ofensivas. Num certo sentido, isto vai destruir a força absoluta do ideal de Alberti. Pelo menos vai mostrar que a «beleza» de Alberti é apenas a forma perfeita de qualquer coisa que pode ser apreciada tanto nas suas manifestações menores como nas maiores. Em todas as manifestações, o sentido do pormenor é importante na compreensão arquitectural. Gostamos da casa georgiana tanto devido às molduras dos caixilhos das janelas, como devido à alvenaria e ao enquadramento da porta, às balaustradas de ferro e aos degraus, ou à graça das suas proporções. Como argumentei, não há um verdadeiro conceito de proporção que possa ser separado dos pormenores que o constituem. Comparem-se os dois projectos para o Downing College nas figuras 74 e 75, um de L. W. Wyatt, o outro de Porden, ambos seguindo um motivo palladiano tradicional, com um centro enfático e duas alas ligadas. Ambos são inegavelmente «bem proporcionados». E, no entanto, numa composição (na que depende do detalhe clássico), as formas são baixas, acomodadas, comprimidas; enquanto na outra (o projecto «gótico») toda a ênfase é vertical e as formas modificam-se em resposta a isso. É impossível extrair destes exemplos um ideal de proporção que possa ser entendido sem se ver como é que o pormenor clássico constrange e responde ao pormenor clássico, e como de forma semelhante o pormenor gótico se constrange e responde ao seu tipo.

FIGURA 74: L. W. Wyatt: projecto para o Downing College, Cambridge

FIGURA 75: William Porden: projecto para o Downing College, Cambridge

O sentido do pormenor 215

Há outra razão para dar ênfase ao pormenor na arquitectura, uma razão que é praticamente tão importante como é evasiva filosoficamente. É que o pormenor pode ser a única coisa que um arquitecto impõe. A projecção horizontal e a elevação de um edifício são geralmente afectadas (se não ditadas) por factores fora do controlo do arquitecto – pela forma de um local ou pelas necessidades de um cliente –, ao passo que os pormenores continuam dentro da sua jurisdição. É através do estudo do pormenor que o arquitecto pode aprender a conferir graça e humanidade ao mais insólito, difícil ou desordenado conglomerado. Veja-se a janela barroca estranhamente colocada na figura 76, ou os desordenados telhados da Wolverhampton Brewery: nenhum deles podia ser considerado uma composição bela, mas têm graça e encanto, apesar de tudo.

FIGURA 76: Janela na Piazza Sant' Eustachio, Roma

É uma característica desencorajante da arquitectura muito moderna faltar-lhe essa queda para o pormenor. Na verdade, os arquitectos modernos mostraram muitas vezes hostilidade em relação a tudo o que possa ser concebido sob o aspecto de «ornamento»; fora desta hostilidade surgiu não só o classicismo despido favorecido pelos regimes totalitários, mas também o ideal de arquitectura como um tipo de *Gesamtkunstwerk*, que só pode ser esteticamente sério se a concepção total ficar sob o controlo do arquitecto. Um edifício sério parece exigir um espaço intacto, como Brasília ou Chandigarh; se o espaço não está disponível, produz-se por uma obra de limpeza, como a que precedeu as grandes exposições, o «festival» da Bretanha e a construção do Barbican. Não é a rua que interessa, mas o «sítio», e ao próprio sítio são muitas vezes impostas regularidades não naturais, ou então é terraplanado com blocos regulares que deixam vazios feios do pavimento, projecções feias da parede, ou algum desconexo remendo de terra onde um resistente arbustozinho tenta crescer. Não pretendo com isto descrever a «arquitectura de exposição» como inapropriada à vida de todos os dias. Alguns dos mais belos pormenores que o movimento moderno criou foram apresentados nas linhas imaculadas e nas colunas cruciformes do pavilhão alemão na exposição de Barcelona. O arquitecto, Mies van der Rohe, é um dos poucos que dedicaram as suas energias à tarefa de transferir o sentido da aptidão visual para os edifícios (como o famoso Edifício Seagram), cuja escala pode ao princípio parecer desafiar a própria aplicação. No entanto, é interessante notar que os arquitectos barrocos, que tantas vezes foram admirados pelas mudanças que faziam nos cânones do espaço, proporção e forma, agiram sem recurso a qualquer limpeza maciça, ajustando as igrejas e palácios a cantos apertados e ruas às curvas, ou colocando os edifícios, como as igrejas de Wren, como marcos para indicar a linha contínua dos edifícios autóctones que tinham de favorecer. As mudanças na forma e proporção conseguidas por estes arquitectos foram alcançadas pela transformação do pormenor, pela forma e corte das balaustradas, cornijas, nichos e colunas, na verdade pela completa rearticulação dos elementos arquitecturais. Este respeito pelo detalhe permitiu aos arquitectos barrocos trabalhar satisfatoriamente em qualquer espaço disponível. O seu amor pelo pormenor era tão grande que Guarini, por exemplo, acompanhou a publicação dos seus projectos não só com uma ilustração da fachada completa, mas com fragmentos das molduras, representadas com igual ênfase, por acreditar que a experiência do todo só podia ser imaginada a partir do sentimento do intricado visual das partes ([4]).

Poder-se-á objectar que há algo de peculiar na tradição clássica quando tenta cristalizar o sentido do pormenor num «vocabulário» de formas recebido. E foi isto que permitiu à «linguagem» barroca apresentar as suas variações formais com tal segurança, enquanto, ao mesmo tempo, impedia qualquer sentido do ornamento arbitrário ou de partes inarticuladas. Mas é enganador falar sem restrições de um «vocabulário» e identificá-lo como a característica constante de todos os estilos «clássicos». Perret, que se considerava um classicista (devido à sua fervorosa devoção à coluna e ao entablamento), não usou «vocabulário» de pormenor. Porém, se não tinha um sentido do pormenor não era por essa razão. No entanto, é útil começar com um exemplo barroco, mais que não seja para reiterar as nossas advertências prévias contra a analogia linguística e contra as doutrinas que procuram a essência da arquitectura no espaço e na forma. Vou começar com um exemplo de arte elevada: mais tarde vou tentar dizer qualquer coisa sobre o sentido do pormenor no *edifício* vernáculo.

FIGURA 77: Bramante: Tempietto, Roma, nicho

Considere-se então o pormenor clássico, convencional, da concha – a colocação de uma vieira na cova de um nicho. Pode encontrar-se este pormenor na arquitectura romana e tem sido, desde o princípio do Renascimento, um elemento essencial do «vocabulário» clássico ([5]). A figura 77 mostra um exemplo do Tempietto de Bramante, um exemplo que é excelente em parte por causa da sua localização por trás de robustas colunas dóricas e pela harmoniosa relação que estabelece com as fortes linhas ascendentes. É difícil ver agora que notável realização está representada neste pormenor. É comparável com a descoberta da palavra perfeita para uma coisa que estivemos muito tempo a tentar descrever. Conseguiu-se uma forma que tem o significado de um padrão e isso abre novas possibilidades de significado. Graças à norma criada por este pormenor, podemos apreciar a significação de desvios, por exemplo, das engenhosas variedades de nichos de concha na arquitectura de Borromini (figuras 78 e 79). Na primeira, vemos exactamente a mesma justaposição a fortes linhas ascendentes

FIGURA 78: F. Borromini: San Carlino, Roma, nicho

FIGURA 79: F. Borromini, San Carlino, Roma, nicho

(numa forma que foi mais tarde usada por Wren no tambor de St. Paul). Mas o nicho avançou para o espaço da parede, adquiriu um entablamento que segue a sua forma, fazendo-o parecer mais uma articulação da parede do que um nicho cortado nela e, ao mesmo tempo, tomando a forma de todo o altar à volta, como se vê no Panteão. A concha adquiriu uma qualidade semelhante a uma chama que enche o espaço com movimento e luz. E, no entanto, se não nos lembrarmos do arranjo clássico e virmos assim a cavidade como um nicho coroado, como um repositório de estátuas, como um lugar de apoio, a tensão entre esse significado e a vitalidade conseguida escapar-nos--á totalmente. As formas de Borromini conseguem uma inteligibilidade precisamente porque, afastando-se da norma, a afirmam ao mesmo tempo.

Este primeiro exemplo leva-nos a um ponto de imenso significado crítico e filosófico. Wölfflin, na análise justamente famosa do idioma barroco, descreveu-o como «pintura!», querendo referir-se à sua qualidade móvel, fluida e textural. Mas não é o aspecto fluido de uma fachada de Borromini que agrada. É antes *a maneira de chegar*

FIGURA 80: F. Borromini: San Carlino, Roma, fachada

de Borromini a esta forma, pelo desenvolvimento progressivo de partes perfuradas e emolduradas, cada uma das quais evoca as restrições da linguagem clássica (vejam-se figuras 80 e 81). As palavras de Wölfflin sugerem não este tipo de articulado minucioso, em que todo o movimento arquitectural se desenvolve da vitalidade de cada parte individual, mas um tipo imposto de fluidez de forma, uma fluidez que

FIGURA 81: F. Borromini: San Carlino, Roma, fachada

requer não tanto a presença de um «vocabulário» como a sua ausência. Esse estilo de edifício em que tudo é moldado com formas fluidas estilizadas – o estilo de Gaudí na Casa Milà, ou de Mendelsohn na Torre Einstein – dirige-se a interesses muito diferentes, interesses em que o sentido do pormenor se pode enraizar; o agrado pode permanecer à parte na característica de nível primitivo das nossas preferências entre as cores, da nossa preferência pelo suave contra o grosseiro, pelas linhas direitas contra os arrebiques. Dizer isto não é depreciar o «barroco concreto»; é dizer alguma coisa sobre *o tipo* de apreciação estética a que este se pode naturalmente prestar.

Igualmente enganadora a este respeito, e ilustrativa de uma falácia fundamental que atinge muitas discussões da arquitectura moderna, uma falácia que deriva da persistente falta de atenção à natureza do pormenor arquitectural, é a comparação de Giedion das formas do barroco com as formas do movimento moderno. Por exemplo, Giedion compara o plano de Le Corbusier para Argel com o Lansdown Crescent em Bath (embora compará-lo com a Baker House de Aalto tivesse sido preferível), baseando a comparação na semelhança do «molde» geral das formas [6]. Por esse motivo, a pomposidade da concepção de Le Corbusier (cujas massas ondulantes só podiam ter sido construídas destruindo vastas secções da cidade existente e alterando o contorno tanto da paisagem como da baía) escapa-lhe completamente. Não consegue ver que, para o modesto e apreciado arquitecto georgiano, a forma ondulante surgiu de uma atenção complexa e pormenorizada à casa individual, em que cada um dos elementos é totalmente inteligível em termos de uma reconhecida tradição visual, de forma que o efeito final pareça mais descoberto do que imposto. A «harmonia» do terraço georgiano não é a da «Serpentine Line» de Hogarth. É mais como *a concinnitas* de Alberti, uma suave correspondência de partes em relação a outras, uma harmonia que é percebida porque podemos «ler» os pormenores. É pela leitura dos pormenores que conseguimos ver que um traço de um edifício dá uma razão visual adequada para outro traço e é só então que podemos ter alguma experiência da unidade e coerência do todo. O contexto em que isto é possível é um *feito*. E não pode ser pressuposto como a propriedade de cada arquitecto em cada período da história, mesmo que até agora tenha sido tão comum. O plano de Le Corbusier, apesar das linhas contínuas e da sua impressionante extensão, ao lado da forma realizada de Lansdown Crescent parece arrogante e de outro mundo.

Os exemplos barrocos ilustram outro ponto de grande importância. A nossa maneira de ver o pormenor pode ser inseparável de uma apreensão da actividade de acordo com a qual é produzido. Considere-se a bem conhecida distinção do escultor entre forma talhada e moldada – separações vivamente descritas e elaboradas em termos kleinianos por Adrian Stokes [7]. Na sua versão mais simples, esta distinção recorda que a maneira como uma forma é produzida pode persistir como característica da aparência da forma. Como tal, não é de forma alguma exclusiva ou exaustiva. Há muitos processos de formação – entalhe, modelagem, molde, aparar e cinzelar – e todos podem persistir como característica sentida da forma resultante. A forma moldada, por exemplo, é uma forma que sofre uma impressão: foi comprimida ou vertida para uma forma e toda a rudeza que apresenta resulta do material usado ou do molde que antes o configurou – pense-se no veio das tábuas de madeira tantas vezes impresso nas superfícies cinzentas dos edifícios modernos. A forma talhada, contudo, não sofre uma impressão; seria mais correcto dizer que exibe uma actividade: uma actividade de cortar, como no capitel coríntio ou na coluna estriada, ou de dar forma, como nas ardósias de um telhado, na coluna toscana ou no clássico «lance» de degraus de pedra (não confundir com a «suspensão» dos degraus moldados).

Estas distinções são difíceis de descrever precisamente e não são, de forma alguma, absolutas. Em certo sentido, é trivialmente verdade que a superfície moldada, tal como a superfície talhada, exibe uma actividade; há uma actividade implícita na produção de cada forma, mesmo na produção dos cascos de fibra de vidro dos iates modernos. Mas todos os marinheiros percebem a diferença entre o casco moldado e o construído, e sentem num a memória de uma actividade que não podem ver no outro. Dizer que essa percepção não tem lugar no amor pelos barcos ou na apreciação da sua beleza seria mostrar uma incompreensão da estética.

O facto interessante não é, então, que as formas possam ser feitas de diversas maneiras, mas que possamos ver os resultados de modo tão diferente. Por muito pequena que seja a diferença *geométrica* entre a forma talhada e a moldada, do ponto de vista da percepção, e em particular da percepção imaginativa característica da experiência da arquitectura, a diferença é absoluta. Na forma moldada, o que vemos (no caso normal) é o resultado e as mais belas formas moldadas, como a cúpula do Panteão e as embarcações da Sydney Opera House, devem a qualidade ao ritmo e movimento implícitos nesse resultado. Na forma talhada, o que apreciamos não é o resultado, mas o processo – ou antes, o processo como ele *é revelado*. A distinção é excelente, mas na estética são as distinções excelentes que interessam. A forma talhada tem uma vida peculiar, exibindo à superfície a marca do trabalho humano. É esta marca que transforma as massas inertes das pedras da catedral gótica em centros de vitalidade. A catedral gótica é, portanto, capaz de arriscar a maior altura e subida possíveis, sem nunca se aproximar da deprimente desumanidade do moderno arranha-céus. Pense-se nas molduras em Rouen, discutidas por Ruskin ([8]) (figura 82). O observador não pode ver essas molduras simplesmente como formas, como uma sequência de linhas agradavelmente paralelas que podiam ter sido prensadas em barro ou gesso mas que por acaso foram cortadas da pedra. Se tentar vê-las dessa forma o sentido da sua ordenação intrínseca começa a dissolver-se. Este sentido vem quando o corte da pedra se torna parte integrante do acto de atenção, de modo que a forma pareça inseparável da maneira como foi conseguida. Vista desta maneira,

FIGURA 82: Secção de uma moldura da Catedral de Rouen

a moldura dá vida à pedra e confere-lhe uma leveza e uma articulação autenticamente arquitecturais. É apenas em virtude dessa percepção que é possível, por exemplo, ver o estilo gótico como o vê Worringer, enquanto «espiritualização» da pedra ([9]). Não há dúvida de que as nossas percepções neste caso particular podem ter uma nitidez peculiar. Considerem-se as colunas dóricas estriadas do Partenon, aparadas e batidas até ao ponto de poder parecer estranho que preservem alguma da sua pretensa clareza de contorno. O trabalho humano é tão preciso que a sua aparência talhada sobrevive, no entanto; seja a que distância forem observados, estas colunas são vistas como vigorosas e vivas, com uma frescura que nenhum estrago conseguiu diminuir.

Deve talvez frisar-se que esta distinção entre talhar e moldar pode identificar uma experiência em oposição à crença. A percepção de uma forma *como* talhada é distinta da percepção de que *é* talhada e pode coexistir com a observação da forma como moldada em estuque ou fundida em cimento armado *(vide* as vigorosas molduras de estuque de Sant'Ivo, figura 14, pág. 57). Inversamente, há formas talhadas que têm uma aparência inalienavelmente modelada, como as pilastras e cornijas talhadas de tijolo que os romanos (ou mais provavelmente os etruscos) introduziram na arquitectura e que têm sobrevivido como elemento eficaz nas construções vernáculas.

Esta distinção escultórica é um caso especial da distinção mais geral que já vimos exemplificada no pormenor barroco, entre formas impostas e formas descobertas, entre formas que parecem retirar a sua natureza de uma força restritiva e formas conseguidas pela descoberta e articulação das partes. Como notámos, as formas curvas de uma fachada de Borromini resultam da disposição dos pormenores considerados, cada uma delas derivando da linguagem clássica e marcada por uma precisão de forma que dá poder e esplendor à composição. É provável que a distinção geral entre formas alcançadas e formas impostas seja registada pelas teorias psicológicas da arquitectura (teorias como a de Adrian Stokes). Mas talvez a distinção seja mais bem descrita através da teoria hegeliana da natureza humana. Decerto que o hegeliano gostaria de argumentar (por razões que vou descrever no próximo capítulo) que há uma diferença fundamental entre a nossa atitude para com objectos que têm a marca do trabalho humano e a nossa atitude para com objectos que a não têm. O objecto feito pela máquina resulta da intenção humana; pode não ser, apesar disso, a expressão de um acto humano. Se o vemos apenas como feito pela máquina, deve parecer-nos então, até certo ponto, estranho, como que obtendo a sua existência de uma fonte que não podemos identificar em nós próprios. Pelo menos pode dizer-se que a forma talhada nos *é próxima* de uma maneira que a forma feita à máquina não pode ser: parece ser já identificada como o movimento da vida humana. E o mesmo se passa com qualquer forma que tenha o carácter de ser «descoberta» como tentei descrevê-lo. Isto é parte do que Ruskin tinha em mente ao erguer diante do arquitecto a sua *Lamp of Life;* ao descrever a modesta adaptabilidade do verdadeiro estilo barroco, o uso humanizante do pormenor e a procura de uma razão inteligível para cada parte, mais não faço do que elogiar o método arquitectural que Ruskin julgava necessitar da iluminação da sua lâmpada. Ao mesmo tempo, devia reconhecer-se que não forneci qualquer princípio crítico, uma razão irrefutável para preferir algumas formas a outras ou para rejeitar antecipadamente o uso extensivo de partes prefundidas, moldadas ou feitas à máquina.

De facto, até agora usei a palavra «pormenor» num sentido um pouco impreciso. Para uma descrição filosófica do seu significado será necessário expandir os exemplos que dei, de forma a incluir tudo o que seja menos do que um todo arquitectural. O molde de uma cornija e a talha de um capitel são pormenores; também o são o posicionamento das fasquias, a formação dos cantos, a natureza dos materiais. O propósito dos exemplos barrocos era mostrar como o desenvolvimento estilístico só pode ser compreensível como transformação de partes significantes. É por esta transformação que novos valores ficam enraizados na experiência. Mas o processo de «enraizamento» pode ligar-se a qualquer pormenor, independentemente do facto de o arquitecto possuir ou não um «vocabulário» clássico de formas.

A actividade do construtor consiste em desenhar uma fachada e um interior eficazes, muitas vezes para se ajustarem a um lugar cujas dimensões são predeterminadas e com o objectivo de adaptar a obra ao cenário circundante. A compreensão adequada do pormenor é a principal capacidade que o pode equipar para essa tarefa. Neste aspecto, a arquitectura não é diferente da arte de vestir. O alfaiate tem alguma liberdade na escolha da forma, do tamanho, peso e material. Mas a liberdade nestes aspectos é limitada por factores fora da sua própria vigilância e o principal exercício da apreciação estética reside, para ele, na escolha adequada e eficaz das partes. A sua arte assenta no estudo de texturas, cores, padrões e das relações apropriadas entre as várias texturas e formas de alfaiataria. Na roupa, como num edifício, a procura de um princípio organizador, de uma ordem implícita no pormenor, leva automaticamente ao desenvolvimento do estilo. Sem estilo e sem pormenor não haveria arte decorativa.

Não se deve pensar, contudo, que a importância que temos atribuído ao pormenor provém apenas da natureza aplicada da arquitectura. Naturalmente, uma arte aplicada encontra problemas imprevistos a que só se pode dar carácter estético quando vistos sob o aspecto de ornamento. (Suponhamos que alguém tem de mobilar um quarto cujas dimensões não foram escolhidas, ou de embelezar um muro de jardim cuja posição não é ditada pelo gosto, mas sim pela lei.) Neste sentido, o ideal de uma arquitectura sem ornamento é uma quimera. Na verdade, que é o ornamento? O ornamento não é mais do que o pormenor que pode ser fruído e apreciado independentemente de qualquer globalidade estética dominante. Sem esse pormenor não pode haver uma aplicação da arte a problemas que já não são estéticos.

No entanto, há problemas estéticos na arquitectura, problemas que são, do ponto de vista artístico, «auto-impostos». A pureza de uma forma de arte é uma questão de grau e é verdade que, mesmo nas tarefas arquitecturais «mais puras» (por exemplo, na construção de uma igreja num local sem restrições, como a Igreja de Todi), há poucos problemas meramente «estéticos». A solução de um problema arquitectural implica sempre uma síntese de capacidades estéticas e de engenharia, o tipo de síntese que se vê na sua forma mais magnífica nas grandes cúpulas de Santa Sofia, de São Pedro e na Catedral de Florença. No entanto, mesmo em arquitectura há uma relativa «pureza» e é nos exemplos «puros» que a maioria dos pormenores estéticos ganha sentido. Numa arte totalmente pura (uma arte concebida da maneira como Stravinsky concebia a música ([10])), todos os problemas são auto-impostos. Uma grande parte da arte consiste, então, não na solução, mas na criação de problemas – visto não poder haver liberdade artística antes de haver restrição artística. Pense-se, por exemplo, nas restrições auto-impostas na música conhecidas pelo rótulo de «forma». Bach não *tinha* de compor a sequência canónica das *Variações Goldberg* de forma que incluísse um intervalo progressivamente crescente entre as partes. Mas optou por fazer assim e, ao criar esse problema para si próprio, tornou possível deleitarmo-nos com a solução. A criação e solução de problemas é essencial à tarefa estética. É isso que atrai e recompensa a nossa atenção. Na arquitectura, a criação desses problemas pode parecer ter um ar artificial. Contudo, não é assim; o caso assemelha-se muitas vezes precisamente ao da música. Na verdade, se a arquitectura não tivesse apresentado qualquer das deliberadas colocações de problemas que são características das artes mais puras, teria sido difícil ver quantos pormenores apreciados poderiam ter surgido.

A ilustração mais óbvia desta questão é o «problema do canto», que obcecou os arquitectos desde os Gregos até à actualidade, e sobretudo Alberti ([11]). Brunelleschi, quando aprendeu a formar o canto com uma pilastra, não só criou como resolveu um notável problema (figura 83). Em vez de duplicar a pilastra, como fez Sangallo em Santa Maria dei Carceri, um efeito que cria um canto com demasiada ênfase e destrói a leveza e serenidade que são as principais características da ordem de Brunelleschi, quase fez desaparecer completamente um dos elementos na parede, deixando apenas o fragmento projectante mais pequeno; em alguns cantos, onde a proporção o requer, usou apenas duas dessas tiras residuais. O êxito da solução (uma solução adoptada e refinada mais tarde por muitos arquitectos, por exemplo, por Gibbs em St. Mary le

FIGURA 83: Brunelleschi: Capela Pazzi, Florença, canto interior

Strand) é medido em termos das restrições intrínsecas ao problema. Não era necessário a Brunelleschi adoptar a ordem da pilastra, mas o encanto dela vem precisamente dos pormenores a que dá origem. Acrescento mais dois exemplos posteriores de «problemas de canto» auto-impostos, um de Palladio em San Giorgio Maggiore, figura 84), por causa da sua brilhante complexidade, o outro (de Mies no Edifício Seagram, figura 85) porque mostra que não é só o classicismo que gera o pormenor deste modo.

FIGURA 84: Andrea Palladio: San Giorgio Maggiore, Veneza

A nossa discussão sobre o sentido do pormenor foi discursiva. Mas permite-nos voltar à noção que considerámos central da apreciação estética – a noção do apropriado. Se Alberti tinha pensado incluir na concepção das «partes» de um edifício tudo o que incluímos sob o título de «pormenor», temos certamente de concordar com a sua descrição do sentido estético, que aspira a uma reunião correcta e própria das partes de um edifício. Cada parte tem de estar ligada às outras numa relação de «apropriado», uma relação que nos permite ver a existência de uma parte que dá uma razão para a existência de outra. Podemos agora reflectir um pouco mais sobre esta noção.

No exemplo dado para ilustrar a génese do gosto e para mostrar a sua inevitável associação ao significado «expressivo», observámos *o primitivismo* inicial da escolha estética. Algumas formas, figuras e cores têm bom aspecto; outras não. Mas notámos também uma tendência intrínseca para transcender o primitivo, para proceder a uma reflexão racional sobre a natureza e o significado da escolha arquitectural. As reflexões empenham-se assim em transfigurar a aparência do seu objecto e deste modo em confirmar-se a si mesmas como parte da compreensão imaginativa.

FIGURA 85: Mies van der Rohe: Edifício Seagram, Nova Iorque, canto externo

Ora, é claro pela exposição de Alberti, que a «beleza» o interessava muito menos do que a ideia do «apropriado» *(aptus, decens, commodus, proprius)* ([12]) e a sua definição da primeira pode ser vista como extensão do conceito do último. Não é difícil perceber o que tinha em mente. É a noção de «apropriado» que resume o processo da «reunião» racional que é o gesto intelectual primário em qualquer arte decorativa. E se é importante para um arquitecto ter um estilo, em parte é porque lhe permite empregar esse conceito para um melhor efeito e, como tal, de forma mais concreta. O estilo não é a acumulação do pormenor, mas o justo desdobramento dele. Isto (que pode parecer primeiro ser uma simples verdade sobre o «classicismo») define, de facto, o estilo e não compreenderemos o estilo sem ver como todo o seu funcionamento está intimamente penetrado pelo «pormenor apropriado». Considere-se o chamado «estilo internacional» (o estilo que Gropius defendeu perante o Dr. Goebbels como o único alemão, devido à síntese das formas clássicas e góticas ([13])). Também este estilo contém pormenores característicos – fenestração de metal, cantos envoltos, horizontais agudas, verticais delicadas –, mas não é mais uma acumulação desses pormenores do que o estilo clássico é uma acumulação das partes vitruvianas. É possível que o seu afectado desdém pelo ornamento tenha tornado difícil empregar eficazmente o estilo em locais restringidos. Mas a sua pretensão de ser uma força estética autónoma (e que pode ser vista em funcionamento não só nas fábricas do Bauhaus e nas casas de Maxwell Fry, mas também muito mais tarde, por exemplo, nas obras de Venturi e Rauch) apoia-se grandemente na criação de pormenores que se podem ver não só a coexistir, mas também a corresponderem-se, como uma parte corresponde a outra parte no estilo clássico.

O que significa, então, dizer que um detalhe é apropriado? Devemos notar, antes de mais, que essa apreciação não é exclusiva: outros pormenores poderiam ter sido igualmente apropriados. O apropriado não é necessariamente o que é melhor. O nosso sentido do apropriado desenvolve-se pelo reconhecimento de escolhas múltiplas e pela procura de uma ordem potencial entre elas ([14]). Não pretende uma meticulosidade governada por regras, mas uma flexibilidade fácil, no sentido do que é sensível, conveniente e adequado. Esta flexibilidade, como notámos, estorva a análise: o conceito do «apropriado», como outros conceitos que articulam a reacção estética, esquiva-se a uma definição explícita. No entanto, é possível dar um sentido do que quer dizer preenchendo o fundo de expectativas, costumes e atitudes contra o qual se desdobra.

Temos de reconhecer imediatamente que o conceito do «apropriado» é de aplicação universal e que seria errado restringi-lo a um uso especificamente «estético» de que deriva o seu sentido. Falamos do que é apropriado, de sentimentos apropriados, gestos apropriados, roupa, comida, vinho e *décor* apropriados. Esta permeabilidade do prático também não deve surpreender-nos. Em nada do que fazemos o nosso objectivo pode determinar a forma de o executar. Mesmo numa actividade que tenha, tão completamente quanto possível, a tendência para a realização de um determinado fim – e essas actividades são poucas –, há muitos meios igualmente eficazes para isso. Segue-se então que há qualquer coisa de incompleto na capacidade de raciocínio de uma pessoa que não reflecte sobre as várias maneiras de empreender o que tem a fazer, que tenta não só fazê-lo, mas fazê-lo apropriadamente.

No entanto, alguém pode ainda tentar analisar o conceito do apropriado em termos da relação dos meios com o fim. Pode dizer que, ao determinar o que é apropriado, uma pessoa considera o que faz não só em relação com o objectivo imediato, mas em relação com a totalidade dos objectivos que podem ser favorecidos ou frustrados pela sua acção. Por exemplo, o sentido do comportamento apropriado à mesa é ditado pelo desejo de não ofender ou afastar as pessoas ao nosso lado, pelo desejo de não salpicar comida e bebidas na nossa cara e roupas, pelo desejo de comer e digerir sem dores, aflição ou flatulência. Produzir um cânone do comportamento «apropriado» é, pode dizer-se, simplesmente seguir um caminho por entre variados desastres, para conseguir uma «solução óptima» para variados objectivos. Este ponto de vista torna a prestar atenção à abordagem da arquitectura dos teóricos do projecto como um tipo de «resolução de problemas»; mas, como vimos no capítulo 2, essa abordagem não reflecte uma compreensão séria da razão prática. A maior parte dos nossos objectivos não pode ser expressa antes da sua realização e a tentativa de encontrar uma «solução», em termos de meios para um fim, implica habitualmente a limitação arbitrária do problema que se propõe resolver. Isso tem de ser assim nas actividades que reflectem a «estética da vida de todos os dias», actividades como a de alfaiate, decoração e construção, que – porque temos de contactar intimamente com os seus produtos – não se podem separar das *Weltanschauungen* dos que se ocupam delas. Nestas áreas, a noção do apropriado desenvolve-se para além do que se pode compreender na relação dos meios com o fim e chega a colocar-se mais como uma intimação de fins que não podem ser todos expressos, como uma indicação, em termos concretos e imediatos, de objectivos e satisfações, que – porque a ocasião para a sua expressão só então surgiu – não podem ser revelados de outra maneira. Considere-se a apreciação do apropriado quando este se desenvolve no campo das boas maneiras. Não há dúvida de que aí se aprende primeiro a compreender simplesmente e a usar certas convenções, convenções que podem variar entre grupos e comunidades, mas que têm em comum o objectivo de criar expectativas fixas, contra cujo fundo a verdadeira liberdade de relações sociais se pode desenvolver ([15]). Mas uma pessoa que siga meticulosamente essas convenções, que não mostre capacidade para as adaptar ou rejeitar, para as olhar com humor ou ironia e, em especial, capacidade para fazer o que é apropriado nas circunstâncias em que a convenção lhe nega ajuda, tal pessoa é, socialmente falando, um desastre. E é impossível curá-la dessa inaptidão lembrando-lhe simplesmente um objectivo ultrapassado – digamos, o de agradar sempre aos outros e a si mesmo. Ele tem também de aprender quando é apropriado desagradar aos outros e a si mesmo. De que outra forma se supõe que reaja à má educação, à injustiça e aos insultos? Para adquirir a arte do apropriado, tem de aprender a ver no seu próprio comportamento as intimações de um êxito a que não pode coerentemente dedicar-se antes de estar já quase a consegui-lo. A arte das boas maneiras é a arte de ver o que é adequado antes de saber exactamente em que vai consistir o êxito.

Para ilustrar este ponto vou pegar num exemplo que pode parecer, ao princípio, um pouco leviano, mas que tem, de facto, um importante propósito heurístico, o gesto de segurar um garfo. No Japão, onde essas coisas foram durante séculos consideradas o culminar de todo o esforço estético e onde os mestres da cerimónia do chá foram venerados como artistas do mais alto calibre ([16]), dificilmente se consideraria ofensivo elucidar a natureza da arte através da consideração das boas maneiras à mesa. Não partilhamos da trágica perspectiva que torna possível essa ênfase; no entanto, mesmo para nós, o fenómeno das boas maneiras tem o que somos inclinados a chamar um significado «estético». O que é importante, pode dizer-se, é fazer o que nós e os que nos cercam acham próprio. Mas dizer isso é já conceder que pode haver algo de sério implícito na questão. Pense-se em como se pode justificar uma forma especial de segurar um garfo. O nosso desejo de descrever isto como questão estética deriva do facto de, em primeira instância, como prática, ser justificada em termos do aspecto que tem: tem melhor aspecto dessa forma. Mas o raciocínio só pára aí acidentalmente; a questão de saber porque tem melhor aspecto surge imediatamente e não há uma resposta adequada que não vá ao cerne do problema social. Tem melhor aspecto porque dá origem a um movimento mais harmonioso e mais elegante, porque traz a comida não directamente para a boca, mas com um movimento lateral que não requer um esticar dos maxilares. E isso é, naturalmente, mais agradável de ver; uma boca toda aberta, que ataca de frente, tem um aspecto descuidado, voraz e egocêntrico, um aspecto que é, de algum modo, de descrédito. E por aí adiante. É claro que este processo de raciocínio não impede nada de moralmente significante. Argumentar deste modo sobre a qualidade «decorosa» de um certo gesto é usar conceitos cujo significado deriva da sua aplicação em todos os domínios da vida moral. O conceito de decoroso – *o decus*, que Cícero colocou no cerne da virtude moral ([17]) – é apenas um outro conceito pelo qual o mundo da escolha pessoal se transcende no da compreensão moral. (A dignidade pode ser o ideal mais elevado do ser humano e Horácio não estava de forma alguma a diminuir o carácter sublime do auto-sacrifício patriótico quando o descrevia como *dulce et decorum.*)

O que notamos neste exemplo é o facto de, desde que se comece a raciocinar em termos de aparência apropriada, ser impossível restringir o raciocínio a concepções que tenham um sentido unicamente «estético». Na verdade, duvida-se de que existam termos «estéticos» – termos cujo significado seja dado simplesmente pelo uso na apreciação estética. Este ponto foi implicitamente reconhecido por Alberti, que em cada uma das muitas articulações da apreciação estética emprega termos que obtêm o seu significado de um uso mais vasto, na verdade de toda a estrutura do raciocínio prático. Mesmo *a concinnitas,* em que põe tanta ênfase estética, tinha para ele um significado que era, antes de tudo, moral. Tinha provavelmente retirado o termo do *Orator* de Cícero, onde sugere uma espécie de doçura e persuasão de som, e tinha-o usado em várias obras anteriores, em particular em *Della Famiglia,* para referir a harmonia e graça intrínsecas ao comportamento civilizado. Foi este significado moral que Alberti procurou transferir para a esfera estética. Usando, assim, sempre termos que tomam o significado de um uso mais vasto, estava simplesmente a seguir – como o conceito do «apropriado» nos força a seguir – o caminho do gosto estético para o raciocínio prático, do sentido de como as coisas devem parecer à apreciação de como deve ser ([18]). O sentido do apropriado existe como encarnação do pensamento moral, como uma percepção, no imediato, aqui e agora, de objectivos e valores que estão enterrados em regiões distantes e pouco acessíveis da existência. Num sentido muito real, cultivar os valores estéticos intrínsecos às boas maneiras – cultivar *o decorum* visual – faz parte do processo de pôr ordem nas escolhas, de outro modo nebulosas, da vida individual. Pelo sentido do «apropriado», uma pessoa pode anunciar no presente imediato os objectivos da sua vida que não são imediatamente afirmáveis. A procura da aparência apropriada é, portanto, uma parte não eliminável de saber o que fazer naquelas actividades em que, pela sua complexidade, não se pode enunciar um único objectivo. E a arquitectura é uma dessas actividades. Aí também o sentido do apropriado faz parte do estar empenhado completamente na tarefa, de estar sempre perto de transcender o imediatismo do impulso presente, de perceber de longe a realidade de objectivos distantes. Aplicar esse sentido é transformar um corpo inerte de «problemas» numa tarefa prática abrangente.

Os meus exemplos do sentido do pormenor foram retirados da arte mais elevada, em parte com o fim de ilustrar a presença, na arquitectura, desses problemas autónomos que caracterizam as formas mais elevadas do esforço estético. Contudo, como comecei por dizer, o sentido do pormenor tem uma importância adicional na arquitectura por causa da natureza aplicada da arte. Considere-se a arquitectura vernácula que nos cerca. É realmente surpreendente que, apesar das irregularidades, desproporções e dos ornamentos desajeitados, a arquitectura vernácula do século XVII permaneça tão agradável, enquanto a do século XX (ou pelos menos a do século XX da propaganda colectivista) pareça tantas vezes hostil, estranha, indicativa de um mundo em desacordo com a execução individual? Suponhamos, por exemplo, que se tinha de construir um muro, de tipo «brutal», sem qualquer pormenor. Tudo o que interessa é que seja suficientemente alto e comprido e suficientemente forte para resistir aos golpes previstos. Esquece-se o material, usa-se cimento vazado ou grosseiros blocos de cimento. A maioria das pessoas diria que esse muro não dá descanso ao olhar, que não convida à contemplação e mesmo que repele o fixar os olhos nele. Qualquer questão do apropriado de uma parte à outra é evitada e parece impossível descrever o apropriado do material, a não ser como meio para um fim.

Suponhamos agora que o construtor tenta articular o muro, expor o aspecto e a forma como se atingiram as coisas, como os produtos de uma actividade cujas regras, precedentes, objectivos e exemplos se podem ver implícitos nas partes separadas. O muro do caminho-de-ferro nas figuras 86a e 86b é um exemplo simples dessa articulação vernácula. Os precedentes são, em parte, clássicos – os sucessivos contrafortes são também pilastras meio-formadas, a base dilatada é um vestígio de pedestal e o cimento adicional copia uma cornija parcial. Os contrafortes têm fortes pedras angulares de tijolo azul bem cozido, que se conjugam com a base, enquanto os interstícios são suaves, baços tijolos rosa, gastos e marcados pelo uso. O muro segue a rua, mas ao seu próprio ritmo, os vestígios de «Ordem» forçam-no a subir ou a descer em

FIGURA 86a e b: Westbourne Park Villas, Londres, muro do caminho-de-ferro

degraus, contrapondo assim de forma atraente a curvatura escassamente visível do pavimento. Os contrafortes correspondem-se, cada um deles levando o olhar para a frente entre pontos de apoio. A inclinação da parte de cima da parede dá uma ênfase eficaz à «cornija» e realça o peso aparente do todo. O prazer que naturalmente se sente ao passar por esse muro não é simplesmente o reconhecimento de uma construção sólida ou artesanal. É um sentido da adequação natural de uma parte a outra, de uma articulação conseguida que, por causa da docilidade à questão estética, molda o muro em forma humana. Como sugere a nossa descrição do «apropriado», a correspondência de uma parte com a outra é também uma correspondência de exterior e interior, de edifício e observador. A apreciação do apropriado tem origem em nós. Serve, mesmo nestes exemplos vernáculos, para transferir para o objecto as exigências e os valores do homem que o estuda. O muro apropriadamente detalhado tem uma acumulação de carácter moral, usa uma expressão solidária e, ao contrário da invenção brutal com que o comparei, habita o mesmo mundo do homem que passa por ele.

Nada disto sugere uma *regra* de gosto – só um preconceito em favor do detalhe compreensível. É claro que o exemplo vernáculo mostra formas tomadas e adaptadas das tradições estabelecidas do ornamento e não há dúvida de que essas tradições tornam fácil ao construtor imaginar o efeito da estrutura acabada. É, na verdade, uma

FIGURA 87: Monte Quirinal, Roma, muro

das características mais fortes da tradição clássica prestar-se à articulação de espaços e pode-se usá-la mesmo para tornar muros sem janelas tensos de significado humano (ver figura 87). Por vezes, o efeito pode ser menos sereno e mais doloroso, como na audaz composição de Hawksmoor mostrada na figura 88, corajosa, militar e tão cheia de força entravada como um cativo de Miguel Ângelo. Pode ser que tenhamos perdido a valiosa tradição que tornou possível essa expressão, que tornou possível transferir toda a diversidade do carácter humano para a face inanimada de muros ou janelas. Mas *a busca* de significado na arquitectura, seja na arte vernácula ou na mais elevada, requer sempre esse sentido do apropriado, manifesto, como vimos, na justa correspondência de uma parte com outra.

Isso está tudo muito bem, dir-se-á, mas não ficou por considerar um grande número de factores centrais na apreciação estética – factores como o equilíbrio, a pro-

FIGURA 88: Nicholas Hawksmoor: St. Mary Woolnoth, Londres

porção, a linha e a unidade? Concentrar-se simplesmente no sentido do «apropriado» dificilmente será fornecer uma explicação do significado desses termos, ou da nossa razão para estarmos interessados nas qualidades que denotam. Esta objecção é séria, mais que não seja porque nos traz de volta ao problema central e repetido na filosofia da arte. O leitor terá notado que, além de fazer observações críticas sobre a sugestão de Alberti, não propus uma definição de «beleza», «proporção», nem, na verdade, de qualquer outro termo «estético». Esta omissão foi deliberada: tentei dispensar a noção de termo «estético» e abordar a apreciação estética explorando o estado de espírito e o modo de raciocínio em que se baseia. Até isso estar feito, nenhuma «definição» de termos estéticos será mais do que vazia ou parcial, mais do que uma apologia de um qualquer cânone de gosto particular, provavelmente dispensável, sem poder para lançar luz sobre a natureza da apreciação estética. Descrevi um processo de reflexão racional, por meio do qual uma experiência imediata se torna o «sinal» ou arauto de valores sociais, intelectuais e morais. A minha preocupação tem sido descrever esse processo de reflexão não atribuindo um papel especial aos conceitos individuais nele empregues. E, como sugeri, os conceitos usados na apreciação estética têm uma qualidade particularmente desprendida e «fluida», e o seu significado deriva, antes de mais de um uso não-estético, parecendo flutuar livres de qualquer base estabelecida para a sua aplicação ([19]). Kant sustentava mesmo que não eram realmente conceitos, que a apreciação estética era «desprovida de conceitos» e, portanto, que um termo como «beleza» não se refere a uma característica identificável dos objectos a que é aplicado ([20]). Concordemos ou não com Kant, devemos pelo menos acautelar-nos ao propor definições e análises quando a forma de apreciação com que lidamos tem como objectivo não o conhecimento teórico, mas a transformação da experiência. Conceitos como o apropriado e o belo flutuam livremente neste processo de argumentação estética, dirigindo a nossa atenção ora para esta coisa, ora para aquela; adquirem sentido a partir não dos objectos a que são aplicados, mas do estado de espírito que articulam.

No entanto, podemos dizer ainda alguma coisa em resposta à objecção. A nossa exploração do pormenor colocou no cerne da apreciação estética um certo sentido da pergunta «porquê?» – porquê isto, aqui? – onde o que se pede é uma razão que se refira ao aspecto que a coisa *tem*. Ora, se quiséssemos pedir uma explicação do significado de «proporção», seria precisamente em termos dessa questão que a enquadraríamos. As «definições» de proporção clássicas, neoclássicas, revivalistas e corbusierianas não eram definições, mas antes cânones de processos. A teoria matemática da proporção, por exemplo, não se propõe, em nenhuma das variantes neoplatónicas, dizer o que *significa* a palavra «proporção», mas apenas estabelecer uma regra ou modo de proceder para obter partes proporcionadas. E, como vimos, essa regra não podia pretender uma validade universal precisamente porque está longe de esgotar o significado do termo. Essencialmente, o que se entende por proporção pode entender-se como entendemos o conceito apropriado. Existe proporção num edifício cujas partes – avaliadas mais em termos da forma e tamanho do que em termos de ornamentação – dão uma razão visual adequada umas às outras. A proporção «desequilibrada» é a que provoca a pergunta «porquê?» – porquê esta forma, porquê tão alto, tão largo, tão comprido? A necessidade de formular uma resposta visual a essa pergunta pode levar, na verdade, ao desenvolvimento de um *cânone* de proporção – e, ao fazê-lo, vai ter um papel vital no desenvolvimento do estilo. (O nosso exemplo do construtor explica isso totalmente.) Mas não há nunca uma necessidade, na prática da apreciação estética, de dizer o que «realmente significa» proporção, no sentido de fazer coincidir o termo com uma propriedade ou conjunto de propriedades que lhe dêem verdadeiro sentido estético. O sentido é-lhe dado por um certo papel abrangente na prática da argumentação estética e só se pode entender, como se pode entender o conceito do apropriado, à luz de uma teoria que mostre a relação entre razões estéticas e apreciação prática vulgar. Foi essa teoria que tentei apresentar. As sugestões deste parágrafo deviam tornar claro que a compreensão da proporção e a compreensão do pormenor estão longe de ser incompatíveis na procura do significado estético: pelo contrário, são aspectos complementares de um único processo e ambos só fazem sentido em termos do raciocínio que caracteriza esse processo.

O leitor não deve manifestar surpresa, portanto, se não se lhe oferece uma definição de «beleza», ou se se faz com que a tarefa de definir «beleza» pareça tão pouco importante. Parece-me que faríamos melhor se esquecêssemos tudo sobre isso. Conceder à beleza a ênfase tradicional não é só elevá-la acima de um conjunto de termos estéticos que merecem todos igual importância; também é sugerir que o nosso problema é mais de significado do que de filosofia do espírito que fundamenta a apreciação estética, que notamos a prioridade do pormenor e a predominância do conceito do «apropriado» em toda a escolha estética. São estes que determinam a aplicação estética da pergunta «porquê?» O arquitecto pode não ter o talento ou a confiança para enfrentar essa pergunta – pode recorrer a todo o tipo de expedientes sem valor, como o arranjo de janelas numa sequência «casual», a deliberada condensação ou retracção de todas as partes aproximáveis com o fim de evitar a sua acção corrosiva. Mas essa retirada do estilo é tão desprovida de valor como fútil: não há possibilidade de escapar do olhar imaginativo e o significado universal e irrefutável da nossa pergunta leva inevitavelmente o olhar para a frente, para o ponto de satisfação ou repugnância. Não é, portanto, surpreendente que o sentido estético pareça ter de procurar um ideal de objectividade, ou que extravase em todos os pontos para as questões de moralidade que o «esteticismo» procurou tradicionalmente evitar.

Mas e então essa objectividade e essa moralidade? É possível obter a primeira e descrever a segunda? Vou tentar dizer alguma coisa em resposta a essas perguntas; por último, vou argumentar que não são duas perguntas, mas uma.

10. Conclusão: arquitectura e moralidade

Confrontamo-nos com a mais difícil de todas as questões na estética filosófica, a questão da objectividade da apreciação estética. Haverá certo e errado em arquitectura? Se há, como são determinados? Muitas vezes esta questão é abordada com um espírito ingénuo, na total confiança de que a distinção entre o objectivo e o subjectivo é tão clara como parece ser exaustiva. Se a nossa discussão sobre o gosto não produziu outra convicção, deve ter produzido, pelo menos, a convicção de que essa confiança é injustificada. Em certo sentido, parece, a apreciação estética é subjectiva visto que consiste na tentativa de articular uma experiência individual. Noutro sentido, porém, é objectiva, pois pretende *justificar* essa experiência pela apresentação de razões que sejam válidas para outros além de nós próprios.

Contudo, uma apreciação pode pretender a objectividade sem a conseguir e o ponto crucial, o ponto de que deve depender toda a discussão crítica, é se é possível consegui-la aí. Nexto contexto, é importante separar a objectividade da verdade. A apreciação crítica é uma forma de raciocínio prático, consiste em sustentar ou criticar uma experiência em termos do apropriado ou inapropriado do seu objecto. Esse raciocínio é prático, porque a conclusão não é algo em que se acredita, mas que se sente ([1]). Seria enganador, portanto, dizer que a apreciação crítica pretende mostrar a verdade de qualquer coisa; o raciocínio prático não nos diz o que pensar, mas o que sentir ou fazer. No entanto, pode ainda assim ser objectivo. Este ponto tornou-se forte com Kant, nas suas duas grandes obras sobre ética e estética ([2]). Kant sustentava, por exemplo, que as apreciações morais eram imperativas – portanto não podiam ser verdadeiras ou falsas. O que descrevem, se é que descrevem, não é o mundo real em que vivemos, mas o mundo ideal a que aspiramos (o Reino dos Fins). Apesar disso, argumentava ele, uma apreciação moral é objectiva, visto ser possível sustentá-la como válida para todos os seres racionais, independentemente da particular constituição, circunstâncias ou desejos deles. Há um modo válido de apoiar a apreciação moral – a validade importa para o facto de haver apreciações que só podem ser rejeitadas por má compreensão delas. A teoria kantiana é ousada e só abordei os seus traços gerais; uma investigação completa teria tornado claro o que era entendido por critérios sem verdade: pode-se negar o lugar da verdade no raciocínio moral, por exemplo, e confiar ainda no critério elementar da consistência? Mas a teoria tem interesse ao apresentar uma ideia geral de objectividade; sugere que a ideia de objectividade se pode expressar nos domínios do pensamento humano que não são «científicos» em sentido vulgar.

Podemos, então, introduzir essa noção de objectividade na discussão estética? Muitos filósofos – incluindo Kant – pensaram que não podemos, precisamente porque a finalidade dessa discussão é sempre uma experiência. Um argumento crítico só é aceite, por assim dizer, persuasivamente quando o oponente foi levado a partilhar a experiência da pessoa com quem discute ([3]). Esta relação íntima com a experiência por certo já sugere que não se pode atingir qualquer conclusão crítica pela aplicação de uma regra; cada caso possui uma certa singularidade e tem de ser discutido sem detrimento da sua autonomia. Mas se não há regras para a apreciação estética, não pode haver regras para a construção e, por isso, leis arquitecturais, para além das da função e estabilidade. Como podemos então falar de objectividade?

É certamente verdade, como vimos, que as tentativas de definir leis universais da construção foram bastante desconexas e que nunca há a mais leve dificuldade em derrubar as apreciações críticas que delas derivem. Mas a ausência de leis universais não é, em si mesma, o mesmo que subjectividade. Pode ser possível que uma dada forma de arquitectura e determinadas obras de arquitectura se ajustem melhor como objectos de interesse estético do que as outras. Podemos ser capazes de mostrar, no que respeita a estas formas e exemplos, que há uma maneira certa de os ver e que, ao vê-los assim, o impulso estético é de algum modo satisfeito. Vale a pena recuperar aqui a comparação com as apreciações morais. Em algumas perspectivas, a moralidade consiste num conjunto de regras de conduta e o problema filosófico é simplesmente justificar essas regras ([4]). Esta abordagem legalista da moralidade não regista muito exactamente as reflexões reais dos homens morais, a maioria dos quais teria relutância em especificar regras absolutas de conduta, mesmo que não sentisse dificuldade em reconhecer actos que merecem louvor ou censura. E a capacidade de reconhecer as acções correctas provém em parte da capacidade de reconhecer os bons homens – para reconhecer a virtude moral *em* acção, para reconhecer que uma determinada acção exprime disposições que se deve imitar ou elogiar, disposições pelas quais nos «entusiasmamos» à maneira característica unicamente de seres morais. Se este pensamento é verdadeiro – e há certamente, desde Aristóteles, uma longa tradição de filósofos morais que com ele concordam –, podemos compreender o que está certo ou errado não porque possuímos um catálogo de regras, mas porque compreendemos os motivos e os sentimentos do homem de virtude. Ao compreendermos o homem virtuoso, podemos, quando surge a ocasião, imaginar o que *ele* faria. Mas o preceito subsequente, mesmo sendo alcançado assim indirectamente e em desafio de qualquer lei universal, pode ser ainda objectivo. Será tão objectivo como a noção de virtude de que provém e, se se pode mostrar (como Aristóteles tentou mostrar) que o nosso ideal de virtude não é arbitrário, mas, pelo contrário, nos é imposto pela própria natureza da escolha racional, todas as apreciações morais são, então, em certa medida, objectivas. Todas as apreciações morais obtêm a sua validade do raciocínio que ninguém pode razoavelmente rejeitar ([5]).

Há, na estética, uma abordagem indirecta à objectividade que se lhe pode comparar. Podemos tentar – como os freudianos e hegelianos referidos no capítulo 6 – dar uma explicação muito geral do valor da experiência estética e extrair dessa explicação uma compreensão imaginativa do tipo de arquitectura e do tipo de perspectiva na arquitectura que melhor recompensariam a atenção estética. O nosso raciocínio pode ser completamente objectivo, no sentido de que pode depender de considerações que nenhuma pessoa racional poderia rejeitar livremente. Provavelmente não deduziremos desse processo qualquer corpo fixo de regras ou preceitos. Mas teremos uma noção mais clara do que pode ser uma estética objectiva e, se pudermos desligar a nossa ideia de validade dos rígidos cânones de uma determinada teoria arquitectural, tanto melhor.

Vamos então reflectir sobre o valor da experiência estética – a relação entre o estético e o moral, no seu nível mais abstracto. Tem sido a minha tese ao longo desta obra que a compreensão estética, no sentido da contemplação imaginativa de um objecto por si mesmo, é uma parte importante da vida de todos os dias e que, por muito dispensáveis que se considerem as formas de arte mais elevadas e mais pessoais – por muito concebível que seja que haja homens sem gosto para a música, pintura ou o uso das palavras –, é inconcebível que haja seres racionais de que o impulso estético esteja completamente ausente. Na medida em que há – e insisti que há – uma estética da vida de todos os dias, todos os homens se devem, até certo ponto, empenhar nela; se não o fazem, têm uma compreensão defeituosa do mundo. Em cada ocupação, por mais funcional que seja, há infinitos modos de proceder. Todas as nossas escolhas são extraídas de um caos de alternativas funcionalmente equivalentes e, em todas as escolhas que afectam não só as intenções presentes mas também as aspirações distantes (e talvez inafirmáveis), é o resíduo não utilitário que é importante. Construir bem é encontrar a forma apropriada, ou seja, a forma que corresponda ao que resiste e não ao que perece. A forma apropriada fornece-nos, como argumentei, não só as intenções do momento, mas um sentido de nós próprios como criaturas com identidades que transcendem a soma da intenção e do desejo do momento. E se a forma apropriada é a que parece certa, uma pessoa deve, se quer ser capaz de raciocinar completamente sobre questões práticas, adquirir o sentido da validade visual. E isso é tão verdade para a construção como para o mobiliário, para o vestuário e para as boas maneiras. A noção de validade visual é um sentido que todo o homem tem razão para adquirir e, ao adquiri-lo, argumentarei, verá as actividades como parte de uma ordem maior do que ele próprio; pensará que ele mesmo reage a imperativos que têm origem num ponto de vista racional e objectivo.

Ora a razão prática visa o conhecimento prático – saber o que fazer e sentir –, assim como a razão teórica visa o conhecimento teórico, o saber em que pensar e acreditar ([6]). O conhecimento teórico consiste na apreensão segura da verdade e, portanto, deve adoptar a verdade como o seu próprio objectivo. O conhecimento prático, visto não lidar fundamentalmente com crenças mas com acções e sentimentos, precisa de um substituto adequado da verdade, um ideal de êxito na acção (ou emoção) que possa constituir o objectivo e a recompensa do raciocínio prático. Esse ideal (o ideal da felicidade) deve – se os meus argumentos têm alguma força – deixar um lugar importante à compreensão estética, visto que sem gosto uma pessoa ficará muitas vezes na ignorância parcial do que fazer – embora possa ter uma abordagem mais simples e mais directa dos problemas práticos e possa mesmo ser tentada a interpretar erradamente essa simplicidade e forma directa como uma forma superior de conhecimento. Mas o argumento que foi desenvolvido é insuficiente; dar-lhe uma forma convincente requer o afloramento da filosofia da razão prática e isso, por sua vez, seria impossível sem uma exposição do conceito do eu. Tem algum interesse, no entanto, ver como o argumento pode ser apresentado em toda a sua complexidade filosófica.

Argumentei que a apreciação do «apropriado» desempenha um papel na reunião, na acção imediata, de intenções e valores, que pode ser impossível então afirmar ou procurar, mas que, apesar de tudo, estão conectados com a possibilidade de satisfação. Indiquei, no capítulo 2, que é impossível explicar o que está implícito numa escolha de um alfaiate sem ter em conta o facto de aí o gosto estético ser central. O gosto, continuei eu a argumentar, une no objecto todos os objectivos inexprimíveis que determinam a satisfação e transforma a confusão do raciocínio utilitário na apreensão de uma finalidade séria. A apreciação estética enche o mundo de intimações de valor – e isto é talvez parte do que Kant tinha em mente ao argumentar que na atenção estética o objecto é sempre visto como, em certo sentido, «intencional», embora sem uma intenção específica ([7]). Na escolha do vestuário, como em todas as outras áreas onde a aparência conta, uma pessoa tenta naturalmente anunciar o carácter adoptado nessa escolha – de outro modo a razão só se ocupa de satisfações transitórias.

Ora há a tentação de pensar que a compreensão estética, sendo contemplativa, tem de ser também passiva, uma espécie de perda do eu na experiência, em detrimento da actividade. Pelo contrário, a ocupação estética implica precisamente transformar a própria experiência em algo de activo. Tudo o que tenho agora, além das intenções que me levaram a construir, vestir ou decorar, é a experiência do que faço. Para me ocupar dessas partes da minha vida que não têm interesse prático imediato, para absorver na escolha presente toda a realidade de uma vida que se estende até um espaço moral distante, tenho de erguer essa experiência acima do imediato e de a transformar num sinal de algo universal. Daí a minha necessidade, como criatura racional, de um conceito do apropriado, um conceito que possa ser directamente aplicado à experiência de forma a transformá-la num sinal de valores permanentes.

Como exemplo, considerem-se os dois garfos ilustrados na figura 89, um de *design* sueco contemporâneo, o outro do «padrão trivial» que tem sido mais ou menos tradicional desde que a linguagem clássica foi redescoberta e adaptada às necessidades da vida diária. Pode-se elogiar as linhas «limpas» e «funcionais» do primeiro em comparação com a qualidade «ornamentada» e «pesada» do segundo; pode-se fazer esses comentários como parte da razão para uma preferência. A apreciação, que ao princípio parece ser meramente utilitária, acaba por ser, depois de analisada, inteiramente estética. A função de um garfo, na medida em que se pode restringi-lo a um objectivo explícito, é levar a comida do prato para a boca. O primeiro garfo, como é bem conhecido, é menos adequado a esse fim. Os dentes curtos e gordos prendem a comida com menos firmeza do que os dentes estreitos do outro, o cabo fino escorrega na mão e o seu sentido táctil é mais o de uma coisa que se pousa do que de uma que se segura. Pelo contrário, a base cuidadosamente modelada do segundo garfo ajusta-se à palma da mão; o «pescoço» torna-o mais fácil de segurar e elimina o risco de escorregar para a comida. Tudo no garfo clássico é manifestamente «confortável» e mesmo o peso aumenta a sua utilidade, permitindo-lhe equilibrar-se convenientemente e apoiar-se mais seguramente na borda do prato. O ideal de «funcionalidade» corporizado pelo garfo sueco é um ideal *estético*, mas não consegue transferir-se dos valores visuais para os práticos. A procura de uma linha pura, evocativa de uma função simples, leva a um contorno infantil, a uma fluidez aerodinâmica e instável da forma, mal adaptados tanto aos usos da mesa como às exigências do sentido estético. O garfo clássico, proporcionado como uma coluna, com base e capital, e com um friso de dentes, participa de uma linguagem cheia de implicações. Não há dificuldade em repetir essas formas, em encontrar uma faca e colher que combinem com o garfo, em integrar todos três num ideal visual da mesa com talheres. O olhar descansa com satisfação na ponta arredondada do cabo; todos os usos parecem presentes na forma e não se hesita em traduzi-los

FIGURA 89: Dois garfos

em acção. Os dois garfos têm a insígnia de estilos de vida contrastantes – a procura da função inconfundível (não como facto mas como símbolo) e o movimento de lazer que, apesar do desprezo superficial pela função, chega mais naturalmente ao objectivo. Ao escolhermos entre as formas por razões estéticas, afirmamos também a nossa preferência por um ou outro estilo de vida; a verdadeira apreciação crítica deve implicar, portanto, o tipo de comparação de estilo de vida que estive a fazer. É absurdo pensar que podia haver uma educação do sentido estético nestas coisas que não fosse também uma educação da razão prática – que não tentasse dar conta, ainda que de forma esquemática, de satisfações que não são simplesmente questões de escolha visual.

Vamos agora reflectir sobre o que acontece quando as considerações estéticas são ignoradas – quando mesmo a estética terapêutica da Escandinávia parece deslocada, como um luxo ou irrelevância. Considere-se, por exemplo, a construção de estradas, em particular das «estradas alternativas interiores» e «estradas de circunvalação», que se tornaram objectos habituais no ambiente urbano. Não há dúvida de que as estradas têm uma única intenção dominante. Permitem aos homens moverem-se, de acordo com as suas conveniências, de um ponto para outro. Mas a frase «de acordo com as suas conveniências» sugere imediatamente que essa «intenção» está longe de ser transparente. É claro que qualquer satisfação que acompanhe a viagem dum ponto ao outro antes da construção da estrada tem de a acompanhar – e em maior medida – depois. A procura de um objectivo só é razoável em proporção com a satisfação de o atingir. Produzir um estado de coisas considerado menos satisfatório do que aquilo que o precedeu é necessariamente irracional. (Este é, talvez, um dos princípios básicos da razão prática que todos os homens são forçados a reconhecer como objectivamente válido.) Podia dizer-se, por este motivo, que as estradas interiores de Coventry são irrazoáveis de uma forma que as estradas sistinas em Roma (por exemplo) não são, embora cada uma delas tenha o mesmo objectivo ostensivo de facilidade de movimento.

Sisto V pretendia um fácil acesso aos lugares sagrados, às grandes basílicas, e quis criar um caminho próprio para procissões cerimoniais. No entanto, Sisto – e o arquitecto Fontana – considerava a coerência e a harmonia visual como um ingrediente essencial nesse objectivo. As novas ruas deviam ser povoadas por edifícios fortes e esplêndidos, adornadas de estátuas, obeliscos e fontes, flanqueadas por portas e janelas, cornijas e pórticos de um tipo aceitável para o gosto da época ([8]). Essas ruas conseguiram preservar não só o mistério e a santidade dos lugares sagrados, mas também o interesse e encanto da viagem ao longo delas e as recompensas eventuais da peregrinação. Mostraram ser adaptáveis depois da extinção parcial do objectivo original e percorrê-las continua a ser agradável mesmo numa época sem religião. Pelo contrário, é impossível imaginar alguma satisfação nas ruas de Coventry, uma vez que o emprego especial dos indivíduos especiais que são forçados a fazê-la se extinguiu. A total absorção energética do construtor de rodovias com a única finalidade da velocidade ([9]), visto que procede sem qualquer verdadeiro conceito de «conveniência», leva a uma perda do conhecimento da razão por que a velocidade é importante – de porque é melhor o homem viver num mundo de movimento rápido incessante do que num mundo onde esteja satisfeito por ficar para sempre onde está. Se, por outro lado, os construtores de rodovias estivessem preocupados – como os projectistas de Los Angeles – com *a estética* da velocidade, procurando criar, com objectos válidos de comunicação visual, estradas, pistas, bifurcações e viadutos que exprimissem uma *ideia* de movimento rápido, seja qual fosse o seu uso real, necessariamente o sentido do que estivessem a fazer mudaria da procura desatenta da função para o cultivo deliberado de um estilo de vida. Os construtores dessas estradas foram claramente motivados por um sentido do que seria viver com os produtos do seu trabalho; uma intimação prática mais vasta – por muito errada que a sua visão subjacente da natureza humana possa ser – inspirou os seus cálculos.

Este conhecimento de como serão realizados os objectivos é essencial para a sua procura racional e é uma forma de conhecimento que tanto é intrinsecamente prática (ao contrário do conhecimento teórico do meio para o fim) como incipientemente estética. Saber como uma coisa é antes da sua experiência, ter uma apreensão imaginativa dessa experiência. A capacidade de participar imaginativamente em experiências futuras é um dos objectivos da educação estética e é apenas ao cultivar a discriminação presente e o sentido presente do que é apropriado que ela pode ser conseguida. É esta educação estética que tem permitido aos homens construir estruturas e ruas que continuam a ser agradáveis mesmo depois de as suas intenções efémeras se terem desvanecido.

Está agora aberto o caminho para outro argumento. A abordagem utilitária à arquitectura vai ter agora de responder às objecções que na abordagem utilitária foram postas ao nível da moral e da política. Em especial, terá de se confrontar com a crítica radical e devastadora do individualismo, tal como foi apresentado por pensadores como Hegel, Bradley e Marx ([10]). É importante compreender a base dessa crítica, visto ela explicar mais claramente o que se entende pela indispensabilidade do gosto estético.

Nas secções da *Crítica da Razão Pura* conhecidas como «Dedução Transcendental» e «Paralogismos», Kant argumentou contra a visão cartesiana do eu – a visão do eu como substância simples e imaterial – e também contra a teoria empírica do eu como não sendo mais do que um «feixe» de impressões, crenças e desejos. Kant argumentou, contra esta última visão, que há, na verdade, uma unidade que constitui o eu para além da soma dos estados mentais, mas, contra Descartes, sustentava ser essa unidade «transcendental» mais uma pressuposição de autoconhecimento do que uma conclusão dele, sendo, portanto, totalmente desprovida de qualquer conteúdo e incapaz de dar fundamento à inferência feita por Descartes de uma alma simples e imaterial. Em vários pontos, Kant sugeriu que o verdadeiro conteúdo dessa «unidade transcendental» está no conhecimento prático – conheço-me em acção, mas *o que* conheço não pode ser reformulado como uma espécie de proposição, crença ou apreciação. O conhecimento de mim mesmo como unidade é inseparável de um certo posicionamento em relação ao mundo, a posição, como se pode dizê-lo, de «tomar responsabilidade» pelos actos, sentimentos, percepções, etc., que designo como meus [11].

Esta ideia tinha um interesse imediato para os filósofos bem-sucedidos, levando imediatamente à teoria de hegeliana auto-realização. De acordo com a teoria hegeliana, o autoconhecimento, longe de ser o efeito de introspecções privadas, é, na realidade, uma forma de actividade publicamente acessível, a actividade de criar e de se ocupar num mundo público e de se chegar à experiência por si mesmo como parte desse mundo, como um ser racional entre muitos [12]. De acordo com esta visão, não pode haver autoconhecimento num mundo privado e não há autoconhecimento num mundo que não tenha a marca da acção humana. A teoria tem consequências imediatas para a filosofia da razão prática, pois é claro que a felicidade – a completa satisfação de um ser racional – só é possível se coexistir com suficiente autoconsciência, com uma consciência capaz de olhar para si mesma e para o mundo e dizer: para mim está bem. A felicidade requer, portanto, a realização do eu; e se a visão hegeliana é correcta, a auto-realização só é possível num mundo que tenha as marcas da acção humana. Uma consequência imediata deste pensamento foi a teoria marxista do trabalho alienado, do homem tratado de tal forma pelo ambiente que, não se encontrando em parte alguma fora de si mesmo, não se podia encontrar dentro de si mesmo. Num sentido muito real, sugeria-se, tem de faltar um eu ao homem alienado – pelo menos num certo grau. (E é um desenvolvimento essencial do pensamento de Hegel que a posse de um eu possa ser realmente uma questão de grau, que a unidade da autoconsciência possa ser «transcendental» sem ser inteira – um pensamento que está finalmente a ser entendido e discutido por filósofos analíticos [13]. O homem alienado não sabe literalmente o que está a fazer ou a sentir no seu trabalho diário, pois não pode submeter essa actividade a uma descrição que a torne um objecto significativo do esforço. Não tendo essa descrição, vê a actividade mais como exigida *dele* do que como originada *nele*. A sua actividade é a de um corpo no aperto de uma máquina, não a de um agente racional a produzir um sentido de valor. Aos seus olhos, ele é o que pensa ser aos olhos do mundo – um meio, não um fim; um organismo, não uma pessoa. E para curar a sua auto-alienação será necessário curar também o mundo que lhe impõe essa imagem. Só transformando o mundo no registo visível e tangível de coisas racionalmente procuradas pode o homem encontrar nele um lugar para si próprio: sem esse lugar não haverá um eu para o ocupar.

Há muito de verdade filosófica nestas doutrinas – embora explorá-la de forma completa esteja para além do intento desta obra. Precisamente com este esquema simples em mente, contudo, podemos razoavelmente sugerir que é por causa da sua concepção empobrecida do eu e da falha em reconhecer a força dessas reflexões idealistas que a filosofia empirista e utilitária, que temos estado encobertamente a rejeitar durante toda esta obra, progrediu tão pouco na compreensão da vida moral e na compreensão desse peculiar apêndice da vida moral que rotulámos de estético. Não pode ser suficiente descrever os seres humanos como feixes de desejos e a satisfação deles apenas como a realização de tantos desejos quantos sejam compatíveis com a continuação da espécie satisfeita. A satisfação de um ser autoconsciente não pode ser descrita nos mesmos termos que a satisfação de um animal e uma filosofia que repetidamente se priva do vocabulário com que se pode fazer a distinção priva-se também de qualquer compreensão séria do próprio assunto ([14]). Distinguimos a satisfação de um desejo da satisfação de uma pessoa, estado que implica permanência e penetração.

A reflexão autoconsciente deve fazer parte de qualquer concepção inteligível da vida humana. Não *temos* apenas os nossos desejos e objectivos, também *sabemos* que os temos e, ao sabê-lo, tentamos alcançar uma compreensão objectiva da sua origem e valor. Um ser autoconsciente é capaz de se ver a si mesmo tal como é e assim se deve ver se quer ter uma ideia firme do que é satisfatório – de que desejo deve ser encorajado ou suprimido. A própria felicidade está, portanto, na possibilidade de deliberação e reflexão autoconscientes e, na medida em que há um ideal coerente da liberdade humana, um ideal de qualquer coisa mais do que a mera perda do eu na procura deste ou daquele desejo, esta felicidade consiste na responsabilidade que uma pessoa pode assumir para sua própria realização, para a adopção em si mesma dos desejos e objectivos a que atribui um valor duradouro. No simples modelo utilitário, a liberdade consiste na capacidade de satisfazer os desejos ([15]) seja qual for a sua origem e valor – e é com este conceito estéril de liberdade que a noção individualista do eu oculta uma profunda inadequação. Quando alguém se interroga sobre qual dos seus muitos desejos deve tentar satisfazer, chega imediatamente a conclusões próprias da reflexão autoconsciente – conclusões acerca de qual objectivo é certo procurar e qual é errado. É claro que para que isso seja possível tem de haver um conceito do eu como algo acima e por cima da totalidade dos desejos existentes. A conclusão da reflexão autoconsciente não é «faz isto porque é o meio para o que queres», mas antes «quer isto, pois é nisso que está a satisfação». Um ser que pode fazer essa apreciação tem de estar numa posição de se ver a si mesmo de fora, de, por assim dizer, concluir que um certo estado é desejável e outro não. Implícito nesse processo de reflexão autoconsciente está um posicionamento em relação ao mundo essencialmente anti-individualista, um posicionamento que implica ver-se a si mesmo como único, com realizações e satisfações que só podem ser descritas em termos de valores que transcendem a esfera do impulso individual. Os valores indicam o que vale a pena não só para mim, aqui, agora, mas para qualquer pessoa. Obrigam-me a voltar para mim próprio as atitudes de admiração e desprezo que são aprendidas e transferidas da minha convergência com outros.

Nesta perspectiva de autoconsciência, a posse de um eu não é uma questão simples. Não é redutível à presença ou ausência de uma alma cartesiana, nem idêntica ao uso de símbolos, ou da linguagem, ou de qualquer outra forma específica de comportamento. O eu, na teoria hegeliana, é construído como uma forma complexa de *actividade* social e existe precisamente na medida da sua própria descoberta; a felicidade e a liberdade estão nesse processo. Se a noção de eu é a mais apropriada para usar aqui, não é tão importante como pode parecer: o que interessa é que devemos reconhecer que existe algo de indispensável ao bem-estar individual que não é considerado pela teoria utilitária da mentalidade e que isso não é completamente natural (não é dado ao homem num «estado de natureza»), mas é, pelo menos em parte, adquirido.

Uma característica importante dessa actividade de autodescoberta é o sentido do agente da sua própria continuidade no tempo. Desde as reflexões de Locke sobre a identidade pessoal ([16]) que os filósofos tenderam a ver ligações profundas entre autoconhecimento e o conhecimento de si mesmo como prolongado no tempo. Em Kant e Hegel, esta ideia é vital à própria noção da experiência autoconsciente. Podemos perceber agora porque é que as suas doutrinas podem conter um elemento de verdade. Na visão empírica do eu, o raciocínio prático corre o risco de se converter numa simples questão de descobrir os meios para a realização dos desejos presentes. São apenas *esses* desejos que determinam o que é razoável para o agente, pois este não pode ter um conhecimento sistemático dos desejos futuros e dos desejos passados se só sabe se foram ou não satisfeitos. Esta é a imagem de um eu fechado no presente e é difícil ver por que princípio esse agente pode conceber o eu presente e o eu futuro como um e o mesmo quando os objectivos e interesses de um permanecem tão impenetráveis para o outro. Para poder explicar inteiramente a continuidade futura, uma pessoa tem de ser capaz, por exemplo, de reflectir sobre um estado de coisas que não deseja, e de determinar que é também desejável: tem de ser capaz de tomar em conta, nas decisões do presente, questões que pouco ou nada têm que ver com os desejos do presente ([17]).

A auto-realização requer então que o agente tenha um sentido real, no presente, da sua continuidade no futuro. As satisfações do futuro têm, de algum modo, de entrar nos cálculos do presente, mesmo que não sejam os objectos do desejo presente. Até ter conseguido esse equilíbrio entre ele num tempo e ele noutro tempo, vive como se se gastasse no momento presente. Mas o que permite consegui-lo? Na visão idealista, a arte e o impulso estético desempenham um importante papel no processo de «se alongar» para o mundo objectivo. A visão ganha apoio pela nossa reflexão sobre a arte de construir. O processo de «auto-realização», de sair da prisão do desejo imediato, é uma espécie de passagem do sujeito para o objecto, um tornar público e objectivo o que, de outro modo, é privado e confuso. Mas uma pessoa só pode pôr os pés na escada da auto-realização quando tiver uma percepção da segurança dela e isso não se pode obter por decreto subjectivo. Tem primeiro de se sentir à vontade no mundo, com valores e ambições que sejam partilhados. Tem de ser capaz de perceber os fins dessa actividade não em si mesma mas fora de si mesma, como objectivos próprios de um mundo público, dotados de uma validade maior do que a validade da mera escolha «autêntica». Considere-se, por exemplo, a paixão do desejo erótico, um impulso que tem vida no presente imediato e que, concebido no nível animal, possui uma urgência que não é negada. O idealista – e não só o idealista, a acreditar no famoso soneto de Shakespeare sobre este tema ([18]) – encararia a procura do desejo erótico, no seu estado natural e destemperado, como uma turbulenta perda do eu, uma constante mudança de um impulso para outro, sem satisfação para além da gratificação momentânea do desejo e sem reflexão sobre o seu maior significado ou valor – tudo isso queria dizer Shakespeare ao referir-se ao «dispêndio de espírito numa perda de vergonha». Na sociedade humana, esta agitada procura de gratificação é traduzida em formas e rituais elaborados – formas de dança, canção, corte e casamento – que, precisamente porque têm origem em valores e concepções partilhadas, se dirigem não a uma paixão momentânea, mas à apreensão de um eu duradouro. Ao indivíduo é dada uma imagem de auto-realização que se impõe apesar da urgência do impulso presente e, portanto, em certo sentido, lhe dá uma liberdade que, ao render-se ao impulso, é negada. É-lhe dada uma intimação de paixões que transcende os motivos presentes; a escolha não é só de gratificação mas de algo mais correctamente descrito como uma maneira de ser, uma forma de vida. As instituições da corte (e o tipo de auto-reflexão que requerem) transformam a paixão numa espécie de actividade racional pela qual o sujeito se distancia, em certa medida, da necessidade presente e na qual acaba por também ver envolvida a auto-realização. É através dessas formas e convenções que o amor se transforma, no sentido platónico, numa forma de conhecimento – conhecimento do eu e do outro, como criaturas com uma realização que ultrapassa a realização do desejo.

O exemplo é característico do processo de auto-realização e indica o modo como a escolha séria de um futuro pode ser impossível sem a passagem do privado para o público, do impulso para a cerimónia, da norma individual para a norma social que o idealista coloca no centro da ordem moral. Dar todas as razões para aceitar a necessidade dessa passagem não é possível aqui. Mas essas reflexões, como fui capaz de indicar, devem certamente apontar para a fraqueza filosófica do individualismo e da moralidade utilitária que dele deriva.

Mas agora, é claro, podemos dar um sentido adicional à perspectiva de que a apreciação estética é um factor indispensável na vida de todos os dias. O processo de auto-realização só é possível quando o mundo reagir à minha actividade, quando me reflectir uma imagem da minha verdadeira realização. O sentido estético, como o descrevemos, dedica-se precisamente à tarefa de dotar o mundo de uma ordem e um significado desse tipo. Não só o homem que constrói, mas também o homem que vive com o produto tem de ver o edifício em relação a ele próprio, como uma parte objectiva de um processo de *interacção* com o mundo: nesse processo, a sua humanidade pode ser refutada ou confirmada. Todo o homem tem necessidade de ver o mundo que o rodeia em termos das exigências mais vastas da natureza racional; se o não puder fazer, tem de estar perante ele numa relação «alienada», uma relação baseada no sentido de que a ordem pública resiste aos significados com que a sua própria actividade procura preenchê-la. Ora, um edifício *meramente* funcional não se presta à imposição de um significado público. Está no mundo como um *ego* individualista, procurando os seus próprios objectivos pelo desafio, ou pela indiferença, aos objectivos dos outros. E é assim que o observador o vê ou compreende – não tem mais vida ou realidade do que as intenções individuais que lhe deram origem e não contém uma intimação de um mundo objectivo de valores, para além da procura dos desejos limitados. Ao vê-lo sob esse aspecto – como uma manifestação de individualismo arquitectural –, o observador vê o edifício como estranho a si próprio. Por outro lado, um edifício que responda ao seu sentido estético, que lhe estenda um convite a compreender e identificar, proporciona-lhe ao mesmo tempo uma intimação de uma ordem pública, de um mundo sensível a valores objectivos, um mundo em que o indivíduo se realiza e não se gratifica apenas. Se não estiver rodeada de edifícios que têm a marca da procura do «apropriado», que é o contraste da procura racional de finalidades, uma pessoa tem de ver o mundo como estranho e hostil. Embora possa identificar nesse mundo os objectivos individuais de pessoas individuais, não consegue encontrar vestígios de qualquer coisa maior do que a soma deles. Inevitavelmente, será forçada a ver-se nesses termos, como um indivíduo entre outros, lutando na selva da gratificação, com pouco sentido do que aí conseguirá.

Como exemplo, pensemos na rua. A nossa compreensão estética da rua abarca uma relação entre interior e exterior, entre conteúdo e fachada. Aí vemos edifícios, como vemos gente, com um lado público e um privado. Há a parte que se vira para fora, para o mundo, e há a parte de dentro, a parte doméstica, privada, idiossincrática. Os edifícios públicos, como as pessoas públicas, têm um eu em que cada canto pode ser invadido, pelo menos pelos que têm as relações certas. Os edifícios domésticos podem ser impenetráveis, como a escura porta do Nubiam Arab. Em todo o caso, a rua deve reflectir o desejo de uma ordem pública vulgar, sendo a fachada um reconhecimento dessa ordem; em parte alguma isso é mais visível do que nas ruas e nos terraços das cidades georgianas inglesas e nas irregularidades humanas do verdadeiro barroco. Mesmo no exuberante desabrochar do estilo «individual» na época vitoriana, em que o gótico bem-vestido, o clássico palladiano, aquilo a que se pode chamar «barroco grego» e todas as outras misturas de mil e uma tradições decorativas lutavam pela preponderância no mercado livre da exibição, esse glorioso eclectismo não extinguiu o desejo de um alinhamento público, um delicado acotovelar, com vista a uma rua vulgar exemplificada, em certa medida, por muito da Rua Fleet e de Chancery Lane. É isto também que explica a sensação de ultraje de Pugin diante da falsa fachada, que (não vendo as muitas subtilezas da relação entre interior e exterior, mantendo, como o fazia, um mórbido sentido cartesiano de ambos) considerava apenas uma hipocrisia construída. E é isto que explica a desolação que se sente diante da realização do mais louco de todos os esquemas utópicos, o complexo habitacional planeado como aberto, onde as ruas são substituídas por espaços vazios de onde surgem torres, torres que não têm nem a marca de uma ordem comunitária, nem qualquer registo visível da casa individual, e demonstrando em todos os aspectos o triunfo do individualismo colectivo, em que tanto a comunidade como o indivíduo são abolidos. Não menos perturbadora é a atitude que vê as ruas como meras vias através de uma *cité radieuse*, em que os edifícios voltam as costas, ou (visto serem concebidos habitualmente sem quaisquer «costas» a voltar) contra a qual os edifícios se sustentam como rochas ou vidro brilhante, espectaculares, luminosos e frios. É certamente absurdo pensar no ultraje popular diante dessas coisas como sendo mais uma «questão de gosto» do que uma reafirmação do sentimento moral ofendido.

Estes pensamentos devem levar-nos a perceber um outro aspecto em que o estilo é necessário. A ordem pública que descrevemos não *é dada: é* conseguida e consegui-la depende de ser reconhecida. Não há ordem pública até os homens a poderem ver. Mas esse reconhecimento, porque tem de ter lugar em cada dia e hora, durante o decurso de um comércio activo e distraído, necessita de algo como vocabulário repetível, formas reconhecíveis, pormenores interessantes que descrevemos no capítulo anterior. A tarefa moral que deduzimos da nossa «estética da vida de todos os dias» não pode ser realizada por qualquer lapso na originalidade, na procura da «experiência envolvente» que é tantas vezes proposta como o único ideal sério da arte. A auto-expressão mais não é do que a tentativa do individualismo de se perpetuar na esfera estética. É claro, ninguém duvida que a compreensão estética requer um tipo especial de liberdade; mas a liberdade tem o sentido que lhe é dado nas adequadas palavras de Espinosa: a «consciência da necessidade» ([19]). O arquitecto tem de ser limitado por uma regra de obediência. Tem de traduzir a sua intuição em termos que sejam publicamente inteligíveis, tem de unir o edifício a uma ordem que seja reconhecível não só pelo perito, mas também pelo homem vulgar não instruído.

Pode perguntar-se até que ponto as minhas observações reiteram ou confirmam a posição hegeliana que descrevi no final do capítulo 6. Certamente que Wölfflin reconheceu no aspecto estético da arquitectura o tipo preciso de representação pública da vida humana que tentei descrever. Contudo, Wölfflin relacionou os *Lebensgefühlen* com formas arquitecturais expressas com uma apreensão intuitiva da forma e do movimento do corpo humano. Ora é óbvio que as formas arquitecturais usam expressões humanas; as suas divisões, como as das colunas clássicas, correspondem muitas vezes à nossa anatomia; parecem «andar», «dançar», «estar de pé» em posturas humanas, representar-se como corpos. Não foram necessários os refinamentos do hegelianismo para tornar possível esta observação. A ideia está em Vitruvius e Alberti e é reiterada, por exemplo, por Le Clerc, o teórico do século XVIII que escreveu no seu *Traité d'Architecture:*

> Vitruvius... mantém que a coluna dórica, sendo composta segundo o modelo de um homem nu, forte e musculoso, parecendo um Hércules, não devia ter base – pretendendo que a base de uma coluna é o mesmo que um sapato para um homem. Porém, devo confessar que não posso considerar uma coluna sem uma base ao compará-la com um homem, mas, ao mesmo tempo, sou mais tocado pela ideia de uma pessoa sem pés do que sem sapatos... ([20])

uma passagem citada com considerável aprovação por Sir William Chambers. Mas devem distinguir-se essas observações (ligeiramente cómicas) dos pensamentos que aflorei. Dizer que a arquitectura é vista em termos da percepção do corpo humano é dizer algo muito ambíguo, até se tornar claro se nos referirmos ao corpo como organismo, ou ao corpo como expressão do eu. Wölfflin, ao associar os *Lebensgefühlen* a experiências específicas do corpo, tornou claro que incluía nessas experiências todos os valores culturais e racionais que o corpo é capaz de transmitir. Para ele, o corpo humano estava tão longe de ser um mero «organismo» como qualquer obra de arquitectura. Adrian Stokes, pelo contrário, tenta usar a doutrina para referir a arquitectura (como refere o eu) a experiências que são decididamente orgânicas – as experiências pré-racionais da criança ao peito. Gostaríamos de dizer que sim, há essas experiências, mas porque é que a importância delas há-de ser mais do que causal? Porque é que hão-de constituir um paradigma? Só experimentamos um corpo na maneira de ver de Stokes; todos os corpos que encontramos mais tarde na vida são, portanto, vistos sob o aspecto de mamar? (Se acredita nisso, então acredita em tudo.) A visão de Wölfflin, pelo contrário, dá ênfase ao corpo humano não como organismo, mas (para usar uma frase hegeliana) como expressão do espírito. (O que não implica que corpo e espírito sejam duas *coisas* separadas.) O corpo humano, visto como pessoa, usa à superfície, nos movimentos, gestos, expressões, hábitos e vestuário, a mesma insígnia de actividade racional com que nos consolamos em arquitectura.

Contudo, construir a analogia do corpo dessa maneira é também mostrar quão pouco isso faz progredir a nossa compreensão. É apenas porque vemos que a actividade de construir pertence ao processo de auto-realização que há uma correspondência significativa entre arquitectura e a forma humana. Argumentei que a correspondência de uma parte com outra, evidente na arquitectura bem-sucedida, é também uma correspondência entre interior e exterior. Surge porque podemos ver materiais inertes dotados de impulsos que têm origem em nós; ao executarmos esses impulsos em arquitectura «realizamos» uma concepção de nós próprios não como subjectividades isoladas, mas como seres autoconscientes com uma identidade duradoura num mundo público. Esse processo de auto-realização pela construção pode ser descrito de forma independente. E é apenas porque pode ser descrito de forma independente que a profunda relação entre a arquitectura e as posturas do corpo humano (o corpo humano construído como auto-expressão) se pode entender. Não é, portanto, a relação com o corpo que *explica* o que vemos – a não ser que reduzamos toda a teia de experiência racional aos paradigmas subconscientes da escola freudiana.

O leitor espera talvez que extraia dos meus argumentos alguns preceitos para o construtor, pois tentei situar a actividade da arquitectura tão centralmente na ordem moral para manter a pretensão de objectividade de que a apreciação estética está imbuída. E, ao fazê-lo, reivindiquei o estilo na construção. Contudo, insistir na necessidade de estilo é evitar dar regras ou fórmulas para o seu exercício. Nada mais temos do que a sugestão daquilo em que consiste a boa arquitectura. Chegámos a um sentido de profunda conexão, *a priori,* entre compreensão moral e estética, mas não temos uma regra com que traduzir esse sentido num cânone crítico. Nem isso é surpreendente. Se reflectirmos sobre as considerações aristotélicas que nos ocuparam anteriormente, temos certamente de vir a reconhecer que as razões para o valor do gosto não são critérios para o seu exercício: não emitem regras de discriminação crítica. Como tentei mostrar no capítulo 6, a tentativa de traduzir uma teoria freudiana do valor da arquitectura num método crítico estava condenada a falhar; e podiam apresentar-se considerações semelhantes para mostrar que não podia haver uma crítica «hegeliana» estabelecida pela teoria hegeliana do valor. É uma marca de moralismo na estética procurar traduzir a natureza moral do gosto estético numa *fórmula,* o que persuadiu Pugin de que era *obrigado* a construir no estilo «indicado», e convenceu os defensores do movimento moderno da impecabilidade moral, na verdade, da necessidade moral da sua tarefa ([21]). Mas esta conexão da moral com *critérios* estéticos é uma fantasia. A tentativa de forçar a conexão, de traduzir o sentido moral em padrões estéticos, sem primeiro reconhecer a medida de autonomia que a compreensão estética tem sempre de preservar é mera ideologia sem força persuasiva. Enquanto os valores estéticos contêm uma intimação do sentido moral (o sentido de nós próprios como seres sociais, ligados a uma ordem maior do que nós), os valores morais não contêm, por seu lado, qualquer intimação da sua encarnação estética. (E é por isso que há boas pessoas com um gosto horrível.) A encarnação da verdade moral na forma arquitectural é uma realização a ser ganha novamente pelo construtor nas circunstâncias variadas do dia-a-dia, trabalhando sempre com um olho na necessidade e outro na tradição visual de que obtém o seu sentido estético.

No entanto, não devemos ser cépticos. Se pudermos elaborar uma teoria objectiva do valor do gosto estético, teremos *alguma* base para traduzir as nossas apreciações críticas acumuladas num *ideal* arquitectural. Saberemos que tipo de coisa procuramos na arquitectura e que tipo de estilo pode frustrá-la ou favorecê-la. Por exemplo, podemos dizer, pelo menos, que certas características da boa arquitectura, embora possam não ser *necessárias* em todos os estilos bem-sucedidos, têm uma relação com o sucesso arquitectural que está longe de ser acidental. Talvez seja apropriado acabar com uma nota de especulação que diz respeito ao valor perene de duas características distintivas dos edifícios do passado.

Primeiro, o uso de molduras. O hábito da moldura, onde fortes horizontais e ângulos agudos são gravados com paralelas, sublinhados com sombras, apontados e realçados numa variedade aparentemente infinita de maneiras, não é uma característica acidental dos estilos bem-sucedidos que conhecemos. As molduras desapareceram de muita da arquitectura moderna (sobrevivendo residualmente na arquitectura de Mies e no uso que fez de paralelas muito próximas na Farnsworth House). E, no entanto, é um modo óbvio e inteligível de dar riqueza a um espaço ou linha: pelas molduras, as linhas podem ser agudizadas ou suavizadas, realçadas ou veladas, postas em descanso ou movimento – resumindo, podem ser articuladas de modo que se prestem à acumulação de significado. Um arquitecto que dispensa as molduras tem de encontrar um substituto eficaz; doutro modo, corre o risco de dar a todas as linhas no edifício uma aparência forte e sem fim, tão fria e abstracta como uma prova matemática.

Segundo, a divisão entre interior e exterior e o consequente investir de significado arquitectural numa fachada construída. A fachada é a face do edifício: é o que «fica» diante de nós; usa a expressão do todo. No movimento ascendente das linhas numa fachada sentimos a força moral da postura humana. E, no entanto, mais uma vez, parece que essa lei da composição arquitectural foi posta de lado, mantida em suspenso ou confusamente ignorada. A mudança resultou, em parte, do uso do cimento armado, a consequência estética que foi correctamente antecipada por Le Corbusier em *Vers une Architecture*:

> O cimento armado revolucionou a estética da construção... suprimindo o telhado e substituindo-o por terraços... estas regressões e recessões vão... levar a uma peça de meias-luzes e pesadas sombras, com a acentuação a decorrer não de alto para baixo, mas horizontalmente, da esquerda para a direita [22]

E, no entanto, porque temos de aceitar essa proliferação do movimento horizontal que parece tão contrário à projecção para o exterior do eu numa forma? Não é decerto por acaso que gostamos de ver os nossos edifícios *de pé* diante de nós (ver figura 90) se obtemos a nossa concepção de unidade e humanidade da construção do nosso próprio sentido do eu. Tal como não é um acaso gostarmos de ver uma rua formada por uma série de fachadas, ou a brutal «rua no ar» [23] parecer-nos um substituto visual inadequado para os bairros de costas-com-costas que a precederam.

FIGURA 90: Santa Maria in Campitelli, Roma, fachada

Um engenhoso arquitecto moderno, reconhecendo os valores implícitos na fachada clássica, os valores de coisa pública, ordem e a representação sentida da vida humana, quis responder à objecção. Tentou demonstrar que a fachada pode ser, por assim dizer, dissolvida e reconstituída como uma série de planos postos sobre vigas em plataformas; vistas de baixo, elas apresentam nesses encaixes a mesma acumulação ascendente de pormenores que a fachada clássica e, no entanto, vistas de frente, não apresentam uma fachada, sendo penetradas a todos os níveis pelo movimento horizontal da vida humana. Pode reagir-se com cepticismo à tentativa. Uma fachada dá a um edifício uma postura independente, um sentido de que *não* é meramente retirado da actividade que contém. A comoção visível dos ocupantes não confere mais humanidade a um edifício do que o movimento dos vermes dá vitalidade a um cadáver. A alma de uma coisa é da sua essência: não pode ser simulada, tomada ou roubada de uma fonte estranha. Um edifício sem uma fachada não é apenas um edifício sem face – é um edifício sem expressão e, portanto, um edifício sem vida. Pelo menos assim se podia argumentar. Mas vamos admitir que a questão é muito difícil: pelo menos vemos que perdeu um pouco do seu ar de «subjectividade»; a questão da fachada, por muito difícil que seja resolvê-la de uma maneira agradável tanto para a engenharia moderna como para o sentido estético, é acessível ao pensamento racional. Estas questões estéticas fundamentais, embora não possam ser estabelecidas por legislação, podem beneficiar de pensamentos e percepções que todos os seres racionais partilham. O arquitecto a que me referi – Sir Denys Lasdun admitiu que o seu tratamento do plano horizontal é uma tentativa de *reconstituir* algo cujo valor não pode pôr em questão. Como escreve:

> todas estas as ideias voltam às lições perenes da Grécia. Há uma tentativa... de recuperar, de alguma forma, a rara relação recíproca que (os Gregos) conseguiram entre forma geométrica, assento e espírito do lugar – um sentido de pertença ao tempo, lugar e pessoas e de estar à vontade no mundo ([24]).

Como Lasdun, começámos por ver que a realização representada pela tradição clássica, a tradução da exigência estética numa linguagem acordada e flexível de sinais, uma linguagem que facilita em qualquer conjuntura a projecção para o exterior e a realização do eu, não é apenas um objecto passageiro de respeito, uma especialidade temporária no enigma do gosto, mas, pelo contrário, a perfeita representação de tudo o que é bom na construção e é tudo o que a construção contém em termos de decência, serenidade e restrição. Mas talvez seja melhor deixar ao leitor a dedução das nossas reflexões de uma apologia apropriada no seu estilo favorito. Que ele rejeite apenas a superstição de que qualquer estilo, ou qualquer ausência dele, também serve.

Terceira parte

Resumo

Nesta obra cobri um grande número de temas de filosofia e teoria da arquitectura e, limitado em todos os pontos pelas exigências de pôr em contraste disciplinas, retorci ou afrouxei muitas vezes a discussão. Junto, por isso, este breve resumo para os que se perderam, bem como para os que não ficaram convencidos com meu raciocínio.

No *capítulo 1* explorei o conceito mais em voga mas talvez o menos importante na estética, o conceito de arte, tal como se formou sob a pressão do pensamento romântico e pós-romântico. Tentei mostrar como é inadequado este conceito – e distinções como aquela entre arte e ofício, que se pensou que o clarificavam – para a discussão da arquitectura. Como todas as artes decorativas, a arquitectura deriva a sua natureza não de uma actividade de representação ou gesto dramático, mas de uma preocupação de todos os dias de arranjar bem as coisas, uma preocupação que tem pouco que ver com as intenções artísticas da teoria romântica. Defendi que o sentido estético é uma parte indispensável dessa preocupação e que a «estética da vida de todos os dias» daí resultante é tão susceptível de emprego objectivo como qualquer outro ramo da razão prática.

A discussão que se seguiu dividiu-se em duas partes; ambas começaram num tom baixo e prosseguiram num tom mais alto. Na primeira parte apresentei uma teoria da experiência da arquitectura, enquanto na segunda parte apliquei essa teoria à prática e crítica da arquitectura. Por fim, na conclusão reuni os fios do argumento e respondi à pergunta apresentada na introdução, relacionada com a questão do valor da apreciação estética na actividade da construção.

No *capítulo 2* comecei por explorar a tentativa de separar a estética da arquitectura, de ver as preocupações estéticas como subordinadas a um objectivo mais importante. Nesta perspectiva, a arquitectura é vista como uma espécie de «resolução de problemas» e a beleza como, no melhor dos casos, uma consequência, e certamente não um objectivo, da solução ideal que o arquitecto requer. Argumentei que essa abordagem, que pretende muitas vezes ser a única «razoável», apenas mostra uma confusão sobre a natureza da razão prática: o leitor foi, portanto, situado na filosofia da acção racional elaborada em capítulos posteriores. Isso mostrou que há qualquer coisa ignorada por essa abordagem «racionalista» da arquitectura, qualquer coisa que, longe de ser secundária, é o ingrediente mais importante no esforço do arquitecto. Sugeri por tentativas (e mais tarde tentei provar) que o que é deixado de fora é a experiência estética e os valores que essa experiência implica.

Mas o que é a experiência «estética»? Como é exercida, qual é o seu objecto e por que é ela guiada? No *capítulo 3* continuei a analisar certas doutrinas influentes que dizem respeito à natureza da construção, doutrinas que tentam descrever a experiência da arquitectura em termos de uma concepção da essência das formas arquitecturais. Cada doutrina depende da elaboração de um conceito dominante – função, espaço, significado histórico, proporção – e argumentei que cada conceito é inadequado ao objectivo declarado. Neste capítulo procurei minar parte da retórica intelectual da teoria arquitectural e também preparar o caminho para uma concepção positiva. Neste processo, emergiu a conclusão de que as teorias que desde o princípio rodearam e deram apoio ao «movimento moderno» na arquitectura são intelectualmente vazias.

No *capítulo 4* apresentei uma exposição positiva da experiência da arquitectura e introduzi na estética um dos conceitos mais importantes, o conceito de imaginação. Comecei por distinguir a experiência da arquitectura da experiência meramente sensitiva, mostrando que no primeiro caso a experiência é informada por, e expressiva de, um pensamento ou conceito. Mas há duas formas pelas quais a experiência e o conceito se podem combinar: a percepção literal e a imaginação. Mostrei que, na experiência da arquitectura, é a imaginação que prevalece. Isto não significa apenas que a experiência arquitectural é intrinsecamente interpretada, mas que pode ser modificada pela discussão, permanece livre de preconceitos de tipo literal e adquire um estatuto completamente diferente do da percepção vulgar, nomeadamente o estatuto de um símbolo. Continuei a aplicar a teoria, mostrando que já podíamos descrever a unidade da nossa experiência da arquitectura e a unidade sentida do seu objecto. Tornou-se possível também distinguir a construção do ornamento e mostrar que o contraste romântico entre o mundo sublime da imaginação e o mundo mesquinho do gosto é totalmente errado. É porque a experiência da arquitectura é imaginativa que a arquitectura pode ser considerada boa ou má. E é graças à discriminação estética que a experiência imaginativa adquire interesse e significado.

No *capítulo 5* continuei a analisar a noção de gosto ou apreciação estética. Argumentei que, na experiência imaginativa, a reflexão racional, a escolha crítica e a experiência imediata são inseparáveis. Tentei mostrar que, no exercício do gosto, a experiência se transforma num sinal de valores mais profundos, por ser posta em relação com processos de reflexão crítica e comparação, processos que podem ser completamente inexplícitos, mas que informam a percepção do olhar sensitivo normal. Mostrei como a experiência, a razão e a preferência impunham restrições separadas à apreciação estética. Apesar disso, a apreciação estética mantém um ideal de objectividade e, além disso, uma continuidade com a vida moral. Tornou-se claro que a experiência estética é não só uma particularidade dos seres racionais, mas também uma parte essencial da sua compreensão tanto de si mesmos como do mundo que os rodeia. É inevitável, portanto, problematizar o seu objecto e tentar encontrar no objecto uma premonição de ordem moral real e objectiva.

A discussão chegou a um ponto de viragem. Tentei descrever a experiência da arquitectura de forma tão abrangente quanto possível e mostrar que não pode ser separada do exercício do gosto estético. Apresentei também uma teoria da natureza do gosto, uma teoria que mostra que toda a experiência arquitectural contém a insinuação de uma validade objectiva, de um verdadeiro padrão crítico, de uma maneira certa e errada de construir. A discussão na II Parte seguiu essa sugestão. Comecei por explorar de forma simples certas teorias críticas, teorias que propõem um método geral de decifrar e compreender as formas arquitecturais e, portanto, um modo de proceder geral para avaliar os edifícios.

No *capítulo 6* abordei a análise freudiana e marxista, juntamente com alguns dos seus antecedentes intelectuais. Ambas as teorias pretenderam fornecer métodos para a compreensão não só da actividade artística, mas também de cada uma das outras actividades humanas. Além disso, ambas as teorias alcançaram uma importância crítica considerável e levantaram questões a que se deve responder com alguma teoria satisfatória do gosto estético, questões sobre a relação entre crítica e análise psicológica, entre apreciação estética e moral ou política. Sugeri que, de facto, tanto a análise freudiana como a marxista são praticamente irrelevantes para a compreensão da arquitectura, sendo ambas generalizadas para além do ponto onde a significação estética se anula, ou então dedicando-se a uma falsificação sistemática da experiência arquitectural de forma a apresentarem uma ilusão de método crítico. Ambas, contudo, contêm um resíduo de verdade, que tentei descrever.

No *capítulo 7* explorei outra sugestão importante, a de que a arquitectura é uma linguagem, ou qualquer coisa como uma linguagem, e pode ser entendida de acordo com isso. Discuti as influentes teorias «semântica» e «semiológica» da arte, teorias que consideram toda a arte e arquitectura como formas de simbolismo quase linguístico. Estas teorias revelaram-se vazias, não tendo base teórica nem aplicação crítica. Começou a ver-se que o «significado» escondido na compreensão estética é, de algum modo, *sui generis*, e também que é talvez mais evidente e está mais à superfície do que os defensores desses «métodos» críticos estão preparados para negar. Contudo, qualquer coisa ficou da analogia com a linguagem. O conceito de «sintaxe» arquitectural foi rejeitado juntamente com o da «semântica» arquitectural. No entanto, um sentido da realização ordenada do significado, mais do que a sua acumulação ao acaso, ficou como a principal característica da arquitectura, como de qualquer empreendimento estético, e foi essa característica que continuei a descrever.

No *capítulo 8* comecei por recuperar os problemas intelectuais apresentados na I Parte. Explorei os tipos de «significado» que são objectos próprios da compreensão estética e discuti dois importantes conceitos na estética, os conceitos de representação e de expressão. Tentei mostrar que o primeiro não se aplica à arquitectura, enquanto o segundo se aplica apenas num sentido especial, que cria uma distinção importante entre arte boa e decorativa. Viu-se que não há um modo simples de analisar a relação entre um edifício e o seu «significado» e que o processo de ligação entre os dois deve ser descrito mais genética do que analiticamente. Voltei, portanto, a minha atenção para a exploração da génese da apreciação estética na prática do construtor e para a maneira como forma e significado se associam.

Esse ponto foi investigado no *capítulo 9,* onde se argumentou que a compreensão estética é inseparável de um sentido do pormenor e que todos os conceitos máximos empregues nele – os conceitos do apropriado, do que é conforme às proporções, do expressivo, do belo – têm o significado do exercício desse sentido. Implícita no argumento estava a noção do que se entende por termos como «certo» e «errado» na discussão estética e uma sugestão de onde reside a objectividade da apreciação crítica. Tornou-se claro que o estilo é um auxiliar indispensável do conhecimento arquitectural e que o cultivar dum sentido de apropriado no pormenor é muito mais significativo do que qualquer procura da «proporção» ou da «forma» puras. Também se tornou claro que só certas abordagens da forma e do detalhe respondem às exigências do sentido estético e que todas essas abordagens nos afastam das modas prevalecentes, para um estilo «clássico» mais seguro.

A defesa do classicismo (classicismo não no sentido histórico, mas num sentido mais abrangente) foi adoptada de novo no *capítulo 10,* onde foi explorada a questão fundamental da relação entre o estético e o moral. Reuni os fios da discussão prévia e voltei às questões levantadas nos dois primeiros capítulos, mostrando que, de facto, o sentido estético que as abordagens racionalistas consideradas deixam de fora pode transformar a tarefa do arquitecto num verdadeiro exercício de senso comum prático, em vez de ser a procura cega de uma função incompreendida. A tentativa de subordinar os padrões estéticos a uma função anuladora ou à «rectidão moral» de um estilo mostra uma confusão que é intelectual e moral. Demonstrou--se que a confusão deriva de certas interpretações falsas muito divulgadas quanto à natureza da acção humana. Estas, por sua vez, reflectem uma falsa concepção do eu, uma concepção que penetrou na teoria e na prática da arquitectura desde o começo do movimento moderno. Uma verdadeira compreensão do eu leva-nos a manter não só o primado dos valores estéticos, mas também a objectividade que implicitamente pretendem. Foi possível chegar a uma concepção do raciocínio crítico, raciocínio que é, ao mesmo tempo, estético e moral, mas que permanece, por tudo isso, livre da mácula do moralismo. Fomos levados por tentativas a concluir que certos modos de construir estão certos e outros (incluindo muitos que são correntemente praticados) estão errados.

Notas

1. O PROBLEMA DA ARQUITECTURA

([1]) A divisão de Kant é exposta nas três grandes *Críticas*: *A Crítica da Razão Pura* (2.ª ed. em 1787), em que explora a natureza e os limites da compreensão humana e os princípios fundamentais da investigação empírica; *A Crítica da Razão Prática* (1788), que expõe um sistema de moralidade; e *A Crítica da Faculdade de Julgar* (1790). A última, dedicada à estética, é a menos acabada das três *Críticas*. No entanto, estabeleceu um fundamento para todas as principais teorias idealistas e as doutrinas nela contidas reaparecem em Herder, Schiller, Schopenhauer e Hegel, modificadas e dilatadas em desenvolvidas filosofias da arte. A segunda parte da *Crítica da Faculdade de Julgar*, que se ocupa do pensamento teológico (a capacidade geral de ver e compreender os *fins* das coisas como posso ver o voo nas asas de um pássaro), contém passagens que indicam que Kant também teria desejado reafirmar a conexão entre a apreciação estética e a razão prática.

([2]) Essa explicação é apresentada por Adrian Stokes, cujas teorias são discutidas extensivamente no capítulo 6. Veja-se sobretudo *Smooth and Rough* (Londres 1951), reimpresso no volume 2 de *The Critical Writings of Adrian Stokes*, ed. L. Gowing (Londres 1978). Para um exemplo de explicação psicológica na estética da arquitectura que tenta confiar nas pretensões científicas da psicologia «empírica», ver M. Borissavlievitch, *Les Théories de l'Architecture*, e *Esthétique de l'architecture* (ambas de Paris, 1926). Estas obras contêm resumos úteis das últimas teorias psicológicas do século XIX, em especial dos psicólogos introspeccionistas Lipps, Volkelt e Wundt, mas nenhuma delas faz uma contribuição séria nem para a ciência, nem para a filosofia do projecto, visto partirem da falsa suposição de que há uma certa «sensação» estética identificável e de que a única tarefa da estética científica é analisar a sua natureza e causa. Quanto a outras obras não directamente aplicadas à arquitectura, ver T. Munro, *Scientific Methods in Aesthetics* (Londres, 1928); J. Bullough, «Physical Distance», *British Journal of Psychology* (1928), em que uma importante doutrina filosófica é estranhamente apresentada como uma *observação* psicológica; R. M. Ogden, *The Psychology of Art* (Londres. 1937); e K. Koffka, *Problems in the Psychology of Art* (Nova Iorque, 1940), uma aplicação à apreciação estética da ideia de uma «boa *gestalt*». Nenhuma destas obras representa uma contribuição de peso para a ciência ou para a filosofia. Na verdade, penso que é justo dizer que a estética empírica ainda tem de encontrar a descrição inicial da sua matéria sem a qual não pode continuar. Os «interessantes resultados» – como a suposta descoberta da «empatia» ou «Einfühlung» por Volkelt e Lipps – parecem ser doutrinas filosóficas mascaradas de observações empíricas e o verdadeiro teste da sua adequação não é empírico, mas conceptual.

[3] O cepticismo da distinção entre ciência e filosofia surge da tradição do pragmatismo americano, lançado por C. S. Peirce, no século XIX, mais recente e eficazmente exposto por W. V. Quine em *From a Logical Point of View* (Cambridge, Mass., 1953), e *Word and Object* (Cambridge, Mass., 1960). Quine argumenta que a distinção entre verdade conceptual e científica não tem uma base satisfatória e que, na verdade, falar de «conceitos» é confuso e dispensável. Embora tenha havido tentativas sérias de responder aos argumentos de Quine (nomeadamente por H. P. Grice e P. F. Strawson, «In Defense of a Dogma», *Phil. Rev.* de 1956; e M. Dummett, *Frege, Philosophy of Language*, Londres, 1973, cap. 17), os próprios argumentos têm uma persistência tenaz que se recusa a acalmar. Já não é possível assumir com confiança que a própria esfera da filosofia pode ser definida sem controvérsia. O ataque quiniano aos «conceitos» do filósofo analítico aplica-se igualmente ao «conteúdo noemático» que é o candidato favorito dos fenomenologistas para verdadeiro objecto da compreensão filosófica.

[4] Os argumentos em prol da teoria de que um estado mental e o seu objecto estão essencialmente relacionados e foram recentemente enumerados por A. J. Kenny, *Action, Emotion and Will* (Londres, 1963). A doutrina é antiga e foi-lhe dada uma boa elaboração por São Tomás de Aquino, em *Summa Theologiae*, 1.ª, 2.ª, que continua a ser o tratado filosófico mais sistemático e convincente sobre a natureza da emoção. Ver também a exposição (agora clássica) de F. Brentano em *Psychology from an Empirical Standpoint* (1874, trad. de L. McAlister *et al.*, Londres, 1973), um livro que proporcionou alguma inspiração à fenomenologia moderna. A ideia de que um estado mental tem um objecto é referida por vezes como ideia da «intencionalidade» do mental e o objecto é muitas vezes referido como «objecto intencional», de forma a tornar claro que a sua natureza não depende do mundo, mas de como o mundo é visto. (O sujeito pode estar enganado; o seu ciúme pode relacionar-se com algo de imaginário ou irreal.) A palavra «intencionalidade» – do latim, *intendere,* intentar – regista o facto de muitos (alguns diriam todos) estados mentais apontarem do sujeito para o objecto e não serem apenas as «impressões» passivas que por vezes se julgou serem.

[5] O meu método implica abstrair dos objectos reais ou «materiais» da experiência estética e tentar descobrir apenas o que é formalmente exigido na experiência estética. Esta espécie de abstracção foi referida por Husserl (o fundador da fenomenologia moderna) como «pôr entre parênteses» *(epoche)* o objecto (ver E. Husserl, *Ideas, General Introduction to Phenomenology*, 1913, trad. de W. R. Boyce Gibson, Londres, 1931). Mas o meu

método de argumentar neste livro não será fenomenológico. Como tentei argumentar no meu *Art and Imagination* (Londres, 1974), cap. 1, não penso que haja uma fenomenologia, embora haja aquilo a que se pode chamar «problemas fenomenológicos», um dos quais discuto aqui no captítulo 4.

(6) A grande excepção a esta regra é Hegel, nas *Lectures on Aesthetics* (1835, trad. de T. M. Knox, Londres, 1975). Entre os escritores modernos que tentaram apresentar uma estética filosófica que fosse também aplicada, pode mencionar-se S. Cavell *(Must We Mean What We Say?*, 2.ª ed., Londres, 1976).

(7) Ver, por exemplo, a exposição de Kant da beleza «dependente», na *Crítica da Faculdade de Julgar(Critique of Judgement,* trad. de J. C. Meredith, Oxford, 1952); e o apêndice de Schopenhauer sobre arquitectura no segundo volume do *The World as Will and Representation* (trad. de E. F. J. Payne, Colorado, 1958).

(8) Hegel, *op. cit.*

(9) R. G. Collingwood, *The Principles of Art* (Oxford, 1938). A teoria de Collingwood foi aplicada à arquitectura por Bruce Allsop, com a intenção (grandemente irrealizada, penso) de distinguir a parte da arquitectura que é arte da parte que é meramente ofício *(Art and the Nature of Architecture,* Londres, 1952). A teoria de Collingwood deriva do pai do expressionismo, Benedetto Croce, cuja *Estética* (1902, 4.ª ed., trad. de D. Ainslie, Londres, 1922) foi a obra mais influente da estética filosófica escrita nos tempos modernos. A teoria da arte como pura intuição» de Croce foi aplicada à arquitectura (com resultados previsivelmente estranhos) por S. Vitale, em *L'Estetica dell'Architettura* (Bari, 1928).

(10) Refiro-me aqui à perspectiva de Kant, na *Crítica da Faculdade de Julgar,* de que a experiência pura da beleza não é medida por qualquer conceito.

(11) Ver especialmente L. H. Sullivan, *Kindergarten Chats* (Nova Iorque, 1901); e H. Morrison, *L. Sullivan, Prophet of Modern Architecture* (Nova Iorque, 1952). De facto, os interiores de Sullivan estão tão longe do seu ideal funcionalista como o estão quaisquer obras da Art Nouveau contemporânea que lhe deram a principal (embora não reconhecida) inspiração. A causa funcionalista foi defendida por Viollet-le-Duc em *Entretiens sur l'architecture* (Paris, 1863, 1872, trad. de B. Bucknell, *Discourses on Architecture,* Boston, 1889), especialmente no volume 2. Esse é um dos livros de origem dos mitos que se revelaram necessários para persuadir as pessoas de que havia uma arquitectura verdadeiramente «moderna».

(12) Ver A. W. Pugin, *The True Principles of Pointed or Christian Architecture* (Londres, 1841), e Viollet-le-Duc, *op. cit.*

(13) Para uma brilhante descrição da *piazza* e do efeito de subsequente desafogo, ver R. Wittkower, *Art and Architecture in Italy 1600-1750* (Londres, 1958), pág. 128.

([14]) Mas vejam-se as reservas expressas na descrição dessa igreja por Sir John Summerson (*Georgian London*, Londres, 1963, págs. 216-19).

([15]) Schopenhauer, *op. cit.*

([16]) O efeito desta igreja outrora difícil de apreciar tornou-se particularmente evidente devido à demolição de *Les Halles*.

([17]) Estas pontes foram elogiadas nos termos mais entusiásticos e intemperados por S. Giedion, num artigo que apareceu primeiro em *Circle* (N. Gabo, B. Nicholson e L. Martin (eds.), Londres, 1937).

([18]) Entre esses críticos deve incluir-se, como principal ideólogo e mestre intelectual, Sir Nikolaus Pevsner, nos *Pioneers of the Modern Movement* (Londres, 1936), bem como S. Giedion, *Space, Time and Architecture* (5.ª ed. Cambridge, Mass., 1967). Para a perspectiva de que a mudança no estilo é, de facto, sempre um reforço de uma mudança na técnica, ver A. Choisy, *Histoire de l'architecture* (Paris, 1890).

([19]) Ver especialmente a antologia de ensaios conhecidos como *Style and Idea* (trad. de D. Newlin, Nova Iorque, 1950, reeditado em forma alargada, Londres, 1975).

([20]) T. S. Eliot, «Tradition and the Individual Talent», reeditado em *Selected Essays* (Londres, 1932). Compare-se também *Fausto*, 1. I:

Was du ererbt von deinem Vätern hast,
Erwirb es, um es zu besitzen.

([21]) Ver J. Ruskin, *Seven Lamps of Architecture* (Londres, 1849), Introdução e capítulo 1. A doutrina da arquitectura como «arte política» recebeu repetida expressão no século XX e levou a um peculiar estigma de utopismo arquitectural, visto da forma mais clara nas obras de Lewis Mumford (por exemplo *The Culture of Cities*, Londres 1938), Le Corbusier (por exemplo *Vers Une Architecture*, Paris, 1923) e Bruno Taut, *Die Neue Baukunst* (Berlim, 1929, trad. como *Modern Architecture*, Londres, 1929). Ver também Charles Jencks, *Modern Movements in Architecture* (Londres 1973), em que uma grande porção de teoria política confusa é apresentada tanto pelo autor como pelos arquitectos que cita como tendo influência nos problemas da estética arquitectural.

([22]) Ver, por exemplo, C. N. Ledoux, *L' Architecture considérée sous le rapport de l'art, des moeurs et de la législation* (1804), e a discussão em E. Kaufmann, *Architecture in the Age of Reason* (Cambridge, Mass., 1955).

([23]) Ver Sir John Summerson, *Heavenly Mansions* (Londres, 1949), pág. 212. Alguns, é claro, poderão argumentar que os méritos do vernáculo são tão grandes que os arquitectos deviam ser dispensados sempre que possível. Para algumas razões visuais persuasivas dessa perspectiva, ver B. Rudofsky, *Architecture without Architects* (Londres, 1964).

([24]) Sir Henry Wotton, *Elements oj Architecture* (Londres 1624), ao traduzir Vitruvius, Livro 1, cap. 3.

2. ARQUITECTURA E PROJECTO

(¹) Ver L. B. Alberti. *De Re Aedificatoria* (Florença 1485, Livro X, trad. de Bartolo e Leoni, Londres 1726, como *Ten Books on Architecture*, reeditado por. J. Rykwert, Londres, 1965). Para uma exposição do pensamento de Alberti sobre arquitectura, ver R. Scruton, «The Art of the Appropriate», *Times Literary Supplement* (16 Dez. 1977).

(²) *Seven Lamps of Architecture* (Londres 1849), cap. 1. A actual discussão de Ruskin dos edifícios individuais indica que ele podia ter considerado exageradas as suas próprias afirmações didácticas.

(³) Alberti, *op. cit.*, Livro I, cap. 1.

(⁴) Para uma análise deste conceito, ver capítulo 9, e para a discussão da terminologia usada por Alberti para lhe dar expressão, ver Scruton, *op. cit.*

(⁵) O termo «estética» é uma cunhagem filosófica cujo actual uso devemos ao filósofo alemão do século XVIII A. G. Baumgarten (ver a *Aesthetica* dele, 1750). O termo permaneceu um tecnicismo da filosofia cujo sentido depende da teoria filosófica a que está associado. Esta natureza artificial do conceito tem, penso eu, importantes consequências para o método da estética filosófica.

(⁶) Para a filosofia geral da escola dos «métodos do projecto», ver Christopher Jones, *Design Methods* (Londres, 1970). A principal inspiração da escola foi a obra do matemático e teórico da arquitectura Christopher Alexander, que, no seu influente livro *Notes on the Synthesis of Form* (Cambridge, Mass., 1964), tentou dar o fundamento de uma teoria matemática do projecto. As suas ideias foram formuladas também num artigo intitulado «The Determination of the Components for an Indian Village», em *Conference on Design Methods* (Londres, 1963) de J. C. Jones e D. G. Thornley (eds) (livro que contém outros importantes artigos teóricos dos editores e de Joseph Esherick), e em «Houses Generated by Patterns» (Projecto para uma Aldeia Peruana), publicados em Berkeley, Califórnia em 1971.

(⁷) Joseph Esherick, em P. Heyer (ed.), *Architects an Architecture, New Directions in America* (Nova Iorque, 1966) pág. 113. O mesmo ponto de vista foi expresso por Bruno Taut em 1929, *Modern Architecture*, pág. 29.

(⁸) Ver, por exemplo, El Lissitizky, *Russia, an Architecture for World Revolution* (trad. de E. Dluhosch, Londres, 1970) e os escritos do arquitecto-engenheiro L. Komarova e N. Krail'nikov em *Sovremennaya Arkhitektura* (1928), citada em L. March (ed.), *The Architecture of Form* (Cambridge, 1976) prefácio.

(⁹) Ver por exemplo a introdução de L. March, *The Architecture of Form*, em que a base desta identificação é dada em termos de uma vulgar busca da «solução racional» para os «problemas do projecto». De facto, o construtivismo era muitas coisas e mesmo na fase incial é virtualmente impossível fixá-lo numa doutrina. Parece ter começado como uma espécie de antiesteticismo que se transforma em *slogan* tipificado pelas palavras de ordem de A. Rodchenko e U. Stepanova, que circularam em 1920, entre os quais os que se seguem não são de forma alguma incaracterísticos: «Morte à última ligação que resta do pensamento humano com a arte», e «Abaixo a arte, que só serve de camuflagem à incompetência da humanidade!». Estes foram seguidos, em 1922, do *Manifesto Construtivista Internacional,* em que o tom era um pouco menos estridente, embora pouco mais coerente. Um leitor simpatizante da teoria construtivista, ao lembrar-se de que a teoria arquitectural é usualmente o gesto de um homem prático não habituado a palavras que tenta racionalizar atentamente algo que entendeu intuitivamente apenas ao vê-lo feito, pode preferir interpretar esses *slogans* mais como preparação para uma nova estética do que como uma ruptura radical com todos os valores estéticos. Mas a história do movimento é imensamente complicada. Foi discutida em toda a extensão por Reyner Banham na *Theory and Design in the First Machine Age* (Londres, 1960), cap. 14. Banham tenta separar as correntes em conflito da veneração da máquina e da aventura estilística que percorriam os manifestos construtivistas e ao mesmo tempo mostrar o complexo reflexo no movimento holandês De Stijl.

([10]) Compare E. Kaufmann, *Architecture in the Age* of *Reason* (Cambridge, Mass., 1955).

([11]) É claro, o termo «construtivista» é uma palavra de que me apropriei para designar uma ideologia específica. Os historiadores culturais sem dúvida diferem consideravelmente nos pontos de vista quanto à natureza (ou mesmo existência) de um *movimento* especificamente «construtivista». Contudo, tem algum interesse notar que a ideologia que descrevo floresceu em toda a parte onde a ética leninista foi influente. Hannes Meyer, que tomou conta do Bauhaus em 1928 e a manteve até 1930, exprimiu a ética como se segue:

O arquitecto leninista não é um lacaio da estética e, ao contrário do colega do Ocidente, não é um advogado e guardião do interesse da classe capitalista aí dominante... Para ele a arquitectura não é um estímulo estético mas uma arma de gume afiado na luta de classes. (Manifesto na revista suíça *ABC* (1928), intitulado «ABC exige a Ditadura da Máquina»)

Vale a pena lembrar que a ética do desenvolvimento em larga escala veio para Inglaterra com a firma de Tecton, fundada pelo expatriado construtivista Lubetkin (juntamente com o engenheiro Ove Arup). Ninguém podia acusar Sir Ove Arup ou Sir Denys Lasdun (outro parceiro dos primeiros tempos dessa firma) da ideologia antiestética do seu mestre. No entanto, é interessante que, onde os construtivistas floresceram – na

Alemanha, Inglaterra e América –, aí floresceu com eles uma concepção de arquitectura irremediavelmente unida a formas fortes e isoladas, ao «novo desenvolvimento compreensivo» e à ideologia antiestética que pretende por vezes ser meramente *anti-Beaux-Arts,* e outras vezes se confessa francamente como brutal. A história do movimento em Inglaterra foi documentada (um pouco acriticamente) por Anthony Jackson, em *The Politics of Architecture; A History of Modern Architecture in Britain* (Londres, 1970).

De facto, o empreendimento era tão fragmentário que não penso que alguma vez tenha chegado a ser um simples movimento, ou tenha tido uma única ideia dominante.

[12] C. Jones, *op. cit, pág.* 10.

[13] Alexander, *op. cit.*

[14] Como se tenta – embora sem êxito – em *The Architecture of Form* (ed. L. March), em que várias técnicas-padrão de representação por computador são aplicadas de forma desconexa aos problemas arquitecturais.

[15] A obra da escola dos «métodos de projecto» e dos seus críticos não nos aproximou até agora mais desse ideal, como se pode ver pelos projectos desajeitados e impraticáveis de uma aldeia de Alexander (ver nota 6).

[16] Ver Le Corbusier, *Vers Une Architecture* (Paris 1923) e a crítica pertinente de todo o processo de pensamento feita por Peter Blake, em «The Folly of Modern Architecture», *Atlantic Monthly* (Setembro de 1974). É justo dizer que a idiossincrasia da própria concepção de Le Corbusier de necessidade humana (uma concepção que o levou a negar janelas aos convalescentes no seu hospital de Veneza – ver *Le Corbusier 1910-1965,* Edição Ginberger, Zurique, 1967, pág. 176), é agora justamente reconhecida em todo o lado. Mas o conceito sobrevive como parte central da retórica intelectual pela qual o desenvolvimento em larga escala é defendido. Ver, por exemplo, Sir Leslie Martin, «Architects' Approach to Architecture», RIBA-1 (1967), e as estranhas definições de traços arquitecturais de Alexander no Projecto de Aldeia Índia (ver nota 6), em que a rua é definida como «a reunião da necessidade de espaço de circulação, da necessidade de acesso às casas, da necessidade de luz e ar entre os edifícios, etc.» (pág. 88).

[17] A questão foi posta por Aristóteles (Metaphysics A 5), foi avançada (de forma ligeiramente distorcida) por P. Foot, por exemplo em «Moral Beliefs», *PAS* (1959) e noutros aspectos da sua filosofia moral. Agradeço a David Wiggins e Sirah Derman, que se esforçaram para esclarecer a complexa relação de uma necessidade.

[18] A identidade da racionalidade e da pessoalidade é uma tese antiga da filosofia, muito convincentemente sustentada por Kant na teoria moral e por Hegel em *The Phenomenology of Spirit* (1807).

[19] Esta tendência, que tem raízes no «*calculus* hedónico» de Bentham, encontrou renovada expressão na ciência da «teoria da preferência» e na tentativa de quantificar toda a

satisfação humana em termos da satisfação das necessidades e desejos individuais. Isto deu origem a um estudo curiosamente designado «engenharia dos factores humanos», na América. Ver, por exemplo, E. J. McCormick, *Human Factors Engineering* (Nova Iorque, 1957, 2.ª ed., 1964). Tudo se apoia numa teoria filosófica da natureza humana e, no entanto, não parece dar atenção às objecções de peso a essa concepção que se acumularam desde Aristóteles. Algumas dessas objecções são esboçadas no capítulo 10.

[20] Ver, por exemplo, a obra teórica do arquitecto italiano Pier Luigi Nervi *(Construire Correitamente,* Hoepli, 1955). Nervi, que construiu alguns dos mais belos edifícios modernos, ilustra como pode ser grande a lacuna entre a prática e a teoria de um arquitecto.

[21] Ver N. Negroponte, *The Architectural Machine* (Cambridge, Mass., 1970), e os escritos eufóricos de Buckminster Fuller, apresentados mais do que adequadamente no livro de James Meller (ed.): *The Buckminster Fuller Reader* (Londres, 1970). Para a influência de Fuller ver a defesa de Reyner Banham da «anticasa», *Art in America* (Abril de 1965) e as divertidas irreverências de *Archigram,* cujos autores conseguiram reduzir o ser humano a uma «trama» «ligada» a um «necessitar gigante» (David Greene, em *Archigram,* 1968).

[22] A comparação entre o vestuário e a arquitectura é um assunto profundo e fascinante cujos primeiros passos de exploração foram dados por James Laver, *Style in Costume* (Oxford, 1949).

[23] Theodor Adorno, *Minima Moralia* (Londres, 1974).

3. A ARQUITECTURA TEM UMA ESSÊNCIA?

[1] Isto é certamente verdade, por exemplo, no funcionalismo de Viollet-le-Duc, Sullivan e Lethaby (ver especialmente *Architecture* de Lethaby, Londres, 1911).

[2] Sir Denys Lasdun *(RIBAJ,* Setembro de 1977, pág. 367). Há uma defesa filosófica da doutrina na teoria do «espaço virtual» apresentada por S. K. Langer em *Feeling and Form* (Londres, 1953).

[3] Bruno Zevi, *Architecture as Space* (originalmente *Saper Vedere l'Architettura,* trad. de M. Gendel, ed. J. A. Barry, Nova Iorque, 1957), pág. 30.

[4] Esta distinção, e a sua aplicação arquitectural, foi bem, e talvez com um pouco de preciosismo, elaborada por Adrian Stokes, em *Stones of Rimini* (Londres, 1964), pág. 108 e segs.

[5] P. Frankl, *Principles of Architectural History, The Four Phases of Architectural Style, 1420-1900* (trad. e ed. de J. F. O'Gorman, Cambridge, Mass., 1968), pág. 43.

[6] *Idem,* pág. 27.

(⁷) É talvez importante lembrar a enorme influência de Giedion como secretário do Centre International de l'Architecture Moderne (CIAM), entre as guerras.

(⁸) S. Giedion, *Space, Time and Architecture* (2.ª ed., Cambridge, Mass. 1967).

(⁹) Por Sir Ernst Gombrich, por exemplo, no ensaio obrigatório *In Search of Cultural History* (Oxford, 1969). A discussão foi transposta para a teoria arquitectural por David Watkin, em *Morality and Architecture* (Oxford, 1977), onde são demolidos muitos mitos estabelecidos.

(¹⁰) H. Wölfflin, *Renaissance and Baroque* (trad. de K. Simon, Londres 1964), pág. 78. Para um alicerce teórico desta obra brilhante, ver, do mesmo autor, *Principles of Art History* (trad. de M. D. Hottinger, Nova Iorque, 1932).

(¹¹) Por exemplo, serviu de base à rejeição de Pevsner (em *Pioneers of the Modern Movement from William Morris to Walter Gropius* Londres, 1963, eds. revistas e mais tarde intituladas *Pioneers of Modern Design*, e em *An Outline of European Architecture*, Londres, 1943, 7.ª ed. em 1963) do «historicismo» (ou seja, a procura de um estilo preexistente) e da influente crítica de Giedion e Sedlmayr.

(¹²) Giedion, *op. cit.*, e C. Norberg-Schulz, *Meaning in Western Architecture* (Londres, 1975 (ed. italiana de 1974)). O livro de Norberg-Schulz é talvez a manifestação de crítica recente mais abrangente na tradição *Kunstgeschichte*.

(¹³) Norberg-Schulz, *op. cit., passim.*

(¹⁴) Por Sir Karl Popper, *The Poverty of Historicism* (Londres, 1957). Este uso não se deve confundir com o de Pevsner, mencionado na nota 11 e sucintamente explicado na obra de N. Pevsner, J. Fleming e H. Honour, *A Dictionary of Architecture* (ed. alargada, Londres, 1975).

(¹⁵) Giedion, *op. cit.*, pág. 108.

(¹⁶) *Idem,* pág. 529.

(¹⁷) Watkin, *op. cit.*

(¹⁸) Para um exemplo deste método crítico especial, ver Norberg-Schulz, *op. cit.*

(¹⁹) Cop. com J. B. Ache, *Eléments d'une histoire de l'art de bâtir* (Paris, 1970), pág. 322.

(²⁰) Ver Alois Riegl, *Stilfragen* (Berlim, 1873); Wilhelm Worringer, *Abstraction and Empathy* (trad. de M. Bullock, Londres, 1953), e especialmente Erwin Panofsky, no brilhante ensaio «The History of the Theory of Human Proportions as a Reflection of the History of Styles», reeditado em *Meaning in the Visual Arts* de E. Panofsky (Nova Iorque, 1955).

(²¹) J. Ruskin, *Stones of Venice* (Londres, 1851, 1853) capítulo 5 e E. Panofsky, *Gothic Architecture and Scholasticism* (Latrobe, 195 I).

(²²) A ideia de «falácia intencional» na estética, originada numa folha com esse nome escrita por W. K. Wimsatt e M. C. Beardsley *(Sewanee Review,* 1946, reeditada em W. K.

Wimsatt Jr., *The Verbal Icon,* Lexington Kentucky, 1954), que argumentou que, visto que o que interessa na compreensão estética é o próprio objecto e não as circunstâncias externas da sua produção, procurar a intenção do artista não é empenhar-se numa crítica genuína da sua obra e, portanto, não é avançar uma apreciação estética. O reconhecimento deste argumento como uma reiteração do ponto de vista cartesiano da consciência (o ponto de vista que considera sempre contingente a relação entre interior e exterior, espírito e expressão, intenção e acto), está implícito na obra de R. Wollheim, *Art and its Objects* (Nova Iorque, 1968), pág. 33.

([23]) Sir Henry Wotton, *Elements of Architecture* (Londres, 1624).

([24]) G. Vasari, *Lives of the Artists* (Londres, 1970), prefácio da parte III. Deve dizer-se, contudo, que Vasari, ao imitar aí Vitruvius, falava tanto de pintura como de arquitectura.

([25]) A principal fonte deste ponto de vista é, decerto, a obra original de Rudolf Wittkower, *Architectural Principles in the Age of Humanism* (3.ª ed., Londres, 1962). A teoria foi tratada de muitas formas pelos teóricos do Renascimento e seguidores: as fontes são detalhadas por Wittkower no terceiro apêndice à sua obra. A influência do estudo de Wittkower foi tão grande que não só levou as críticas arquitecturais a alargar a aplicação à discussão da arquitectura moderna (comp. Colin Rowe, «The Mathematics of the Ideal Villa» em *The Mathematics of the Ideal Villa and Other Essays,* Cambridge, Mass., 1972), mas também influenciou de facto a prática da própria arquitectura moderna, de forma que se pode muitas vezes reconhecer um estilo autoconscientemente wittkoveriano (ver o estudo de Henry Millon desta influência no *Journal of the Society of Architectural Historians,* n.º 2, 1972, págs. 83-91). Tal como continuo a argumentar, essa tentativa de traduzir um ideal de «proporção» do estilo que o torna inteligível é intrinsecamente confusa. Ver também Panofsky, «The History of the Theory of Human Proportions».

([26]) A teoria é tipificada por Alberti (*De Re Aedificatoria,* Florença, 1485, trad. de Bartolo e Iconi, Londres 1726, como *Ten Books on Architecture,* Livro X, caps. 5 e 6; ver também a famosa carta a Matteo da Pasti, o assistente de Alberti em Rimini). À tradição platónica que derivou a principal inspiração das doutrinas do *Timeu* foi dada a expressão-modelo para o espírito medieval no comentário de Macróbio sobre o *Somnium Scipionis* de Cícero e na bela e obrigatória obra de Boécio, *On the Consolation of Philosophy* (ver em geral, R. Klibansky, *The Continuity of the Platonic Tradition,* Londres, 1939). Tanto Santo Agostinho como Boécio escreveram tratados sobre música em que as leis pitagóricas de harmonia são realçadas como reflexos de uma harmonia que transcende o reino da música, imbuindo toda a ordem natural das propriedades do número. O detalhado funcionamento da matemática pitagórica em regras de harmonia arquitectural nunca foi, penso eu, realizado nas obras antigas que nos chegaram, mas é claro nas observações de Vitruvius no que diz respeito à matemática, proporção e ao corpo humano (III, cap. 1), e pelas proporções usadas no Egipto, Grécia e Roma, que a teoria pitagórica, ou algo como ela, era habitualmente aceite. Além disso, Santo Agostinho diz claramente no *De Musica* que as leis que determinam a harmonia musical devem determinar também a harmonia visual.

(27) A principal figura dessa escola na altura da construção era o grande «humanista» Alain de L'Isle, cuja filosofia da harmonia natural, exposta no *De Planctu Naturae*, tem implicações arquitecturais aceitáveis em qualquer pensador de princípio do Renascimento. A prova do uso das ideias pitagóricas nas proporções das catedrais góticas é feita na esplêndida obra de O. von Simson, *The Gothic Cathedral* (Nova Iorque, 1956).

(28) von Simson, *op. cit.*

(29) Comp. Vitruvius, III.c.i: *Proportio est ratae partis membrorum in omni opere totiusque commodulatio, ex qua ratio efficitur symmetriarum.* (O conceito de *proportio* de Vitruvius não é totalmente idêntico à nossa «proporção»: na verdade, este último termo corresponde muitas vezes mais de perto à *eurythmia*, que Vitruvius está muito menos pronto a reduzir a uma regra matemática.) Ver também Le Corbusier, *The Modulor* (trad. de P. de Francia e A. Bostock, Londres, 1951); G. D. Birkhoff, *Aesthetic Measure* (Cambridge, Mass., 1953); e, para exemplos góticos surpreendentes, von Simson, *op. cit.*, págs. 207-8.

(30) O uso deste sistema pelos Gregos é sugerido por P. H. Scholfield, em *The Theory of Proportion in Architecture* (Cambridge, 1958). Para a secção de ouro, tal como aparece nas provas geométricas de Euclides, ver L. Heath, *The Thirteen Books of Euclid's Elements* (Cambridge, 1926), vol. II, págs. 97 e segs. Para uma discussão geral da secção de ouro em arte, ver também R. Wittkower, «The Changing Concept of Proportion», *Daedalus* (Inverno 1960, págs. 201 e segs.

(31) A questão aqui é a de um interesse independente, à luz das semelhanças muitas vezes notadas entre as molduras gregas e mexicanas e da ocorrência na arquitectura mexicana de motivos decorativos que imitam o famoso «relevo grego» (ver Owen Jones, *The Grammar of Ornament*, Londres, 1868, pág. 35).

(32) A análise aqui deriva de Wölfflin, *op. cit.*, págs. 66-7.

(33) Le Corbusier, *op. cit.*, 2.ª ed., pág. 44.

(34) Palladio, *Quattro Libri* (Veneza, 1570), Livro IV, prefácio.

(35) Magnini, *Memorie Intorno Andrea Palladio* (1845), Apêndice, pág. 12; citado em Wittkower, *op. cit.*, pág. 113 fn.2.

(36) Deste modo, nos finais da tradição clássica, tal como a escola das *Beaux-Arts* as tinha preservado, as leis da proporção tinham um carácter que se considerava ser completamente *a posteriori*. Por exemplo, em *The Principles of Architectural Composition* (Londres, 1924), H. Robertson escreveu que o seu objectivo era uma teoria da proporção que

resumisse «certos princípios de que a análise da boa arquitectura provou a existência» (pág. 2). E os princípios que propõe são tão esparsos e elementares que dificilmente merecem descrição.

(37) Por exemplo, por Temanza, resumido em Wittkower, *op. cit.*, pág. 147.

(3R) Hogarth, *The Analysis of Beauty* (Londres, 1753), pág. 76 e seg.

(39) Guarini, *L'Architettura Civile* (Turim 1737, ed. B. Tavassila La Greca, Milão 1968), pág. 6.

(40) Ver a introdução ao segundo livro de Serlio e o teor geral de autores como Sir William Chambers.

(41) De facto, se voltarmos a olhar para a explicação de Vitruvius da *eurythmia*, várias vezes traduzida, e, embora aparentemente distinta da *proportio*, desempenhando um papel semelhante, encontramos uma afirmação explícita da interdependência entre a «proporção» e o «detalhe» *(Eurythmia est venusta species commodusque in compositionibus membrorum aspectus, I. c. II)*.

(42) Sobre a possível derivação da fachada da catedral do pórtico da cidade romana, ver von Simson, *op. cit.* , págs. 109 e segs.

(43) Sir John Summerson, *The Classical Language of Architecture* (Londres. 1963), pág. 38.

(44) A. W. Pugin, *The True Principles of Pointed or Christian Architecture* (Londres, 1841), pág. 18.

(45) Alec Clifton-Taylor. *The Pattern of English Building* (2.ª ed., Londres. 1972), págs. 43-50.

(46) E claro que é uma rude simplificação atribuir essas igrejas a Rainaldi, embora se possa pôr em dúvida a precisa medida em que elas são também obra de Bernini. As igrejas exemplificam perfeitamente a tentativa de conseguir a proporção e a harmonia numa situação que não obedece à ordem matemática, e de criar uma composição que destrua a mínima quantidade de desordem que a cerque. Ver R. Wittkower, «Carlo Rainaldi and the Architecture of the High Baroque in Rome» *(The Art Bulletin, XIX,* 1937, reeditado em R. Wittkower, *Studies in the Italian Baroque,* Londres, 1975).

(47) Para esta noção de «objecto formal» ver A. J. Kenny, *Action, Emotion and Will* (Londres. 1963), pág. 189.

4. A EXPERIÊNCIA DA ARQUITECTURA

(1) A teoria da experiência estética exposta neste capítulo está mais elaborada em R. Scruton, *Art and Imagination* (Londres, 1974), Partes ll e III.

(2) Isto é, na tradição que reconhece um uso técnico específico do termo «estético», a tradição iniciada por A. G. Baumgarten na *Aesthetica* (1750).

(3) A distinção, central para a maioria das filosofias idealistas, nem sempre é apresentada de forma muito clara (ver G. E. Moore: «External and Internal Relations», em *Philoso-*

phical Studies, Londres, 1922). Em resumo, a relação entre *a* e *b* é externa, se (1) *a* e *h* puderem existir independentemente dessa relação; (II) *a* e *b* puderem ser cada um total e separadamente identificados. Doutro modo, a relação é interna. Isto deixa espaço para uma grande variedade de relações que podem merecer o nome de «internas». No que se segue, em certa medida, apresentei argumentos utilizados por Bernard Williams em «Pleasure and Belief» *in Aristotelian Society Supplementary Volume* (1959).

(⁴) Ver O. von Simson, *The Gothic Cathedral* (Nova Iorque, 1956), cap. 3, e também Panofsky, *Meaning in the Visual Arts* (Nova Iorque, 1955), cap. 3.

(⁵) Ver de novo von Simson, *op. cit.,* e, para uma interpretação extrema deste tipo, H. Sedlmayr, *Die Entstehung der Kathedrale* (Zurique, 1950).

(⁶) Sir John Summerson, *Heavenly Mansions* (Londres, 1949), cap. 1.

(⁷) Sobre este ponto, ver D. W. Hamlyn, *The Psychology of Perception (Londres,* 1957). O argumento kantiano que se segue é, na sua forma desenvolvida, extremamente difícil. Ver a passagem da *Crítica da Razão Pura* intitulada «A Dedução Transcendental das Categorias» e, para uma versão moderna (embora, penso eu, não válida), P. F. Strawson no comentário sobre a mesma passagem *em The Bounds of Sense* (Londres. 1966). Para uma versão possivelmente válida, de forma alguma pensada como um comentário sobre Kant, ver L. Wittgenstein, *Philosophical Investigations* (Londres, 1953), págs. 200 e segs.

(⁸) Em alemão *Einbildungskraft.* Este conceito não é tratado nem clara nem consistentemente por Kant, mas há uma corrente central de pensamento que lhe diz respeito e que foi exposta e defendida recentemente por P. F. Strawson em «Imagination and Perception», na obra de L. Foster e J. W. Swanson (eds.), *Experience and Theory* (Cambridge, Mass., 1970, reeditada P. F. Strawson, *Freedom and Resentment,* Londres, 1974); e por Mary Warnock em *Imagination,* (Londres, 1976), Partes 1 e II.

(⁹) Esta dependência entre o conhecimento do que é e o conhecimento do que é possível constituiu um dos pontos de partida para a filosofia de Kant – ver os argumentos nas «Analogias», em *Crítica da Razão Pura.* A ideia é que só posso saber se isto que está diante de mim é uma mesa real e substancial se souber também como *seria* a minha experiência se eu avançasse para ela, me afastasse dela, me encostasse a ela, etc. Assim, a ideia de um objecto é já uma ideia de *possibilidades* sistemáticas.

(¹⁰) J. P. Sartre, *l'Imaginaire* (Paris, 1940, trad. «The Psychology of the Imagination», Nova Iorque, 1948); Wittgenstein, *op. cit.,* II Parte, s. XI. Wittgenstein não declara de facto apresentar uma teoria da imaginação mas, para a defesa dos seus pontos de vista como encarnando essa teoria, ver R. Scruton, *Art and Imagination* (Londres. 1974), II parte.

(¹¹) S. T. Coleridge, *Biographia Literaria* (Londres, 1817), 1 vol., cap. XIII. Hegel, *Lectures on Aesthetics* (1835, trad. de T. M. Knox, Londres, 1975).

(¹²) Ver Scruton, *op. cit.*, caps. 7 e 8.

(¹³) D. Hume, *A Treatise on Human Nature* (Londres, 1739), Liv. 1, IV Parte, s. 2

(¹⁴) Entre as principais obras da fenomenologia estão as de Husserl (especialmente as *Ideas, General Introduction to Phenomenology,* 1913, trad. de W. R. Boyce Gibson, Londres 1931), e de Merleau-Ponty (cuja obra é representada melhor pelo tratado *The Phenomenology of Perception,* trad. de C. Smith, Londres, 1962). As obras de Sartre sobre a imaginação podiam ser consideradas investigações «fenomenológicas», como o podia ser também o seu tratado *Being and Nothingness,* e como o podiam ser também as maiores obras de Martin Heidegger. Para aplicações da fenomenologia à estética, ver R. Ingarden, *Das Literarische Kunstwerk* (2.ª ed., Tubingen, 1960) e M. Dufrenne, *La Phénoménologie de l'expérience esthétique* (Paris, 1953). A fenomenologia da percepção musical foi abordada por Husserl na sua obra impenetrável *The Phenomenology of Internal Time Consciousness* (ed. M. Heidegger, trad. de J. S. Churchill, Indiana, 1964). Catalogar todas as variadas filosofias e pseudofilosofias que pretenderam ter uma base «fenomenológica» seria impossível. Mas – sem discutir a questão – sugiro que não há um «método» particular em que se use esse rótulo para o indicar.

(¹⁵) Defendo este ponto de vista em *Art and Imagination,* especialmente no cap. 1. Ver também Wittgenstein, *op. cit., passim.*

(¹⁶) Os argumentos para esta posição são complexos; voltarei a eles no capítulo 10.

(¹⁷) Para o uso deste tipo de argumento no estudo da mentalidade animal, ver especialmente J. F. Bennett, *Rationality* (Londres, 1964), *e Linguistic Behaviour* (Cambridge, 1976); também D. C. Dennett, *Content and Consciousness* (Londres, 1969).

(¹⁸) Por outras palavras, podemos imputar erros aos animais; portanto, podemos aplicar ao seu comportamento os conceitos de verdadeiro e falso; portanto, podemos explicar o que fazem em termos da «informação» de que dispõem; portanto, (com um ligeiro estição) podemos utilmente atribuir-lhes crenças.

(¹⁹) Assumindo, isto é (o que não vou contradizer), que um pássaro não tem o conceito do eu.

(²⁰) Se «conceito» é ou não exactamente a palavra correcta aqui, depende, penso eu, de a nossa atribuição do conceito se subordinar ou não à nossa atribuição de crenças. Parece-me medianamente plausível supor que a avaliação do comportamento de um animal em termos dos conceitos de verdade e falsidade pressupõe já certas capacidades «conceptuais» por parte do animal.

(²¹) Comp. L. Wittgenstein, *Zettel* (trad. de G. E. M. Anscombe e L. Von Wright, ed. G. E. M. Ascombe, Oxford, 1967), artigo 173: «Penso numa frase muito curta, composta apenas por duas divisões. Diz-se «Isso tem muito que se lhe diga!». Mas é apenas, por assim dizer, uma ilusão óptica, se se pensa que o que lá está se passa como o ouvimos...»

(²²) Ver Kant, «Sobre o Fundamento Último da Diferenciação de Regiões no Espaço» (1768), em *Selected Pre-Critical Writings* (trad. de G. B. Kerferd e D. E. Alford, Manchester, 1968).

(²³) A significação filosófica deste axioma como pré-requisito essencial do nosso conceito de identidade acima do tempo é explorada em P. F. Strawson, *Individuals* (Londres 1959), caps. 1 e 3. Recentemente, contudo, tanto Strawson como também Saul Kripke argumentaram que o axioma precisa de ser limitado e isso não é verdade na forma clássica. O problema é complexo, mas sejam quais forem as limitações que se possa introduzir, elas não afectam, penso eu, a minha tese.

(²⁴) Ver Scruton, *op. cit.*, cap. 10.

(²⁵) Comp. a figura de pato-coelho discutida por Wittgenstein, em *Philosophical Investigations,* II parte, artigo XI.

(²⁶) Perceptível em muitos edifícios romanos, mencionado por Vitruvius e explicitamente recomendado por Alberti, em *De Re Aedificatoria* (Florença, 1485, trad. de Bartolo e Leoni, Londres, 1726, como *Ten Books on Architecture),* Livro VII, cap. V.

(²⁷) O método aqui (de classificar estados mentais em termos daquilo a que se pode chamar as suas propriedades «formais») deriva de Wittgenstein – ver especialmente *Zettel.* Uma exposição completa da experiência imaginativa é dada em Scruton, *op. cit.*, parte ll.

(²⁸) Ver, por exemplo, R. Wittkower, «Carlo Rainaldi and the Architecture of the High Baroque in Rome» *(The Art Bulletin, XIX,* 1937, reimpresso em *Studies in the Italian Baroque,* Londres, 1975).

(²⁹) Alberti, *op. cit.*, Livro 1, cap. X: «Uma fileira de colunas que, na verdade, não é mais do que uma parede aberta e descontínua em vários sítios. E, se quiséssemos definir uma coluna, não seria impróprio descrevê-la como uma forte parte contínua da parede, colocada perpendicularmente dos alicerces ao topo...»

(³⁰) Sobre esta questão, ver Sir John Summerson em *Georgian London* (Londres, 1963).

(³¹) Ver R. Wittkower na descrição persuasiva da geometria dramática desta igreja em *Architectural Principles in the Age of Humanism* (Londres, 3.ª ed.. 1962), págs. 97 e segs.

(³²) Ver, por exemplo, a excelente discussão do alcance da experiência arquitectural em S. E. Rasmussen, *Experiencing Architecture* (Cambridge, Mass., 1959).

(³³) Ver, por exemplo, a subtil discussão por H. P. Grice em «Some Remarks Concerning the Senses», em R. J. Butfer (ed.). *Analytical Philosophy, First Series* (Oxford, 1966).

(³⁴) Ver, por exemplo, os comentários de Ruskin em *Seven Lamps of Architecture* (Londres, 1849), cap. 2.

(³⁵) Alberti, *op. cit.*, especialmente o Livro VI, cap. 2.

(³⁶) Para uma explicação do «*concetto*» de Bernini, ver Wittkower numa discussão da obra de Bernini em São Pedro, em *Art and Architecture in Italy, 1600-1750* (Londres. 1968), págs. 115 e segs.

5. APRECIAR A ARQUITECTURA

(¹) J. Ruskin. *Stones of Venice* (Londres, 1861, 1863), cap. 1.

(²) Geoffrey Scott, *The Architecture of Humanism* (Londres, 1914), pág. 232.

(³) Ruskin, *op. cit.*, Apêndice 11. Mesmo Ruskin concorda que o efeito de massa dá a esta igreja uma certa beleza quando vista de longe. Como correcção de Ruskin, ver a análise de Wittkower em *Studies in the Italian Baroque* (Londres. 1975).

(⁴) O objecto intencional de um estado de espírito é o objectivo tal como o sujeito o vê, descreve ou «posiciona» (ver capítulo 1, nota 4).

(⁵) Ver, por exemplo, F. N. Sibley, «Aesthetic and Non-Aesthetic, *Phil. Rev.* (1965): e S. N. Hampshire. «Logic and Appreciation», em W. Elton (ed.), *Aesthetics and Language* (Oxford, 1954). O ponto de vista é antecipado no ensaio de D. Hume « Of the Standard of Taste», em *Essays Moral, Political and Literary* (Londres 1741).

(⁶) A ideia de acção como «conclusão» de uma discussão deriva de Aristóteles *(Nichomachean Ethics, 1* 147a. 27-8). Alternativamente, as razões práticas são razões não para pensar, mas para fazer qualquer coisa. Este ponto foi bem discutido por G. E. M. Anscombe em *Intention* (Oxford, 1957), artigos 33 e segs.

(⁷) Sobre a noção da autonomia da apreciação estética (relacionada com o ponto de vista de que a apreciação estética surge por se tratar o seu objecto não como um meio, mas como um fim), ver Kant e Collingwood. A questão de saber até que ponto chega realmente essa «autonomia» é profunda e difícil; não tenho a certeza de ter uma resposta satisfatória para ela.

(⁸) A ideia de que uma conexão pode ser necessária, mas não universal, deriva de L. Wittgenstein, *Philosophical Investigations* (Londres, 1953), I Parte.

(⁹) Comp. B. Williams, «Pleasure and Belief», *Aristotelian Society Supplementary Volume* (1959).

(¹⁰) Ver, em especial, o belo discurso feito por Sócrates no final do *O Banquete*. O pensamento de Platão – reconstituído por Santo Agostinho e Boécio, e embelezado com todos os atavios simbólicos do amor cortês medieval alcança a expressão mais admirável na *Divina Comédia* de Dante, obra em que o conflito entre o carnal e o espiritual, o temporal e o eterno, é confrontado e se resolve.

(¹¹) Ver, por exemplo, *a Summa Theologica*, Ia 2ae, 27, 1. E também a introdução de Hegel às *Lectures on Aesthetics* (1835, trad. de T. M. Knox, Londres, 1975).

(¹²) Comp. Hume, *op. cit.*

(¹³) Kant foi o primeiro filósofo a levar este ponto realmente a sério como definindo a base da apreciação estética. Falou nesta conexão da «universalidade» do gosto, do facto de ele sempre reclamar para si mesmo um *direito* que outros deviam reconhecer ou respeitar *(Crítica da Faculdade de Julgar, 1790, passim)*.

(¹⁴) Comp. L. Wittgenstein, *Lectures on Aesthetics, Freud, etc.* (ed. C. Barrett, Oxford, 1966).

(¹⁵) Para a história da construção deste edifício, ver R. Wittkower, «F. Borromini, his Character and Life», em *Studies in the Italian Baroque.*

(¹⁶) E. Borromini, *Opus Architectonicum* (escrito em 1641-1656, publicado, ed. Giannini, Roma, 1725).

(¹⁷) Ver cap. 3, nota 22, sobre a chamada «falácia intencional».

(¹⁸) Para outras especulações deste tipo, ver Geoffrey Scott na impressionante polémica *The Architecture of Humanism,* caps. VIII e IX. Para o ponto de vista simetricamente oposto de que a arquitectura barroca é essencialmente uma expressão do espírito da Contra-Reforma e assim deve ser vista, ver Werner Weisbach em *Der Barock als Kunst der Gegenreformation* (Berlim, 1921).

(¹⁹) A. W. Pugin. *The True Principles of Pointed or Christian Architecture* (Londres. 1841) e Viollet-le-Duc, *Entretiens sur l'architecture* (Paris, 1863, 1872, trad. de B. Bucknell, *Discourses on Architecture,* 2 vols., Boston, 1889, vol. 1).

(²⁰) Especialmente em *Stones of Venice* e seguido por A. Stokes em *Stones of Rimini* (Londres, 1964), págs. 108 e segs.

(²¹) Ver S. K. Langer, *Feeling and Form* (Londres, 1953), cap. 1. Tirei de lá o termo «virtual». A mesma ideia foi expressa por N. L. Prak em *The Language of Architecture* (Haia, 1968), pág. 30, como «estrutura fenomenal».

(²²) Ver a discussão destes exemplos em Peter Murray, *The Architecture of the Italian Renaissance* (Londres. 1963), pág. 67 e segs.

(²³) A. Schopenhauer, *The World as Will and Representation* (trad. de E. E. J. Payne, Colorado, 1958).

(²⁴) Serlio, *Six Books on Architecture,* com um suplemento de V. Scamozzi (Veneza, 1619), pág. 101.

(²⁵) Alberti, *De Re Aedificatoria* (Florença. 1485, trad. de Bertolo e Leoni, Londres, 1726 com *Ten Books on Architecture)* Livro IX, cap. *V: non opinio, verum animis innata quaedam ratio efficiet.*»

(²⁶) A. Trystan Edwards. *Good and Bad Manners in Architecture* (Londres, 1949), págs. 83 e segs.

(²⁷) S. Freud, *Leonardo* (trad. de A. Tyson, Londres. 1963).

6. FREUD, MARX E SIGNIFICADO

(¹) Ver, por exemplo, os ensaios de Addison em *Spectator,* 1712, intitulados «Os Prazeres da Imaginação» e também as muitas discussões inspiradas pela dissertação de E. Burke *Of the Sublime and the Beautiful* (Londres, 1757), por exemplo, R. P. Knight (arquitecto do Downton Castle), *An Analytical Enquiry into the Principles of Taste* (4.ª ed., Londres, 1808), II Parte, cap. lll e V. Price, *Essays on the Picturesque* (Londres, 1810). A história do movimento na arquitectura e o seu modo de pensar estão bem assinalados em Peter Collins, *Changing Ideals in Modern Architecture* (Londres 1965), cap. 1. A influência da teoria da «associação» foi grande, primeiro por dar os fundamentos teóricos para uma rejeição do pensamento arquitectural clássico, segundo por desencadear um amor pelo tempo e a decadência por si mesmos. Ver Paul Zucker, *The Fascination of Decay* (New Jersey (1968), pelos muitos exemplos de antiarquitectura que a teoria aí inspirou.

(²) Para esta objecção, ver B. Bosanquet, «On the Nature of Aesthetic Emotion», em B. Bosanquet, *Science and Philosophy* (Londres, 1927).

(³) D. Hume. A *Treatise on Human Nature* (Londres. 1739, Livro 11, Parte I, s. iii-Selbv--Bigge ed., pág. 229).

(⁴) Ver Sinclair Cauldie. *Architecture* (Nova Iorque e Toronto, 1969), pág. 27, onde a natureza estética dessas construções é bem descrita.

(⁵) Sobre a distinção geral entre objecto e causa, ver A. J. Kenny, *Action, Emotion and Will* (Londres. 1963).

(⁶) Considere-se em particular o fenómeno da «dupla intencionalidade» que tento descrever em *Art and Imagination* (Londres, 1974), cap. 15.

(⁷) Esta característica do conhecimento do «conteúdo» do estado mental de alguém foi muito discutida, por exemplo, por G. E. M. Anscombe no seu tratamento das «causas mentais», *Intention* (Oxford, 1957), págs. 16 e segs., e por Wittgenstein nas «Conversations on Freud» *(Lectures on Aesthetics, Freud, etc.,* ed. C. Barret, Oxford, 1966). Ver também Douglas Gasking, «Avowals», em R. J. Butler (ed.), *Analytical Philosophy, Second Series* (Oxford, 1963).

(⁸) Ver, por exemplo, o ensaio de Freud sobre Dostoievsky, reeditado em *Collected Papers* (ed. J. Strachey, Londres. 1950), vol. V.

(⁹) Hannah Segal, «A Psychoanalytic Approach to Aesthetics», *International Journal of Psychoanalysis* (1952), págs. 196-207; Robert Waelder, *Psychoanalytic Approach to Art* (Londres, 1961), que contém uma bibliografia de material relevante; Ernst Kris, *Psychoanalytic Explorations in Art,* (Nova Iorque. 1952); e Anton Ehrenzweig, *The Psychoanalysis of Artistic Vision and Hearing,* (Londres, 1953) *e The Hidden Order of Art* (Londres, 1967).

(¹⁰) Ver, por exemplo, Melanie Klein, *The Psychoanalysis of Children* (Londres, 1932).

(¹¹) Ver especialmente os ensaios recolhidos nos volumes 2 e 3 de *The Critical Writings of Adrian Stokes* (ed. L. Gowing, Londres, 1978). Um excelente e conciso resumo do pensamento de Stokes de um ponto de vista kleiniano é dado por R. Wolheim, «Adrian Stokes, Critic, Painter, Poet», em *The Times Literary Supplement* (17 de Fev. 1978). Wollheim atrai a atenção para um outro traço distintivo da psiquiatria kleiniana que a torna particularmente relevante para a estética, que é ser capaz de tratar a relação do artista com a obra e a relação do público com essa obra precisamente nos mesmos termos e, portanto, não degenera (como os estudos de Freud sobre Leonardo e Miguel Ângelo degeneram) em mera psicologia de divã da criação.

Até que ponto a perspectiva de Stokes da natureza e do valor da arquitectura é, de facto, dependente da roupagem kleiniana, não é claro. A teoria de que a apreciação da beleza envolve um «sentido de globalidade», surgindo da reconciliação de dois princípios mentais em conflito, um agressivo, outro «dissolvente» ou submissivo, deriva de Schiller (ver *The Aesthetic Education of Man, in a Series of Letters,* edição revista em 1801, reeditada, com tradução e comentário, ed. de M. Wilkinson e C. A. Willoughby, Oxford, 1967, especialmente a carta 17.) A um certo nível, a maneira de ver de Schiller de que a «energia» e a «dissolvência» derivam de dois aspectos separados do espírito humano, reconciliados apenas no «jogo» da compreensão ao contemplar a arte, é idêntica à de Stokes (e tanto para Stokes como para Schiller há um sentido em que o sentimento resultante é «oceânico»). Contudo, Schiller, que obteve a sua teoria directamente de Kant, referia-se a princípios conscientes da compreensão racional e teria olhado para a experiência infantil não como a essência da vida mental, mas apenas como uma premonição de algo que deve ser entendido nas manifestações mais maduras.

(¹²) É um dos exemplos favoritos de Stokes (ver *The Quattro Cento,* Londres, 1932), cap. 5. Todo o edifício foi magnificamente analisado por Pasquale Rotondi em *The Ducal Palace* of *Urbino* (Londres. 1969).

(¹³) J. Ruskin, *Seven Lamps* of *Architecture* (Londres, 1849), cap. 111 art. 8. (¹⁴) L. Wittgenstein, *Lectures and Conversations on Aesthetics, etc.* (ed. Barrett, Oxford, 1966).

(¹⁵) O conceito de «auto-atribuição» aqui expresso e a sua importância na determinação da natureza e conteúdo do espírito são mais explorados em R. Scruton, Autoconhecimento e Intenção» *(Proceedings of the Aristotelian Society,* 1977-8). Uma teoria completa do eu ao longo destas linhas está para além do alcance desta obra, mas afloro umas pequenas partes dela no capítulo 10.

(¹⁶) A. Stokes, *Stones of Rimini* (Londres, 1934, *passim).*

(¹⁷) É óbvio que ao invocar aqui o conceito de «ideologia» me estou a referir àquilo que foi chamado um «conceito essencialmente contestado»: um conceito postulado antes de qualquer teoria que possa dar a completa elaboração dele. Muitos dos que se autoproclamaram marxistas discordariam da minha explicação deste conceito, com o fundamento de que para eles o conceito pertence a uma teoria muito mais sofisticada do que a que assumo. Na verdade, o marxismo inclina-se agora para hábitos de sofisticação e autocitação que tornam impossível a quem está de fora debater as importantes considerações da teoria marxista com uma confiança que os oponentes admitem para a compreender. Nem está bem claro o que o marxismo pensa no domínio da estética e da teoria crítica – ver, por exemplo, A. Marcuse, *The Philosophy of Aesthetics* (Nova Iorque, 1972); *G. Lukács, Writer and Critic* (trad. e ed. de A. Kahn, Londres, 1970); Raymond Williams, *Marxism and Literature* (Oxford, 1977), em que todos eles fazem ambiciosas declarações de posição que não conseguem traduzir da terminologia pela qual se apresentam. Para uma posição mais tradicional, ver G. Plekhanov, *Art and Social Life* (trad. de E. Fox et al., Londres, 1953).

A fonte do conceito de ideologia é, evidentemente, K. Marx e F. Engels: *The German Ideology* (Londres, 1963), enquanto a da atribuição da arte a uma «superstrutura» é o prefácio da *Contribution to the Critique of Political economy* de Marx, em *Marx on Economics* (ed. de R. Freedman, Londres, 1962). É esta atribuição que permite ao marxista pensar que é «responsabilidade de uma estética marxista... demonstrar como... a objectividade emerge no processo criativo... como verdade, independentemente da consciência do artista» (Lukács, «Art and Objective Truth», *op. cit.*), mas é uma atribuição que foi posta em questão pelos marxistas recentes, tal como o foi toda a relação simplista entre base e superstrutura. Muito poucos concordariam hoje com Marx quando diz que

> deve sempre fazer-se a distinção entre a transformação material das condições económicas de produção, que se pode determinar com a precisão de uma ciência natural, e as formas legais, políticas, religiosas, estéticas ou filosóficas – em resumo, ideológicas – como os homens se tornam conscientes desse conflito e o combatem. (Prefácio, *Critique of Political Economy*)

Ver, para uma crítica desta simples antítese de um ponto de vista confessadamente «marxista», Raymond Williams, *op. cit.*, e Ernst Fischer, *Art against Ideology* (trad. de A. Bostock, Nova Iorque 1969), págs. 56 e segs. Por tudo isto, ficará patente que tentei fazer o debate com uma forma muito simplificada da teoria marxista, de forma a apresentar as questões intelectuais específicas que me interessam. No entanto, parece-me que as questões são reais e que os meus argumentos tendem a mostrar que não pode haver um método especificamente «marxista» na crítica da arquitectura.

Apesar da falta de uma crítica directamente marxista de edifícios, há uma bibliografia considerável de comentários marxistas sobre o papel do edifício na vida do homem e da sociedade e esses comentários chegam por vezes a enunciar o que poderíamos considerar princípios de prática arquitectural. Os problemas do planeamento urbano têm um tal impacto imediato na vida política que seria decerto absurdo uma teoria política ignorá-los. Daí a interessante tentativa de Engels de relacionar a deterioração com a divisão do trabalho na indústria capitalista (ver os capítulos finais de *The Condition of the Working Class in England*, Stanford, Califórnia, 1968). A relação da teoria marxista da história com o processo do projecto é discutida, por exemplo, por Manfredo Tafuri, *Progetto e Utopia* (trad. de B. L. La Penta como *Architecture and Utopia: Design and Capitalist Development*, Cambridge, Mass., 1976). Contudo, é difícil extrair uma crítica arquitectural satisfatória do resultado.

[18] Ver, por exemplo, a bibliografia em Raymond Williams, *op. cit.* e também a obra de Walter Benjamin, *Illuminationen* (Frankfurt, 1955) e Theodor Adorno, especialmente *The Philosophy of Modern Music* (Frankfurt, 1948, trad. de A. G. Mitchell e W. V. Bloomster, Nova Iorque, 1973).

[19] Para refinamentos desta posição, ver Fischer, *op. cit.*, e Williams, op. cit.

[20] The Cantos, n.º LXXXI:

> «*To have gathered from the air a live tradition or*
> *from a fine old eye the unconquered flame*
> *This is not vanity.*»

(«Ter recolhido do nada uma tradição viva, ou/de um magnífico olhar antigo, a chama inconquistada,/ Isso não é vaidade.»)

[21] Schönberg em *Style and Idea* (ed. L. Stein, Londres, 1975); Thomas Mann em *Dr. Faustus* (trad. de H. T. L. Parker, Londres, 1949).

[22] Comp. com *De Moribus et Officio Episcoporum Tractatus*. Ver O. von Simson, *The Gothic Cathedral* (Nova Iorque, 1956), cap. 5.

[23] Viollet-le-Duc, *Entretiens sur l'architecture* (Paris, 1863, 1872, trad. de B. Bucknell, *Discourses on Architecture:* Boston, 1889), vol. l, págs. 230 e segs.

[24] Ver de novo, contudo, as notas de repúdio do capítulo 2. Vale a pena lembrar que o próprio Lenine aparentou uma espécie de tolerância pragmática em questões estéticas que toma difícil atribuir-lhe uma perspectiva especial da sua importância (ver V. 1. Lenine, *On Literature and Art.* Moscovo, 1967).

[25] Ver a discussão em K. Marx, «Sobre o Trabalho Alienado», em *Manuscritos de 1844*, em *Marx's Concept of Man* (ed. Erich Fromm, trad. de T. B. Bottomore, Nova Iorque. 1961).

(²⁶) Ver H. Wölfflin, *Renaissance and Baroque* (trad. de K. Simon, Londres, 1964), págs. 77 e segs.

(²⁷) R. G. Collingwood, *The Principles of Art* (Oxford, 1938), págs. 39-40.

7. A LINGUAGEM DA ARQUITECTURA

(¹) O desejo de ver a arquitectura – e, na verdade, todas as formas de arte – como tipos de linguagem constitui a mais popular de todas as teorias estéticas. É difícil fazer um diagnóstico simples desta popularidade, mas este é evidenciado nos seguintes títulos recentes: C. Jencks, *Meaning in Architecture* (Londres, 1969): N. L. Prak, *The Language of Architecture* (Haia. 1968): S. Hesselgren, *The Language of Architecture* (Kristianstad, 1969); G. K. Koenig, *Analisi del Linguaggio Architettonico, vol. 1* (Florença, 1964); Sir John Summerson, *The Classical Language of Architecture* (Londres, 1963); P. Porroghesi, *Borromini: Architettura como Linguaggio* (Milão, 1967). É também evidente nas tentativas (na maior parte desconexas) de aplicar a teoria da informação e a semiologia à teoria da arquitectura, a primeira por C. Jencks *(Modern Movements in Architecture,* Londres, 1973), págs. 172-5, a segunda por Barthes, Eco e outros (ver notas 8 e 12). A tendência geral fez-se também sentir na estética analítica – ver, por exemplo, Nelson Goodman em *Languages of Art* (Indiana, 1968), bem como na teoria estética aplicada (como em L. B. Meyer, *Emotion and Meaning in Music,* Chicago, 1956, e Deryck Cooke, *The Language of Music,* Oxford, 1959). Não trato da «teoria da informação» neste capítulo, visto ser agora suficientemente evidente que a teoria é irrelevante para a estética, por ser um ramo especial da ciência da previsão e não interessada no «significado». (Para uma refutação conclusiva da relevância da teoria da informação para a estética, ver R. Wollheim, *Art and its Objects* (Nova Ioryue, 1968), art. 56.) A ideia fundamental é evidenciada no subtítulo da grande obra de Croce – *Estetica come ... linguistica generale* – e surge sempre que a natureza simbólica e comunicativa da arte é apresentada como o seu aspecto mais importante.

(²) Para a elaboração filosófica desta distinção, ver o artigo original de H. P. Grice, «Meaning» *(Phil. Rev.,* 1957).

(³) A interdependência de intenção e convenção no uso da língua é admiravelmente ilustrada por D. K. Lewis na excelente obra *Convention* (Oxford, 1972). Ver também P. F. Strawson, «Intention and Convention in Speech Acts», em P. F. Strawson, *Logico--Linguistic Papers* (Londres, 1971).

(⁴) As teorias em questão são as de Charles Morris, *Foundations of the Theory of Signs* (Chicago, 1938), e C. L. Stevenson, *Ethics and Language* (Yale, New Haven, 1945).

(⁵) Uma teoria dessas é a de Koenig, op. cit.

(⁶) Idem, pág. 15.

(⁷) L. B. Alberti, *De Re Aedificatoria* (Florença, 1485, trad. de Bartolo e Leoni, Londres, 1726, como *Ten Books on Architecture*, reeditado por J. Rykwert, Londres, 1965), Livro VI, cap. 2.

(⁸) De longe a descrição mais obrigatória desta natureza «gramatical» das Ordens é a dada por Summerson em *The Classical Language of Architecture*.

(⁹) O conceito de semiologia (a ciência «geral» dos sinais) deriva de F. de Saussure. *Cours de Linguistique Générale* (Lausanne, 1916). Foi deixado a outros inventar a «ciência» geral, nomeadamente a Barthes *(Éléments de sémiologie,* Paris, 1964; S/Z, Ed. 70, Lisboa, 1980, etc.) e aos seus associados na revista *Tel Quel*. Para uma discussão crítica da semiologia, e de Barthes em especial, ver J. Casey e R. Scruton, «Modern Charlatanism; III», *The Cambridge Review* (30 de Janeiro, 1976). Para uma análise extensa da aplicação literária, ver Jonathan Culler, *Structuralist Poetics* (Londres, 1975), e para uma tentativa de reivindicar o território da arquitectura em nome da análise semiótica, ver a revista alemã *Konzept,* ed. de A. Carlini e B. Scheider, Tubingen; especialmente *a Konzept* 1 («Architektur als Zeichensystem», 1975) *e Konzept* 3 (1976, intitulada, à verdadeira moda semiológica, «Die Stadt als Text» e contendo um fragmento de Barthes, aí intitulado «Semiotik und Urbanismus», originalmente publicado em *Tel Quel* como «L'architecture d'aujourd'hui»). Neste capítulo, argumento a partir da base da semântica fregiana e tarskiana e, portanto, acho difícil tomar a sério as pretensões desta pseudociência. Contudo, a procura de uma ciência «geral» dos sinais não se restringe à semiologia continental. Nelson Goodman, em *Languages of Art,* desenvolve esse teoria a partir duma base de nominalismo analítico.

(¹⁰) Ver especialmente os escritos de Barthes *e Mitologias* (Ed. 70, Lisboa 1978) em particular.

(¹¹) A ênfase na estrutura é o ponto em que a semiologia parece tomar contacto com a antropologia de Lévi-Strauss (ver, por exemplo, *Anthropologie Structurale,* Paris, 1958) e a teoria linguística de Chomsky (como em *Aspects of the Theory of Syntax,* Cambridge. Mass., 1965).

(¹²) Barthes, *Éléments de Sémiologie* (trad. de A. Lavers e C. Smith como *Elements of Semiology,* Londres, 1967, págs. 27, 62 e segs.).

(¹³) Para U. Eco, ver *La Struttura Assente* (Milão, 1968), em que a aplicação à arquitectura é levada muito a sério. O propósito intelectual de *Tel Quel* distancia-a de *Konzept*, sendo esta, de facto, um polimento arquitectural projectado para as mesas de café do *chic* radical.

(¹⁴) Ver Barthes, *Mitologias.*

(¹⁵) Este pensamento, brilhantemente exposto por G. Frege («On Sense and Reference», *The Philosophical Writings of Gottlob Frege*, ed. e trad. de P. T. Geach e M. Black, Oxford, 1952) e desenvolvido formalmente por Alfred Tarski («The Concept of Truth in Formalized Languages» em *Logic, Semantics, Metamathematics*, Oxford, 1956), recebeu recentemente uma nova importância filosófica na obra de D. Davidson. Ver especialmente «Truth and Meaning», *Synthese* (1967).

(¹⁶) Frege, *op. cit.* Ver também M. Dummet, *Frege, Philosophy of Language* (Londres, 1973).

(¹⁷) Isto foi provado nas línguas formalizadas por Tarski, *op. cit.* Inegáveis avanços se fizeram na compreensão das linguagens naturais pela tentativa de fazer com que a teoria de Tarski as abrangesse directa (ver Davidson, *op. cit.* e os ensaios em *Truth and Meaning*, ed. de G. Evans e J. McDowell, Oxford 1977), ou indirectamente, pelo aparato da teoria do modelo e a consequente «relativização» do conceito de verdade (ver, por exemplo, R. Montague, *Formal Philosophy*, ed. de R. H. Thomason, Londres e Yale, 1979).

(¹⁸) Comp. com Eco, *op. cit.* e Barthes, «*L'Architecture d'aujourd'hui*». Para um exemplo verdadeiramente pretensioso de semiologia arquitectural em que as pretensões extravagantes e a máxima vacuidade são perfeitamente exemplificadas, ver U. Eco, «A Componential Analysis of the Architectural Sign/Column», em *Semiotica, vol. 2*, 1972.

(¹⁹) Eco, *op. cit.*, págs. 207 e segs. O empréstimo é de J. S. Mill em *System of Logic (10.ª ed.,* Londres, 1879), vol. 1, Liv. 1, cap. 2.

(²⁰) Uma tentativa semelhante para divorciar a denotação ou referência da verdade (i. e., para divorciar a interpretação de «sinais» das condições de verdade das «frases» (complexos) em que podem ocorrer) é empreendida por S. K. Langer, na análise da música em *Philosophy in a New Key* (Cambridge, Mass., 1942). A mesma tentativa também está implícita na teoria do «sistema de símbolos» da arte de Nelson Goodman em *Languages of Art*. Ver R. Wollheim, «On Nelson Goodman's *Languages of Art*», em R. Wollheim, *On Art and the Mind* (Londres, 1972), e também R. Scruton, «Attaching Words to the World», *Times Literary Supplement* (2 de Agosto, 1977).

(²¹) Eco, *op. cit.*, pág. 209.

(²²) J. Ruskin, *Seven Lamps of Architecture* (Londres, 1849, art. 8), cap. II.

(²³) A esta perspectiva «holística» do significado, aflorada em «Sense and Reference», cit., é dada total elaboração e apoio em Dummet, *op. cit.*

(²⁴) Ver Sir William Chambers, *Architecture* (ed. Gwilt, Londres, 1825, «Of Persians and Caryatids», págs. 191-2).

(²⁵) Ver de novo o capítulo 6, nota 1.

8. EXPRESSÃO E ABSTRACÇÃO

(¹) Para argumentos contra a noção de que a música é uma arte representativa, ver R. Scruton «Representation in Music», *Philosophy* (1976).

(²) Para uma discussão do problema, ver. N. Goodman, *Languages of Art* (Indiana, 1968) e R. Wollheim, *On Art and the Mind* (Londres, 1972).

(³) Ver R. Scruton «Attaching Words to the World», *Times Literary Supplement* (12 de Agosto, 1977).

(⁴) Ver G. Frege «The Thought, a Logical Enquiry», trad. de A. M. e M. Quinton, *Mind* (1956).

(⁵) Ver, por exemplo, Goodman, *op. cit.*, cap. 1 e R. Wollheim, *Art and its Objects* (Nova Iorque, 1968), art. 26. Para dar um exemplo: um interior holandês pode conter um fragmento que intencionalmente se pareça com uma árvore mas que é visto não como uma árvore, mas como uma árvore num quadro, pois o fragmento representa não uma árvore, mas um quadro.

(⁶) Os principais defensores da distinção – Croce e, seguindo-o, Collingwood – tinham em vista abolir a representação ou pelo menos certos tipos de representação, como traços meramente acidentais da arte, e reter a expressão como essência estética.

(⁷) Para a noção de «referência sem descrição», ver S. K. Langer, *Philosophy in a New Key* (Cambridge, Mass., 1942); como sugerem os argumentos no último capítulo, pouco mais é que um *jeu de mots* usar o termo «referência» neste sentido, apenas legítimo desde que não se veja também a referência (como Frege a viu) como parte da teoria da compreensão.

(⁸) É necessário separar aqui a teoria filosófica do «expressionismo» (a teoria tipificada por Croce e Collingwood, que eleva um sentido do termo «expressão» ao conceito-chave na estética), dos movimentos artísticos que ficaram conhecidos por esse nome. Esses movimentos ocorreram numa tão estreita contiguidade que, em certo sentido, são considerados partes de um único movimento. Na música, o expressionismo foi tipificado por Schönberg no princípio, por Berg e pelas obras «sérias» (i. e., desinteressantes) de Kurt Weill; enquanto na pintura Kandinsky e Kokoschka fizeram declarações semelhantes e se entregaram a gestos estilísticos comparáveis. Na arquitectura, várias ramificações tardias da *Art Nouveau* e do *Jugendstil* (Rudolf Steiner, Hans Poelzig, a Werkbund, etc.) reclamaram ser membros do clube expressionista. Em todo o caso, o expressionismo significava intensidade, individualidade, auto-referência, o alongar, elevar e retorcer da linha e da forma para toda a sugestão possível de um «significado». Para as primeiras agitações do expressionismo arquitectural, ver Otto Kohtz, *Gedanken über Architektur* (Berlim, 1909). Ver, em geral, W. Pehnt, *Expressionist Architecture* (Londres, 1973).

(⁹) Ver Hans Sedlmayr, *Johann Bernhard Fischer von Erlach* (nova ed. Viena, 1956), págs. 123 e segs.

(¹⁰) N. Pevsner, *An Outline of European Architecture* (Londres, 1943, 7.ª ed., 1963), pág. 255.

(¹¹) Ver Ludwig Wittgenstein, *The Blue and Brown Books* (Oxford, 1958), págs. 177-85, e R. Wollheim, *Art and its Objects*, art. 41.

(¹²) Vitruvius, IV, cap. 1.

(¹³) A diferença aqui é algo como a diferença entre metáfora e analogia. A comparação efectuada por uma metáfora distingue-se pelo facto de que pode ser impossível «escrever» o que contém. Ver R. Scruton. *Art and Imagination* (Londres, 1974), Parte 1.

(¹⁴) S. Hesselgren, *The Language of Architecture* (Kristianstad, 1969), vol. 2, fig. 36.

(¹⁵) H. Wölfflin, *Renaissance and Baroque* (trad. de K. Simon, Londres, 1964), caps. 1 e 2.

(¹⁶) L. Wittgenstein, *Lectures and Conversations on Aesthetics, etc.* (ed. Barret, Oxford, 1966). O meu método neste ponto é também wittgensteiniano, por fazer a análise de um conceito dependente de uma compreensão da sua génese. (Mas o pensamento remonta a Hegel.)

(¹⁷) Ver, por exemplo, *Art and Illusion* (Londres, 1960), *e Meditations on a Hobby Horse* (Londres, 1963).

(¹⁸) Aqui, a imagem e o pensamento são de Hegel. Ver a Introdução às *Lectures on Aesthetics* (trad. de T. M. Knox, Londres, 1975).

(¹⁹) Sobre a ideia do conhecimento por experiência, ver Lorde Russel, «Knowledge by Acquaintance», em *Mysticism and Logic* (Londres, 1917). Sobre a aplicação desta noção à experiência da arte, ver Scruton, *Art and Imagination*, págs. 105-6.

9. O SENTIDO DO PORMENOR

(¹) Apesar de muitas perspectivas em contrário – comp. com a de E. Bullough, *Aesthetics* (ed. de E. M. Wilkinson, Stanford, 1957) (para a filosofia da «distância psíquica») e H. S. Langfeld, *The Aesthetic Attitude* (Nova Iorque, 1920). Mas ver G. Dickie, «The Myth of the Aesthetic Attitude», em *American Philosophical Quarterly* (1964). De facto, a questão de saber se há ou não uma atitude estética depende muito do que se entende por «atitude». A maioria das facções da discussão não conseguem esclarecer o que entendem exactamente pelo termo.

(²) Comp. G. Frege, «On Sense and Reference», *The Philosophical Writings of Gottlob Frege (ed..* e trad. de P. T. Geach e M. Black, Oxford, 1952) e M. Dummet, Frege, *Philosophy of Language* (Londres, 1973).

(³) L. B. Alberti, *De Re Aedificatoria* (Florença, 1485, trad. de Bartolo e Leoni, Londres, 1726, como *Ten Books of Architecture,* reedição de J. Rykwert, Londres, 1965), Livro VI, cap. 2.

(⁴) Ver Guarini, *L' Architettura Civile* (Turim, 1737, ed. de B. Tavassila La Greca, Milão, 1968).

(⁵) Há muitos exemplos romanos e do Médio Oriente deste ornamento e foi imediatamente adoptado pelos mestres do Renascimento como elemento essencial do seu vocabulário, embora fosse mais tarde condenado por Sir William Chambers *(Architecture,* ed. de Gwilt, Londres, 1825, págs. 289 e segs.), com base na noção de que um nicho deve ser um mero repositório sem carácter próprio.

(⁶) Giedion. *Space, Time and Architecture* (2.ª ed., Londres, 1967), págs. 157-9. Talvez seja interessante anotar a própria descrição de Aalto do barroco concreto: «Crianças adultas a brincar com curvas e tensões que não controlam. Cheira a Hollywood.» (Alvar Aalto, em *Zodiac (3*, pág. 78).

(⁷) Em *Stones of Rimini* (Londres. 1934), Stokes descreve a distinção mais tradicionalmente. A ênfase kleiniana entra mais tarde, por exemplo, em *Smooth and Rough* (Londres, 1951) e nos outros ensaios recolhidos nos vol. 2 e 3 dos *Collected Critical Writings of Adrian Stokes* (ed. L. Gowing, Londres, 1978).

(⁸) Em *Seven Lamps of Architecture* (Londres, 1849) cap. 1. Para a influência de Ruskin aí, ver F. A. Paley, *Manual of Gothic Mouldings* (5.a ed., ed. W. M. Fawcett, Londres, 1891), livro que foi muito lido no século XIX e cuja influência nos edifícios da época é evidente em todo o lado.

(⁹) Willhelm Worringer, *Form in Gothic* (Londres, 1927), cap. XIII.

(¹⁰) Ver, por exemplo, I. Stravinsky, *La Poétique de la Musique* (trad. de A. Knodel e I. Dahlar, *Poetics of Music in the Form of Six Lessons,* Londres, 1970).

(¹¹) Ver Alberti, *op. cit.,* Livro IX, cap. 8.

(¹²) A riqueza do vocabulário usado por Alberti ao articular o conceito do apropriado é, penso eu, digna de nota; ver Hans-Karl Lücke, *Index Verborum to Alberti's De Re Aedificatoria* (Munique, 1970 para a frente).

(¹³) Walter Gropius, carta a Goebbels, citado em Barbara Miller Lane, *Architecture and Politics in Germany , 1918-1945* (Cambridge, Mass. 1968), pág. 181.

(¹⁴) Daí a teoria outrora popular de que (na arquitectura, pelo menos) a beleza consiste na «unidade na variedade» (ver A. Gciller, *Zur Aesthetik der Architektur,* Berlim 1887).

(¹⁵) Comp. D. K. Lewis, *Convention* (Oxford, 1972).

(¹⁶) Ver Teskin Okakwa, *The Book of Tea* (Tóquio, 1906; trad. inglesa de Rutland Vermont e Tóquio, 1956), em que a filosofia da cerimónia do chá é magnificamente exposta. É claro que seria disparatado subestimar a enorme quantidade de pensamento e energia gastos no desenvolvimento e instrução de boas maneiras em cada civilização. Erasmo não é o único grande pensador ocidental que dedicou um tratado ao assunto. *(De Civitate Morum Puerilium,* 1526, um livro que teve 130 edições.) Ver, em geral, Norbert Elias, *The Civilizing Process: The History of Manners* (em alemão, 1936: vol. 1, trad. de E. Jephsott, Nova Iorque, 1977). Talvez seja suficiente lembrar o leitor da cerimónia inglesa do chá não meramente como satirizada por Miss Mitford, mas também como observada pelo mais autoconscientemente «trágico» de todos os japoneses modernos:

> Quando os ingleses bebem chá, a pessoa que serve pergunta sempre a cada pessoa se prefere «primeiro leite» ou «primeiro chá». Pode supor-se que é a mesma coisa o leite ou o chá a ser vertido primeiro na chávena, mas nesta questão aparentemente bastante trivial a ideologia de vida inglesa está firmemente em evidência. Certos ingleses estão convencidos de que o leite deve ser deitado na chávena primeiro e depois o chá e, se alguém quisesse inverter a ordem, sem dúvida veriam esse acto como o primeiro passo para a violação dos princípios que consideram muito queridos. (Yukio Mishima, *On Hagakure,* trad. de K. Sparling, Londres, 1977, pág. 55)

[17] Cícero, *De* Officiis, XXVII e XLI. O mesmo conceito era habitualmente usado por Vitruvius como um termo de elogio arquitectural.

[18] O ponto é em parte tornado explícito por Daniele Barbaro, na edição de Vitruvius, onde diz das seis categorias de Vitruvius – *ordinatio, dispositio, eurythmia, symmetria, decor, distributio* – que «esses termos são gerais e comuns e, como tal, têm uma definição na ciência geral e comum que é a mais importante e é chamada metafísica. Mas quando um artista quer aplicar um desses elementos à sua própria profissão, ele restringe essa universalidade às necessidades particulares e especiais da própria arte» *(I dieci libri dell'Architettura di M. Vitrivio,* Veneza 1556, citado e discutido em R. Wittkower, *Architectural Principles in the Age of Humanism,* Londres, 3.ª ed., 1962, pág. 68).

[19] Como é possível a um termo adquirir essa «liberdade» de aplicação e reter ainda o sentido «comum», é uma questão difícil, a que tentei (com êxito limitado apenas) responder em *Art and Imagination* (Londres, *1974).* Parte 1).

[20] Kant, *Crítica da Faculdade de Julgar,* especialmente a Parte 1, secção 17.

10. CONCLUSÃO: ARQUITECTURA E MORALIDADE

(¹) A antiga distinção entre razão prática e teórica (subtilmente exposta por Aristóteles em *Nichomachean Ethics*) é aplicada aqui à noção de uma razão de sentir, mais que de fazer qualquer coisa. Tomo como óbvio pela discussão de Aristóteles sobre as emoções que ele teria reconhecido a legitimidade dessa aplicação.

(²) Kant, *Crítica da Razão Prática e Crítica da Faculdade de Julgar.*

(³) Este ponto é bem discutido por F. N. Sibley em «Aesthetic and Non-Aesthetic» *(Phil. Rev., 1965).*

(⁴) Um ponto de vista sustentado por Kant e recentemente discutido em dois influentes livros de R. M. Hare *(Language of Morals,* Oxford, *1952, e Freedom and Reason,* Oxford, *1963).*

(⁵) O meu pensamento neste parágrafo foi grandemente influenciado por uma discussão com John Casey sobre o conceito de virtude.

(⁶) Sobre «Saber o que sentir», ver R. Scruton, «The Significance of Common Culture» em *Philosophy (1979).*

(⁷) Kant, *Crítica da Faculdade de Julgar.* Introdução, secção 5.

(⁸) Ver Paolo Portoghesi, *Roma Barocca* (Rome and Bari, *1966),* vol. I, cap. 3.

(⁹) Cf. Ruskin: «e quando tudo estava feito, em vez da vantagem muito duvidosa do poder de ir rapidamente de um lugar para o outro, devíamos ter tido a vantagem certa de maior prazer em parar em casa» *(Seven Lamps* of Architecture, Londres. 1849, cap. 7). E notem-se os argumentos de Matthew Arnold em *Culture and Anarchy* , Londres, *1869),* em que a «absorção energética em objectivos externos» é profunda e convincentemente criticada.

(¹⁰) Ver *Philosophy of Right e Phenomenology of Spirit de* Hegel, e também F. H. Bradley em *Ethical Studies* (Londres, *1876, 2.ª* ed., *1927).*

(¹¹) Ver R. Scruton, «Autoconhecimento e Intenção»*(Proceedings of the Aristotelian Society, 1977-8)* e também D. C. Dennett, *Content und Consciousness* (Londres, *1969).*

(¹²) Ver, por exemplo, a impressionante discussão de *Phenomenology of Spirit, e a* forma eloquente como Bradley a retoma em *Ethical Studies, op. cit.*

(¹³) Ver, por exemplo, os *papers* de D. K. Lewis e D. C. Dennett, em A. O. Rorty (ed.), *The Identities of Persons* (Oxford, *1977).*

(¹⁴) Como exemplo dessa filosofia ver J. S. Mill, *On Liberty* (Londres, *1859).*

(¹⁵) Idem.

(¹⁶) John Locke, *An Essay on Human Understanding* (Londres, *1968)* li, 27.

(¹⁷) Num livro persuasivo, Thomas Nagel argumentou em favor de uma conexão entre o sentido de identidade e a capacidade de raciocinar sobre a própria satisfação de uma forma que transcenda a reflexão sobre o próprio desejo do momento. Os argumentos de Nagel, redigidos de forma muito diferente, apontam na mesma direcção dos meus. Ver *The Possibility of Altruism* (Oxford, *1970).*

([18]) Soneto, CXXIX:

> Tudo isto o mundo bem sabe; mas ninguém sabe bem
> Evitar o céu que leva os homens a esse inferno.

([19]) Espinosa, *Ethics*. Livro II. Ver também as observações pertinentes de Ruskin relativamente à «Lamp of Obedience».

([20]) Le Clerc, *Traité d'Architecture* (Paris, *1782,* Art. V, pág. *12).* Como uma correcção de todo este absurdo (quer dizer, o absurdo implícito numa identificação *prematura* entre a experiência da arquitectura e a do corpo humano), vale a pena lembrar o igual número de arquitectos que preferiram tomar as árvores, em vez dos homens, como inspiração principal: por exemplo Palladio, *Quattro Libri* (Veneza, 1570), Liv. I, cap. XX e, claro, M. A. Laugier em *Essai sur L'architecture* (Paris, 1713).

([21]) Sobre o moralismo do movimento moderno, ver a persuasiva documentação e a crítica em D. Watkin, *Morality and Architecture* (Oxford, 1977), reiterando o ataque de Geoffrey Scott à «falácia ética», em *The Architecture of Humanism* (Londres, 1914), cap. V.

([22]) *Vers Une Architecture,* pág. 61.

([23]) Para uma justificação confusa e retórica dessa prática, ver Alison e Peter Smithson, *Without Rhetoric – An Architectural Aesthetic 1955-1972* (Londres, 1973).

([24]) Sir Denys Lasdun, *RIBAJ* (Setembro de 1977).

Índice

Prefácio 7

Introdução

1. O problema da arquitectura 9

Primeira parte

2. Arquitectura e projecto 31
3. A arquitectura tem uma essência? 45
    Funcionalismo 45
    Espaço 50
    Kungstgeschichte 60
    Kunstwollen 65
    Proporção 65
    Conclusão 77
4. A experiência da arquitectura 79
5. Apreciar a arquitectura 111

Segunda parte

6. Freud, Marx e o significado 143
7. A linguagem da arquitectura 163
8. Expressão e abstracção 183
9. O sentido do pormenor 209
10. Conclusão: Arquitectura e moralidade 239

Terceira parte

Resumo 261
Notas 267